中高级汽车修理工职业资格技能考核辅导

主　编　孙志成
副主编　朱会田

金盾出版社

内 容 提 要

本书依据中高级汽车修理工职业资格考核专业知识和技能要求，结合汽车维修工作实际，详细介绍了中高级汽车修理工职业资格技能考核备考必备的知识和技能。主要内容包括：汽车零件的识图、绘图与测量；总成部件的检修；总成的大修与竣工验收；汽车常见故障的诊断与排除；运用仪器仪表对车辆进行检测；编制零件修理工艺卡；典型零部件的修复方法；车辆交接与修理质量控制；汽车疑难故障的诊断与排除；技术指导与培训等。

本书适用于备考中高级汽车修理工职业资格技能鉴定的学员，也可应用于职业技能培训机构和职业技术院校的教学及在岗的维修工阅读。

图书在版编目(CIP)数据

中高级汽车修理工职业资格技能考核辅导/孙志成主编. —北京：金盾出版社，2015.5

ISBN 978-7-5082-9910-5

Ⅰ.①中… Ⅱ.①孙… Ⅲ.①汽车—车辆修理—资格考试—自学参考资料 Ⅳ.①U472.4

中国版本图书馆 CIP 数据核字(2015)第 000580 号

金盾出版社出版、总发行

北京太平路 5 号(地铁万寿路站往南)

邮政编码：100036 电话：68214039 83219215

传真：68276683 网址：www.jdcbs.cn

封面印刷：北京精美彩色印刷有限公司

正文印刷：北京万友印刷有限公司

装订：北京万友印刷有限公司

各地新华书店经销

开本：705×1000 1/16 印张：17.5 字数：300 千字

2015 年 5 月第 1 版第 1 次印刷

印数：1～3 000 册 定价：56.00 元

前　　言

随着汽车工业的迅速发展，新结构、新技术在汽车上得到广泛应用，也给汽车维修行业带来了新的挑战。根据国家职业技能鉴定要求，结合目前汽车维修行业现状和汽车维修工职业资格技能考核的需要，我们编写了《中高级汽车修理工职业资格技能考核备考辅导》一书，介绍了中高级汽车修理工职业资格技能考核应知、应会、应做的有关内容，以飨读者。本书具有以下特点：

1. 体例新颖。按照上、下篇布局，以模块式、专题式的形式阐述，符合职业技能活动展开的基本规律。

2. 内容实用。各部分内容从基础知识到应用技术，从零件到总成，从机械到电控，从故障诊断到故障排除，从人工到仪器运用，从普通故障到典型个例，力求涵盖中高级汽车修理工职业资格技能应知应会的内容、项目。

3. 特色明显。紧贴中高级汽车修理工岗位需要，紧跟汽车维修发展，紧抓修理工职业资格技能考核要求，以“实用、够用、管用”为宗旨，内容具有较强的针对性、实用性、先进性。

全书重点突出，通俗易懂，查阅方便，图文并茂，可读性强。

本书由蚌埠汽车士官学校（原汽车管理学院）孙志成任主编，朱会田任副主编。编写过程中，得到了蚌埠汽车士官学校职业技能鉴定站、蚌埠红星汽车修理厂、一汽特约维修站、东风特约维修站、广州本田特约维修站、广汽丰田特约维修站、上海大众特约维修站技术人员的大力支持，蚌埠汽车士官学校的彭生辉、陈一永、赵艳辉、李洪、刘青掌、王长顺、张金迎、肖银培、杜愎刚、赵学鹏、苏建成、杜晶、叶勤等专家教授给予了热情的指导和帮助，在此一并表示衷心感谢。

由于作者水平所限，书中错误及不当之处在所难免，敬请谅解。

作　者

目　录

上篇　初级晋升中级备考须知

模块一　汽车零件的识图、绘图与测量

模块二　总成部件的检修

模块五 运用仪器仪表对车辆进行检测

下篇　中级晋升高级备考须知

模块一　编制零件修理工艺卡

模块四　汽车疑难故障的诊断与排除

模块五　技术指导与培训

附录

上 篇

初级晋升中级备考须知

模块一　汽车零件的识图、绘图与测量

第一专题　识图与绘图

一、读零件图

零件图是制造和检验零件的图样，它详细描述了零件的形状、大小和加工要求，零件图包括一组图形、完整的尺寸、技术要求和标题栏四部分内容。

(一)零件图形的表达方法

零件的表达方法由零件视图决定，零件视图是零件向投影面正投影所得到的图形。有基本视图、局部视图、剖视图、断面视图等。

1. 基本视图

基本视图是零件向由前、后、左、右、上、下六个方向，分别向六个基本投影面正投射，得到的视图。由前向后正投射所得的视图，称为主视图，主要反映零件的长和高，各结构之间上下、左右位置关系；由左向右投射所得的视图，称左视图，主要反映零件的宽和高，各结构间前后、上下位置关系；由上向下投射所得的视图，称为俯视图，主要反映零件的长和宽，各结构之间前后、左右位置关系。主视图、左视图和俯视图是最常用的三个视图，三个视图之间的关系为：主、俯长对正，主、左高平齐，俯、左宽相等。

2. 局部视图

零件的某一部分向基本投影面投射而得到的视图称为局部视图。局部视图是不完整的基本视图。利用局部视图可以减少基本视图的数量，补充基本视图尚未表达清楚的部分。有时也用局部视图进行部分零件细节的放大。

3. 剖视图

是表达零件内部结构时，常用的一种方法，假想用剖切面剖开零件，将处在观察者和剖切面之间的部分移去，而将其余部分向投影面投射所得到的视图称为剖视图。

4. 断面图

假想用剖切平面将零件的某处切断，仅画出该剖切面与物体接触部分的图形，称为断面图。断面图与剖视图的区别在于：断面图仅画出切断面的图形，而剖视图除了画出切断处断面的图形外，还要画出剖面后其余部分的投影。

(二)完整的尺寸

主要包括反映零件形体的位置尺寸、反映形体大小及形状的形体尺寸、零件的总体尺寸。尺寸单位是mm时，不需标注，零件的真实大小以尺寸为依据，零件的每一个尺寸只标注一次。

(三)技术要求

是零件在制造、检测和调试过程中应达到的一些技术要求，主要包括尺寸公差、形位公差、表面粗糙度、热处理等。

1. 尺寸公差

零件设计时给定的尺寸为零件的基本尺寸，通过实际测量所得的尺寸为实际尺寸。允许零件尺寸变化的两个界限值，一个为最大极限尺寸，另一个为最小极限尺寸。最大极限尺寸减去其基本尺寸的代数值，为上偏差，孔的上偏差用ES表示，轴的上偏差用es表示。最小极限尺寸减去其基本尺寸的代数值，为下偏差，孔的下偏差用EI表示，轴的下偏差用ei表示。

汽车零件加工时，不可能把两批相同规格零件的尺寸做得绝对相等，但也不允许相差太大。为了满足使用要求，必须对零件的尺寸规定一个恰当的允许尺寸变动量，即尺寸公差。公差是反映零件制造精确程度的技术指标。用T表示，其值等于最大上极限尺寸与最小下极限尺寸代数差的绝对值。公差是指允许尺寸的变动范围，偏差是指相对于公称尺寸的偏离量。从数值上看，公差是一个没有正、负号的数值，而且不能为零；偏差是一个有正、负号或零的代数差。

2. 形位公差

国家规定形位公差有14个，分为形状公差和位置公差两种。其名称与符号见表1-1-1。

3. 表面粗糙度

零件表面的微观不平的程度，称为表面粗糙度，汽车主要零件的表面粗糙度一般在1.6～0.05μm。粗糙度的基本符号如图1-1-1所示，a为用任意加工方法获得的表面，b为用去除材料的方法获得的表面，c为用不去除材料的方法获得的表面。检测粗糙度的方法有比较法、触针法、干涉法等。

表 1-1-1　形位公差项目与符号

分类	项　目	符号
形状公差	直线度	—
	平面度	▱
	圆度	○
	圆柱度	⌭
	线轮廓度	⌒
	面轮廓度	⌓

分类	项　目	符号
位置公差	平行度	//
	垂直度	⊥
	倾斜度	∠
	同轴度	◎
	对称度	⌯
	位置度	⌖
	圆跳动	↗
	全跳动	⌰

（四）标题栏

标题栏内容包括零件的名称、材料、数量、图号、比例，以及图样的责任者签名和日期等。

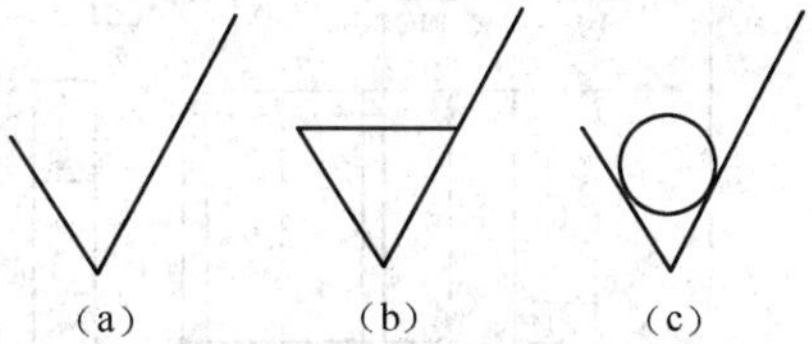

图 1-1-1　粗糙度的标注符号

（五）识读零件图的方法和步骤

下面以汽车车轮螺栓的零件图为例，介绍一般的读图步骤。图 1-1-2 为汽车左车轮螺栓零件图，其读图步骤如下：

(1)读标题栏。从标题中，看出零件名称为左轮胎螺栓，材料 35 钢，比例 1∶1，说明实物与图样大小一致，数量共有 12 件。

(2)分析视图。螺栓用了一个主视图、一个左视图和移出断面图来表达。

(3)分析形体。主视图表达了螺栓的基本形状的结构，左视图主要表达了一定尺寸形状是圆弧状，而 $C-C$ 移出断面则主要表达了环形槽的结构。

(4)分析尺寸。螺栓中心线是主要基准线，右端面是长度尺寸的主要基准线。尺寸 M20 是重要尺寸，ϕ20mm 也是较重要尺寸，在主视图上都有公差。为了便于安装，在螺栓的左右两端均有倒角，尺寸为 3×30°。

(5)技术要求。图上主要表面(螺纹)的表面粗糙度值为 Ra6.39μm，端面为 Ra12.5μm，而且用文字说明了螺纹表面不允许有裂纹及其他缺陷，无毛刺，进行二级镀锌。

读懂了零件图，是加工、制造合格零配件的基础和前提。

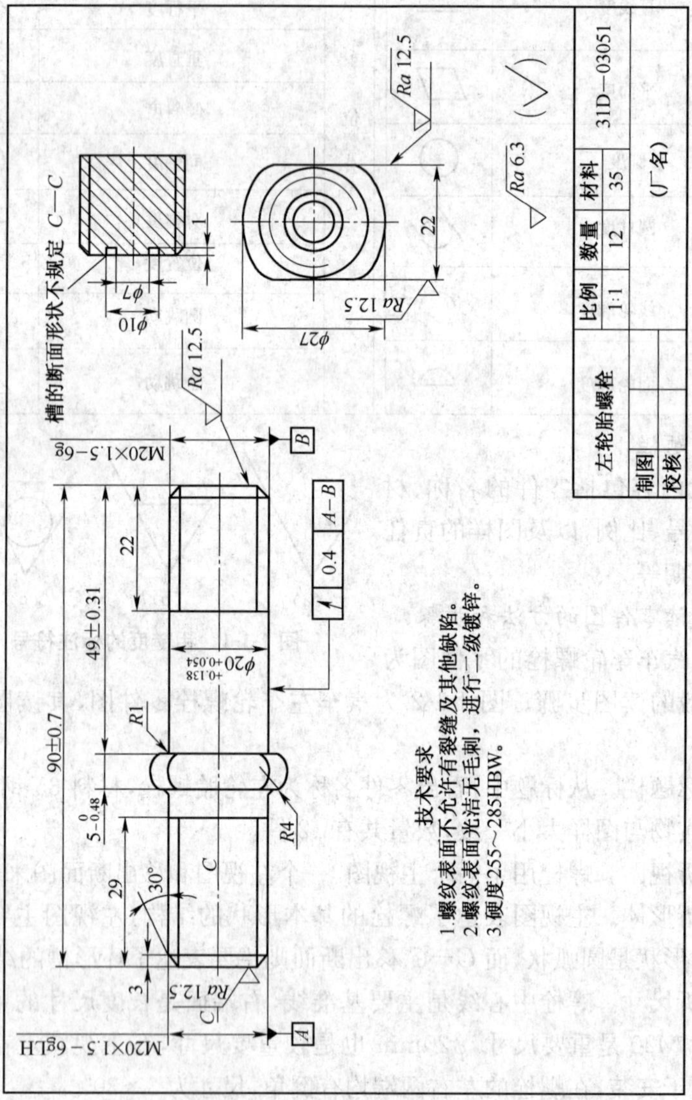

图 1-1-2 左轮胎螺栓零件图

二、绘制零件草图

在进行绘图时，要掌握一些必要的绘图技巧。如六角的画法（六个顶点的位置），对角平分线，中心线及中心点，直线与圆弧相交等。

（一）M20花螺母零件图的测绘

M20花螺母零件图的测绘如图1-1-3所示。

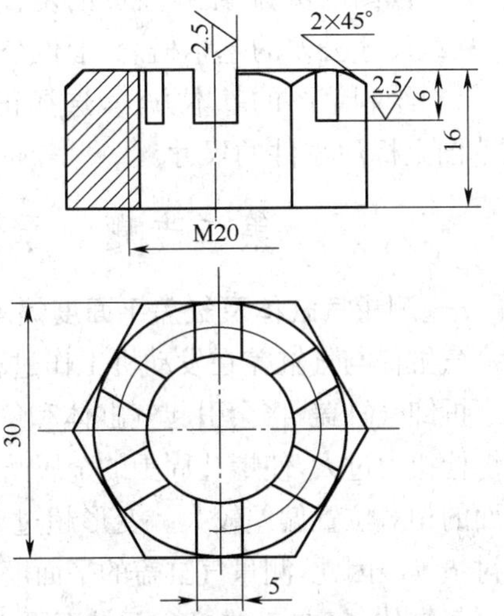

图 1-1-3　M20花螺母零件图

M20花螺母零件图的测绘步骤如下：

（1）按图样大小选择2∶1的比例绘图。

（2）用游标卡尺测出两对角的距离，然后以此距离的一半作半径画圆。

（3）以此半径找出六个顶点，画出六角形。

（4）画出螺纹及螺纹孔。

（5）找出斜边的中点，然后画出六条开槽。

（6）根据已画出的图画出主视图。

（7）画出倒角线。

（8）标注尺寸及技术要求。

（二）双头螺栓零件图的测绘

双头螺栓零件图如图1-1-4所示。

（1）按图纸大小选择1∶1的比例绘图。

（2）用游标卡尺测出螺栓的直径与长度（包括螺纹长度及总长）。

（3）以所测尺寸画出主视图。

（4）画出左视图。

（5）标注尺寸及技术要求。

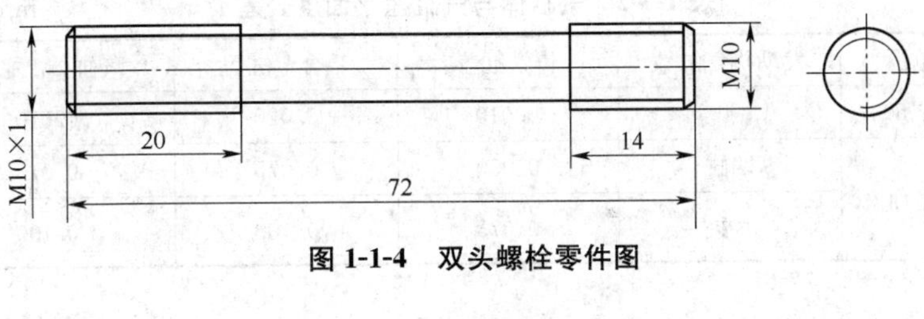

图 1-1-4　双头螺栓零件图

三、备考要点

(1)读图的步骤，根据视图的位置关系，分析并能描述零件的外形。

(2)尺寸公差的基本概念，形位公差的符号及意义，表面粗糙度。

(3)绘制草图的基本方法，选择正确的测量点，使用常用量具测量零件，在草图上标注零件的尺寸。

第二专题 零件的测量与检测

一、测量气缸体及缸盖平面度偏差

气缸体与气缸盖在发动机工作过程中，由于缸盖螺栓扭力不均匀，或在高温下拆卸气缸盖，将会引起气缸体和气缸盖平面翘曲、拱曲变形；在装配时，缸盖螺栓扭力过大，使螺孔周围的金属凸起，从而破坏了零件的几何形状，使配合表面的相对位置偏差较大。变形超过允许限度时将会引起漏水、窜气、冲坏气缸衬垫等。因此，测量气缸盖的平面度，是中级工的鉴定考点之一。

气缸体、气缸盖的接合面是否平正，可用平板接触法检查，也可用平尺和塞尺检测，方法如图 1-1-5 所示，公差要求见表 1-1-2。检查时，将缸体上平面清洗干净，用刀口尺以不同方位放平，将塞尺插入刀口尺与检查面之间的间隙，使其拉动略有阻力时，塞尺的厚度即为测量长度上的平面度误差，取其各方向测量值的最大值作为决定是否要进行修理的依据。

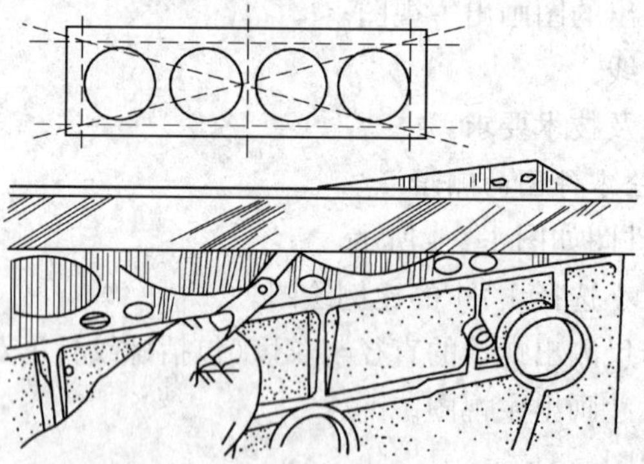

图 1-1-5 气缸体上平面度的检测

表 1-1-2 气缸体与气缸盖平面度公差 (mm)

测量范围	发动机气缸数	铸铁缸盖	铝合金缸盖	气缸体上平面
任 50×50		0.010	0.020	0.010
整个平面	四缸	0.050	0.075	0.075
	六缸	0.075	0.100	0.100

二、测量气缸磨损程度及圆度和圆柱度偏差

(一)气缸磨损规律

在测量气缸磨损情况时，要分析磨损性质。若沿活塞行程磨成倒锥形，属于正常磨损，其他则属于非正常磨损。

1. 轴向磨损规律

根据发动机工作循环可知，活塞处于压缩行程和做功行程时，气缸内压力较大。在气体压力作用下，第一道活塞环所受到的压力最大，导致活塞处于上止点时，第一道活塞环处磨损最大。又由于气体压力从上到下依次递减，当活塞处于下止点时，最后一道活塞环以下部位几乎不受压力作用，磨损最小。所以，气缸在轴向呈上大下小的锥形。

2. 径向磨损规律

在做功行程时活塞受到向左的侧压力，其他三个行程均受到向右侧压力作用，前后方向不受压力作用。因此，气缸的径向磨损呈横向大、纵向小的椭圆形。另外，发动机在冷机状态下运转，在进气行程时，由于进气气流惯性，气体中的杂质粘在气缸壁上形成磨料磨损；同时，混合气体中的汽油还会冲刷气缸体，进气门对角线方向的油膜被汽油稀释，导致润滑不良。所以，在径向方向磨损呈不规则的椭圆形。

(二)气缸磨损的测量

气缸磨损测量的内容主要包括圆度和圆柱度。

1. 测量工具

测量工具采用量缸表、千分尺。

2. 测量部位

测量时，用适当量程的量缸表按图 1-1-6 所示的部位和要求进行测量。即在气缸上部距气缸上平面 10mm 处、气缸中部和气缸下部距缸套下平面 10mm 处三个点，按 A、B 两个方向分别测量一次。注意不要在发动机修理台架上测量发动机气缸的内径，以防因缸体被夹紧变形而测量不准。

3. 操作方法

(1)组装量缸表。根据被测气缸直径，选择合适的测量接杆，组装后的量缸表，应有一定的预压量，即使百分表上的小指针指示为 1mm 或 2mm，同时，活动接杆的总长度应与被测气缸直径相适应。

(2)校正量缸表。将外径千分尺校准到被测气缸的标准尺寸，将量缸表校准到外径千分尺的尺寸，转动表盘，将指针调零。

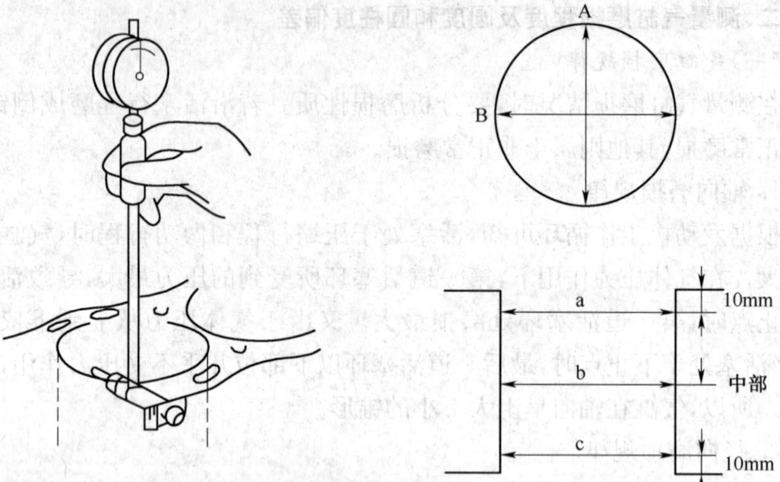

图 1-1-6　测量部位

(3)寻找气缸的最大磨损部位，将量缸表放在第一道活塞环处于上止的横断面内，查找百分表的最大读数，即为最大磨损量，再查找百分表的最小读数，两次读数差值的 1/2 即为该气缸的圆度误差。

(4)用同样的方法，将量缸表分别移到气缸的中部和距气缸下边缘 10mm 左右处进行测量，三处测量尺寸最大值与最小值之差的 1/2 即为该气缸的圆柱度误差。

(5)确定修理尺寸。气缸的最大磨损直径加上镗磨余量即为该气缸的修理尺寸，镗磨余量一般取 0.10～0.20mm。

三、燃烧室容积测量

燃烧室容积检测应在气缸盖校正或平面度偏差修整后进行，检测前，应将燃烧室内的积炭彻底清除，清洗后的燃烧室应呈现出金属本色，查阅被测机型的原厂规定，各缸燃烧室容积及容积差应符合厂家标准。

测量时，拧上火花塞和喷油器，将气缸盖放置在工作台上，并找好水平，用玻璃板盖住部分燃烧室，将量好的清水或 80％煤油与 20％机油的混合液，倒入要测的燃烧室内，待液面上升到与玻璃板刚接触时停止浇注，量杯内减少的容积即为被测燃烧室的容积，如图 1-1-7 所示。

四、变速器壳体检测

(一)变速器壳与盖裂纹的检修

变速器壳体与变速器盖的裂纹可以用检视法或敲击法检查。对受力不

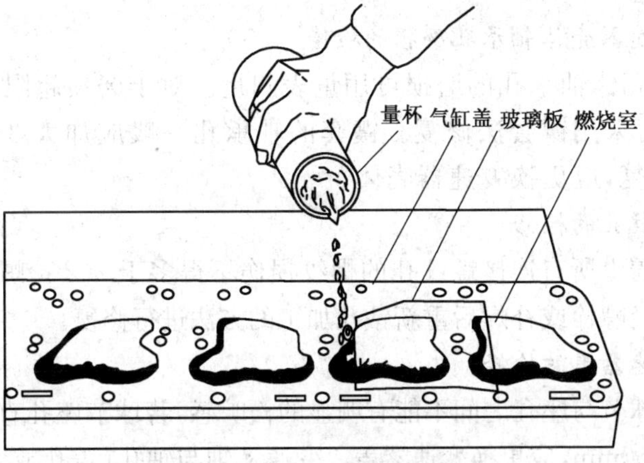

图 1-1-7　燃烧室容积的测量

大的裂纹，可以用环氧树脂粘接修复或焊修。对受力较大部位的裂纹或裂纹已经延伸到轴承座孔、安装固定孔的，应更换变速器壳体。如果变速器盖的裂纹比较严重，则应更换。

(二)变速器壳与盖变形的检修

变速器壳与盖的接合平面翘曲变形，可在平板上用塞尺检查。平面度误差超过标准时，可采用铲、磨等方法修复。

壳体前端面相对于壳体上接合面或轴承座孔中心线的垂直度可用角尺检查，也可以用平板或将二者靠合在一起，用塞尺检验。当垂直度误差或间隙超过规定值时应更换变速器壳，也可用刨、铣、磨、锉、铲等机械加工方法修复。

壳体上平面与轴承座孔轴线平行度检查，如图 1-1-8 所示。将专用测试轴和定位套安装在轴承座孔内，用外径千分尺测量测试轴两端的距离差，即为两轴线的平行度误差；用高度游标卡尺或百分表测量每根试轴两端的高度差，即为两轴线与壳体上平面的平行度误差。各平行度误差均不能超过被测车

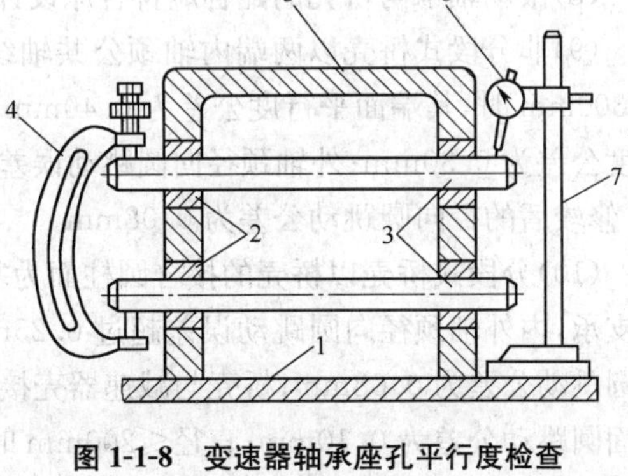

图 1-1-8　变速器轴承座孔平行度检查

1. 平板　2. 定位套　3. 试轴　4. 千分尺　5. 壳体　6. 百分表　7. 高度尺

型的规定标准。

(三)变速器壳体轴承孔磨损的检修

变速器壳体轴承孔的磨损可用量表测量。对于磨损超限的变速器壳体轴承孔,可采用镶套法修复。镶套的轴承孔一般应加大3～4mm。如镶套不能修复,应更换变速器壳体。

(四)螺纹孔的检修

壳体和盖上所有连接螺纹孔的螺纹损伤不得多于2牙。螺纹孔的损伤可用换大外径螺栓或补焊后重新钻孔加工的方法进行修复。

(五)变速器盖的检修

变速杆球节与座孔之间不能有明显的松旷感,若球节座孔直径比原设计规定增加0.50mm,应更换变速器盖。变速叉轴与轴孔(盖孔或壳体孔)的配合间隙为0.04～0.20mm,若超过规定值,也应更换变速器盖。

五、驱动桥壳体检测

(一)驱动桥壳体修理技术要求

(1)桥壳应无裂损,桥壳上各部位螺纹损伤不多于2牙。

(2)桥壳上的通气孔应畅通。

(3)钢板弹簧座定位孔的磨损应≯1.50mm。

(4)钢板弹簧座厚度减少量应≯2mm。

(5)油封轴颈的径向磨损应≯0.15mm,油封轴颈端面磨损后轴颈位的长度应大于油封的厚度。

(6)半轴套管应进行探伤检查,不得有裂纹。

(7)半轴套管与桥壳承孔的配合及其伸出长度应符合原设计规定。

(8)滚动轴承与桥壳的配合应符合原设计规定。

(9)非分段式桥壳以两端内轴颈公共轴线为基准,当桥壳前端面直径大于300mm时,其端面平行度公差为0.40mm;直径应≯300mm时,其端面平行度公差为0.30mm;外轴颈径向圆跳动误差超过0.30mm时应予以修理校正,修竣后的径向圆跳动公差为0.08mm。

(10)分段式桥壳以桥壳的接合圆柱面为基准,接合平面及另一端内锥面为支承,内外轴颈径向圆跳动误差超过0.25mm时应予以修校,修竣后的径向圆跳动公差为0.08mm;桥壳与减速器壳接合平面直径大于200mm时,其端面圆跳动公差为0.10mm;直径≤200mm时,端面圆跳动公差为0.08mm。

(11)桥壳与制动底板接合平面及圆柱面对桥壳轴线端面圆跳动及径向圆跳动公差均为0.10mm。

(12)减速器壳应无裂损。

(二)驱动桥总装后的检验

驱动桥装合后应加注规定的润滑油进行运转试验,试验转速一般为1400～1500r/min,在此转速下进行正反转试验,各项试验的时间不少于10min。试验过程中,各轴承区的温升不大于25℃,齿轮啮合不允许有敲击声或高低变化的响声,各接合部位不允许有漏油现象。试验合格后,应进行清洗并换用规定的润滑油。

(三)驱动桥的检修

(1)桥壳和半轴套管应进行探伤检查,若有裂纹应予以报废。

(2)桥壳各处和半轴套管端部的螺纹损伤不得超过2牙,否则应予以更换或堆焊后重新加工。

(3)桥壳承孔与半轴套管的配合及伸出长度应符合原厂规定。若桥壳承孔严重磨损,可将座孔镗至加大的修理尺寸,更换相应修理尺寸的半轴套管。

(4)滚动轴承与桥壳的配合应符合原厂规定。若配合处过于松旷,可用刷镀法修复承孔。

(5)半轴套管外颈磨损超过规定值,应更换或采用电镀法修复。

(6)半轴套管不应弯曲变形。要求套管中间两轴颈的径向圆跳动不得大于0.05mm,变形超过规定时,可以采用冷压校正。

六、前轴检测

(一)前轴裂纹的检修

前轴裂纹可采用磁力探伤法或浸油敲击法进行检查,一旦出现裂纹应更换前轴。

(二)钢板弹簧座的检测

钢板弹簧座的检修用直尺、塞尺检查,钢板弹簧座的平面度误差应不大于0.40mm,否则应进行修磨或刨削。铣削后钢板弹簧座的厚度减少量应不大于2mm。钢板弹簧座上U形螺栓孔及定位孔的磨损量应≯1mm,否则应进行堆焊修复或更换。

(三)前轴变形的检测

两钢板弹簧座之间变形可用直尺和塞尺检查,如图1-1-9a所示,也可将前轴固定在台钳或专用支架上,利用水平仪将一侧的钢板弹簧座调整成水平,然后再把水平仪放于另一弹簧座上进行检查,如图1-1-9b所示。两钢板弹簧座应在同一平面内,其平面度误差应不大于0.80mm。如果前轴两钢板弹簧座之间存在明显的弯曲,说明前轴存在弯曲或扭曲变形,应予以矫正,其方法如图1-1-10所示。

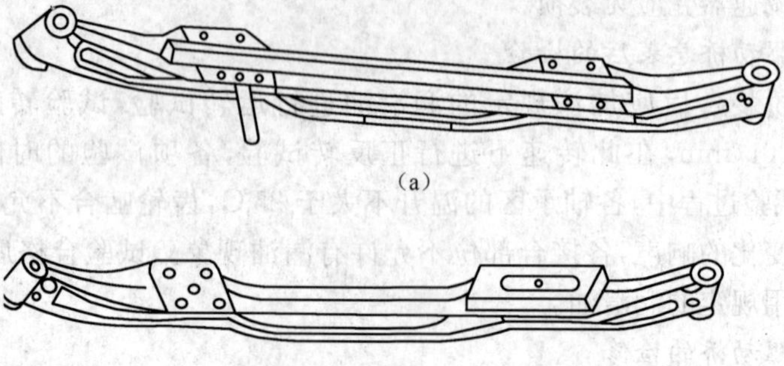

(a)

(b)

图 1-1-9　两钢板弹簧座之间变形的检查

(a)直尺、塞尺检查　(b)水平仪检查

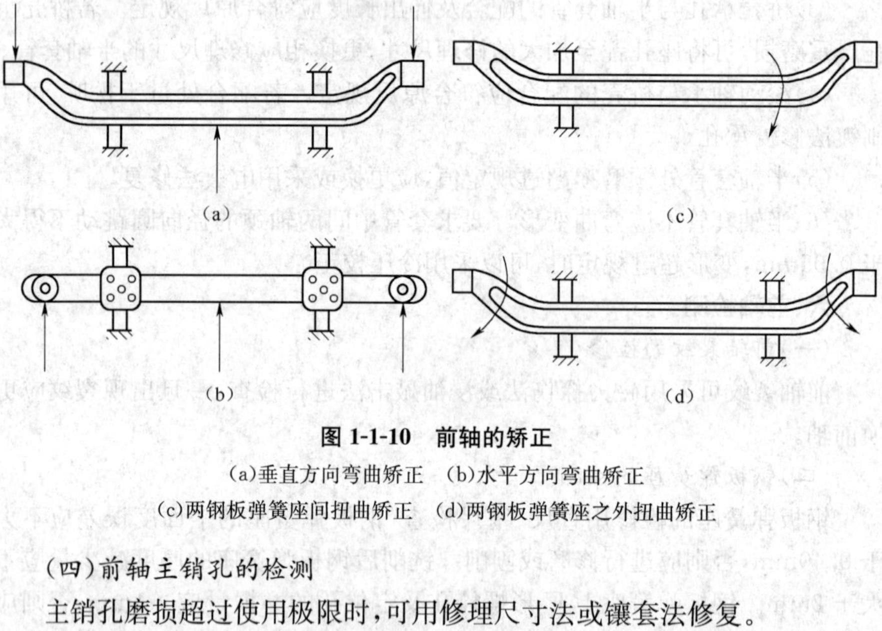

(a)　(c)

(b)　(d)

图 1-1-10　前轴的矫正

(a)垂直方向弯曲矫正　(b)水平方向弯曲矫正

(c)两钢板弹簧座间扭曲矫正　(d)两钢板弹簧座之外扭曲矫正

(四)前轴主销孔的检测

主销孔磨损超过使用极限时,可用修理尺寸法或镶套法修复。

主销孔按修理尺寸法进行镗削后,要换用相应尺寸的主销与之配合(主销加大尺寸为:+0.08mm、+0.12mm、+0.16mm、0.20mm、+0.24mm 五级),以恢复配合间隙,并按同级修理尺寸选配推力轴承和加工转向节主销衬套孔。主销孔磨损达到最后一级修理尺寸时,可镶套修复或更换前轴,为保证主销内倾角符合标准,镗削前轴主销孔时应以两钢板弹簧座为基准。

(五)主销孔上下端面的检测

在使用过程中主销孔上下端面发生磨损,其端面磨损沟槽深度应不大于0.5mm,否则应修磨平整。前轴主销孔端面修理后,其上下端面的距离减少量应不大于 2mm，否则须堆焊修复或更换。

七、车架检测

车架检测的主要项目有：车架裂纹、变形（弯曲、扭曲）、锈蚀和铆钉松动等。

（一）车架裂纹的检测

用观察法检查车架的清洁程度、裂纹、焊接或焊修质量、铆接质量、车架防锈处理质量和附属装置的安装状况等，用敲击听音法检查车架的裂纹、铆接情况与焊接质量。要求车架应无泥沙、油污、锈蚀及裂纹。

（二）车架形位公差的检验

(1)车架宽度用直尺、卷尺或专用游标卡尺检验，车架宽度极限偏差为 3mm。

(2)纵梁上平面及侧面的纵向直线度的检验，用 1m 长的钢直尺和 3mm 厚的塞尺检验，也可用拉线法检验，如图 1-1-11 所示。要求车架纵梁上平面及侧面的纵向直线度公差，在任意 1000mm 长度上为 3mm，在全长上为其长度的 1%。

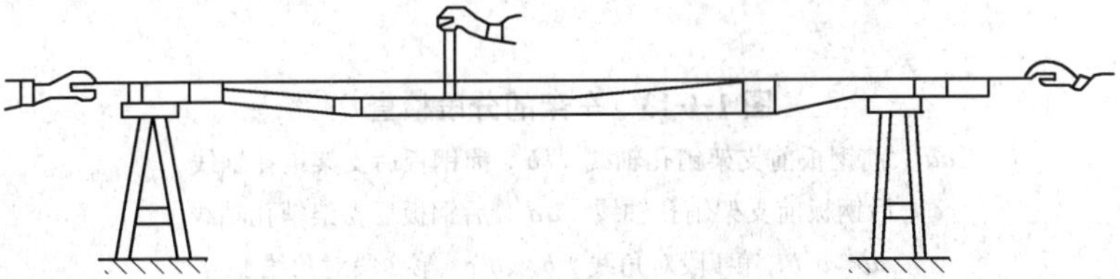

图 1-1-11　车架纵梁直线度拉线法检验

(3)车架总成左、右纵梁上平面的平面度检验，在被测平面两端的纵梁上对称放置 4 个等厚垫块，并拉对角线 ab'、$a'b$，如图 1-1-12 所示。若两对角线在 c 点不接触，则在处于下方的一条对角线两端的垫块上加等厚度垫片，使两对角线相交（在 c 点处接触）。此时，将该两对角线的 4 个端点所形成的平面作为基准平面，在纵梁上拉两线 ab、$a'b'$，并测量两纵梁上平面各点至 ab、$a'b'$线的距离，各点距离的最大差值即为纵梁上平面的平面度。要求车架总成左、右纵梁上平面应在同一平面内，其平面度公差为 1.5‰。

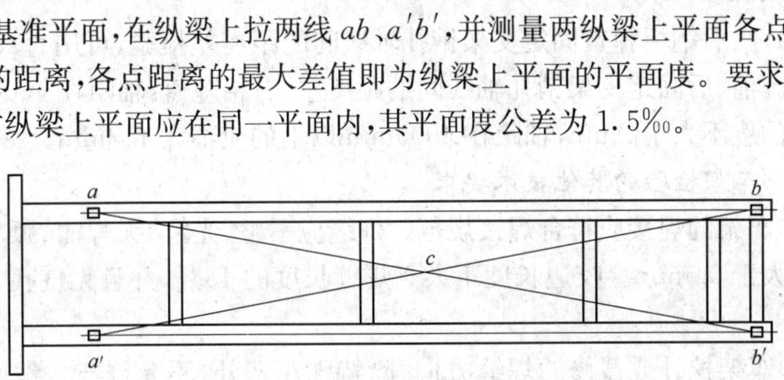

图 1-1-12　车架纵梁上平面的平面度检测

(4)纵梁侧面对车架上平面的垂直度检验，可以用专用直尺，90°角尺以及塞尺进行检验。要求纵梁侧面对车架上平面的垂直度公差为纵梁高度的1%。

(5)车架主要横梁对纵梁的垂直度检验，可用90°角尺和塞尺检查，要求车架主要横梁对纵梁的垂直度公差不大于横梁长度的0.2%。

(6)车架的分段检查方法如图1-1-13所示。选择车架或底架上平面较大的平整部位作为基准平面，在钢板弹簧固定支架销承孔轴线中点(或与车架或底架侧面左右等距离的对称点)引出4个在基准面上的投影点，测出4点间对角线的长度差。要求车架分段检查时，各段对角线长度差不大于5mm。

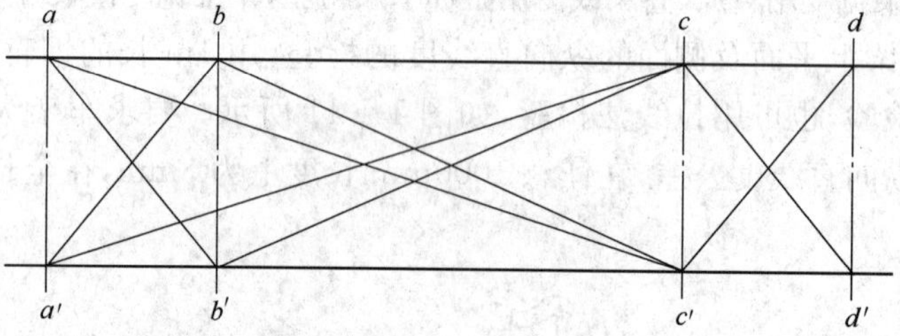

图1-1-13　车架的分段检查

aa'. 前钢板前支架销孔轴线　bb'. 前钢板后支架销孔轴线
cc'. 后钢板前支架销孔轴线　dd'. 后钢板后支架销孔轴线
ab'、$a'b$. 第1段对角线　bc'、$b'c$. 第2段对角线
ac'、$a'c$. 第3段对角线

(7)左、右钢板弹簧固定支架销孔同轴度的检验，检验方法是将两根特制的心轴分别插入左、右钢板弹簧固定支架销孔中，测量两轴的中心距，即为该两销孔的同轴度。要求左、右钢板弹簧固定支架销孔应同轴，其同轴度公差为ϕ2.0mm。

(8)前、后钢板弹簧固定支架销孔轴线间的距离差检验，可用直尺或拉线法测量。前、后固定支架销孔轴线间的距离左、右相差值：轴距在4000mm及其以下的应不大于2mm，轴距在4000mm以上的应不大于3mm。

(三)车架检验的其他技术要求

(1)车架的焊接应符合焊接规范。焊缝应平整、光滑、无焊瘤、弧坑，咬边深度不大于0.5mm。咬边长度不大于焊缝长度的15%，并且无气孔、夹渣等缺陷。

(2)车架挖补或截修的焊缝方向，除特殊车架外，不允许与棱线垂直、重叠；焊缝及其周围机体金属上不应有裂纹。

(3)铆接件的接合面必须贴紧,铆钉应充满钉孔,铆钉头不得有裂纹、歪斜和残缺,所有铆钉不得以螺栓代替。

(4)前后保险杠应平整,形状符合原设计规定。

(5)修竣的车架所增加的重量不得超过原设计重量的10%。

(6)修竣的车架应进行防锈处理。

八、曲轴检测

(一)曲轴的变形规律

曲轴在周期性不断变化的气体压力、往复运动质量的惯性力、旋转运动的离心力,以及导致曲轴扭转振动和弯曲振动所形成的附加应力等共同作用下,极易产生弯曲和扭曲变形甚至断裂。

曲轴弯曲、扭曲变形的主要原因:一是汽车重载起步时离合器放松过猛,曲轴受到过大的冲击载荷;二是长期超负荷运转,发动机连续出现爆燃;三是主轴颈或主轴承座孔不同轴;四是发动机因缺润滑油或轴承间隙过小而烧瓦抱轴;五是曲轴飞轮组的平衡性能差。曲轴弯曲变形后,将加剧活塞连杆组和气缸以及曲轴和轴承的磨损,甚至加剧曲轴的疲劳折断。

(二)曲轴的检修

1. 曲轴裂纹的检验

曲轴裂纹多发生在主轴颈或连杆轴颈与曲柄相连的过渡圆角处,以及轴颈中间的油孔处。曲轴裂纹可以用磁力探伤、超声波探伤、着色探伤(渗透法)等方法检验,也可用浸油敲击法检验。用浸油敲击法检查时,应先将洗净的曲轴放在煤油中浸泡片刻,然后取出并擦净表面,在可能产生裂纹的部位撒上白粉,再用手锤分段敲击每个曲柄臂,裂纹内煤油受振动会从裂纹中渗出,使裂纹处的白粉上显出油迹。如有明显油迹出现,则表明该处有裂纹。

2. 曲轴裂纹的修理方法

曲轴裂纹可以结合修理尺寸法修复,可采用二氧化碳气体保护焊、喷涂等方法修复。

曲轴修复后不得有裂纹,但轴颈上沿油孔四周有长度不超过5mm的短浅裂纹或有未延伸到轴颈圆角和油孔处的纵向裂纹(轴颈长度≤40mm的,裂纹长度≤10mm;轴颈长度>40mm的,裂纹长度≤15mm),允许修复后使用。

3. 曲轴变形的检验

(1)曲轴弯曲的检验。将曲轴两端的主轴颈支撑在检验平板上放置的V形铁上,用百分表测量曲轴中间一道主轴颈的径向圆跳动,测量值即为曲轴的弯曲度。主轴径为偶数的,应测量中间两主轴径的跳动量,并以最大者为准。

(2)曲轴扭曲的检验。可将曲轴两端的主轴颈支持在平板上的V形铁上,然后将在同平面上的两个连杆轴颈(如6缸机曲轴的第1、6连杆轴颈)转到水平位置,用百分表分别测量出两个连杆轴颈的高度。若两个高度不相等,则表示曲轴有扭曲变形。利用两连杆轴颈的高度差值δ,可计算出连杆轴颈的扭曲角θ(°)。

$$\theta=\delta\times360/2\pi R=57/R$$

式中:R为曲柄半径(mm);δ为两连杆轴颈高度差(mm)。

(3)曲轴变形的修理方法。曲轴的弯曲度不超过0.05mm时可不加修整。弯曲度为0.05～0.10mm的,可以结合轴颈修磨予以修正。超过0.10mm的应予以校正。

曲轴弯曲的校正可以在压力机上进行。校正时,应在压力机的压杆与曲轴轴颈之间垫铜片,以免损伤轴颈表面。在校正过程中,要使校正量比弯曲量稍大,以消除弹性变形的影响。校正量的大小与曲轴材料和弯曲强度有关,铸铁和中碳钢曲轴弯曲变形在0.10mm时,校正量为3～4mm,保压1～2min即可。对球墨铸铁曲轴校正量在1～1.5mm。当曲轴变形较大时,校正必须反复多次进行,直至符合标准。校正后的曲轴应垂直存放,并用锤子轻击轴颈两侧曲柄臂,以消除曲轴受压变形时产生的内应力;也可在300℃～500℃下保温0.5～1h后自然冷却,以消除内应力。曲轴扭曲的修理方法:通常要求曲轴的扭曲角$<30'$,否则可结合修磨曲轴予以修正。

(三)曲轴磨损的检修

(1)轴颈磨损的检验。主轴颈和连杆轴颈的磨损可用外径千分尺检验。在每个轴颈靠近曲柄臂的两个截面内多次测量,找出同一个截面内轴颈直径的最大值和最小值,二者差值的一半即为该截面的圆度误差。两个截面中轴颈最大值和最小值差值的一半即为该轴颈的圆柱度误差,取两个截面圆度误差最大者作为该轴颈的圆度误差。

(2)曲轴磨损的修理方法。通常曲轴轴颈的圆度误差应$\ngtr$0.01mm,使用极限为0.05mm;圆柱度误差应$\ngtr$0.01mm,使用极限为0.08mm。超过使用极限时,通常采用修理尺寸法修理。

用修理尺寸法修理时,轴颈直径的缩小尺寸各车型均有分级标准。为了保证曲轴的强度,通常汽油机轴颈最大缩小量为1.5～2mm,柴油机为2.3mm。当曲轴轴颈磨损超过最大修理尺寸时,应更换曲轴。如果多数轴颈磨损还在使用极限范围内,仅个别轴颈磨损严重,暂时又无新曲轴更换时,可对磨损严重的轴颈采取振动堆焊、喷涂、刷镀或电镀(镀硬铬)等方法修理。

修复后的曲轴不得有焊渣、毛刺、金属飞溅等杂物，加工表面不得有肉眼可见的刻痕、黑点、碰伤、凹陷、伤痕、孔眼及其他缺陷。但用电振动堆焊修复的曲轴表面允许有细微的龟纹。曲轴修磨后，同名轴颈必须为同级修理尺寸。主轴颈及连杆轴颈表面粗糙度应不低于 $Ra0.8\mu m$，圆角处表面粗糙度不低于 $Ra1.6\mu m$。

曲轴修理后应在曲轴动平衡机上进行动平衡试验，其不平衡量应符合原设计规定。通常曲轴每端允许的动不平衡量为 100g · cm。

修复后的曲轴轴颈直径在 80mm 以下的，要求其圆度、圆柱度均 $\ngtr$0.005mm；轴颈直径在 80mm 以上的要求其圆度 $\ngtr$0.025mm，圆柱度 $\ngtr$0.04mm。

（四）曲轴其他部位的检修

(1)曲轴后端变速器第一轴轴承孔与轴承的配合过盈量为 0.021～0.028mm。若磨损松旷或与曲轴轴线不重合，其径向圆跳动误差超过 0.06mm 时（在轴承孔座内测量），应对轴承座孔镶套修复。

(2)曲轴后端安装飞轮的凸缘端面应与曲轴轴线垂直，在端面边缘测量时，端面圆跳动误差 $\ngtr$0.06mm，若超过此标准，应予修复或加垫片调整，以防止飞轮工作时偏摆。飞轮螺栓孔磨损变形应予修复，螺栓与孔的配合间隙为 0～0.07mm，最大不超过 0.1mm。

(3)定位基准的修复，曲轴轴颈修磨的定位基准一般采用正时齿轮轴颈和曲轴后端凸缘外表面。为保证其同轴度，要求正时齿轮轴径向圆跳动误差 $\ngtr$0.03mm，后端凸缘外表面径向圆跳动误差 $\ngtr$0.04mm，否则应进行修整或校正。

九、连杆弯、扭的检验与分析

（一）连杆检验项目

连杆的检验主要包括裂纹检验、变形检验（大端孔的圆度和圆柱度，弯曲、扭曲）和连杆螺栓及孔的检验（螺纹损伤、长度）。

（二）连杆弯曲、扭曲变形的检验

连杆的弯曲、扭曲变形，通常是在连杆检验器上进行检验。如图 1-1-14 所示是常用的一种连杆检验器。在连杆大端轴承孔的圆度和圆柱度检验符合技术要求后，装上已铰配好的活塞销或按连杆小端轴承孔选配标准心轴，然后将连杆大端安装在连杆检验器的可调横轴上，拧动调整螺钉使半月键向外扩张，把连杆固定在检验器上。将带有 V 形槽的三点规跨放在连杆小端的心轴上，轻轻移动，使三点规的测点与检验器的平板相接触。用塞尺测量三点规各测量点与检验器平板间的间隙值，即可判断连杆有无弯曲、扭曲变形。

(三)连杆弯曲、扭曲变形分析

通常三点规的三个测量点共面,且与V形块垂直,两下测点间的距离是100mm,上测点与两下测点连线的垂直距离也是100mm。用三点规检测连杆变形结果如下:

1. 正直

如果三个测点都与平板接触,说明连杆既无弯曲也无扭曲变形。

2. 弯曲

如果上测点与平板接触,而两下测点不与平板接触,且两下测点与平板的间隙相等,或两下测点均与平板接触,而上测点不与平板接触,则表明连杆仅存在弯曲变形。这时测得的间隙值,就是连杆在100mm长度上的弯曲度值。

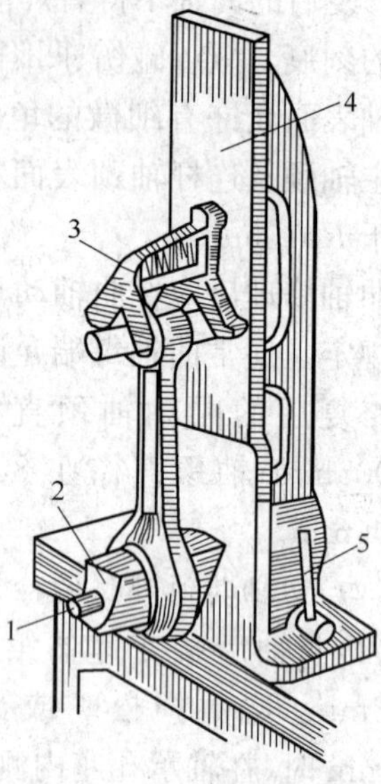

图 1-1-14 连杆检验器

1. 调整螺钉 2. 菱形支撑轴 3. 量规 4. 检验平板 5. 锁紧支撑轴扳杆

3. 扭曲

如果只有一个下测点与平板接触,且上测点与平板的间隙等于另一测点与平板间隙的一半,表明连杆仅存在扭曲变形,下测点与平板的间隙就是连杆在100mm长度上的扭曲度值。

4. 弯曲和扭曲并存

如果只有一个下测点与平板接触,说明连杆弯曲和扭曲变形共存。此时另一下测点与平板的间隙就是连杆在100mm长度上的扭曲度值,而不与平板接触的上测点和下测点与平板间隙差值的一半,就是连杆在100mm长度上的弯曲度值。如果只有一个上测点与平板接触,此时两个下测点与平板间隙之差,就是连杆在100mm度上的扭曲度值,而两个下测点与平板间隙之和的一半,就是连杆在100mm长度上的弯曲度值。

(四)连杆弯曲、扭曲的要求

连杆弯曲、扭曲度应符合原厂规定,通常国产汽车要求:连杆上、下轴承孔轴线应在同一平面内,平行度≤100∶0.03(即弯曲度),在与此平面垂直的方向,轴线的平行度≤100∶0.06(即扭曲度)。当超过此限度时,应进行校正。连杆经校正后应重新检查其弯曲、扭曲变形是否符合技术要求。

(五)连杆弯曲和扭曲变形的校正

1. 连杆弯曲变形的校正

如图 1-1-15a 所示,将弯曲的连杆置于压具上,使弯曲的部位朝上,并对正丝杠部位放好垫块。施加压力,使连杆向已弯的反方向发生变形,并使连杆变形量达到已弯曲部位变形量的数倍以上。保持一定时间,等金属组织稳定后,再去掉外载荷。重新复查校正情况,确定是否需要再校正。

2. 连杆扭曲变形的校正

将连杆大端盖装好,套在检验器的心轴上,然后用扳钳进行校正,直到合格为止,如图 1-1-15b 所示。为防止弹性失效,校正量较小时,校正施力过程应保持一段时间;校正量较大时,可用喷灯稍许加温。

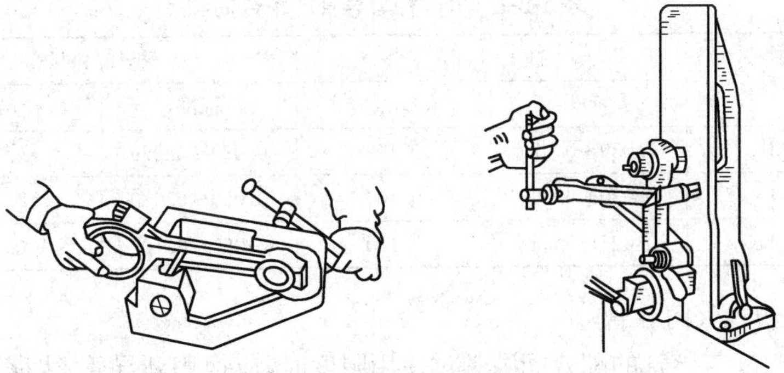

(a)　(b)

图 1-1-15　连杆弯曲和扭曲变形校正

(a)连杆弯曲校正　(b)连杆扭曲校正

十、备考要点

(1)百分尺、千分尺、游标卡尺、量缸表、角度尺等精密量具和专用检验工具的使用;根据被检部件检测要求,正确的检测出尺寸公差和形位公差。

(2)知道产生测量误差的原因,并能正确的消除测量误差。

(3)了解被测部件的技术标准和修理分级。

(4)了解被测部件的修理方法,并能结合测量结果,给出正确的处理意见。

模块二　总成部件的检修

第一专题　发动机组件的装配与调整

一、气缸盖的装配与调整

(一)更换气门导管

1. 气门杆与导管的配合

气门杆与导管的配合间隙应符合表1-2-1的要求,若配合间隙超过规定时,应更换气门、气门导管。

表1-2-1　气门杆与导管的配合间隙　(mm)

机型	进气门间隙		排气门间隙	
	标准	使用限度	标准	使用限度
EQ6BT	0.039~0.079	0.149	0.039~0.079	0.149
WD615·77	0.030~0.066	0.100	0.050~0.080	0.160
CA6110	0.025~0.069	0.150	0.060~0.102	0.150

2. 镶入气门导管

气门杆与导管的配合间隙超过使用限度时,应换用新导管;大修时,均换用新导管。

气门导管的选择与镶入应根据气门的尺寸选择新导管,新导管与导管孔的配合应有一定的过盈量。过盈量的大小也可用新旧导管对比的方法确定,一般新导管比旧导管直径大0.01~0.02mm为合适。

将旧导管冲出后,新导管外壁涂以机油。按正确的方向冲入导管孔内,新镶入的导管下端与缸盖下平面的距离应符合规定。距离过小会增大进、排气阻力,距离过大会影响气门的散热。

3. 气门导管的铰配

气门杆与导管的配合间隙除用百分表检查外,经验做法是将气门杆与导管内孔擦拭干净,涂上机油将气门杆插入导管孔内,上下拉动几次,提起后若气门能借自身重量徐徐下降为配合适当,配合过紧时可用气门导管专用铰刀进行铰削,也可用可调式活动铰刀进行铰削。

(二)更换气门座

1. 镶换气门座圈

气门座经多次铰磨后,工作面将逐渐下降,当下降到一定深度后,会影响充气系数和降低气门弹簧的弹力。因此，当气门座工作面的上边缘低于缸盖下平面 1.50mm 或原镶的座圈有裂纹、松动时，均应重镶气门座圈。

将旧座圈拆下后，将缸盖上的气门座安装部位清理干净，选择合适的新气门座圈，在其外圈上涂一薄层机油，在压床上将其镶入气缸盖上。

2. 气门座的铰削

气门座的铰削如图 1-2-1 所示。根据气门头部直径及斜面角度选用合适的铰刀，根据气门导管内径选择合适的铰刀刀杆，铰刀刀杆插入气门管内，应无明显旷动；用砂布垫在铰刀与气门座工作锥面之间，转动铰刀砂磨去气门座工作表面的硬化层；用与气门工作锥面角度相同的铰刀正直平稳地铰削工作锥面，直到将烧蚀和斑点等缺陷铰除为止。

在气门锥面上涂一层红丹油，套进气门导管，使气门工作锥面压在气门座圈的工作锥面上转动，然后取出气门，检查气门工作锥面与气门座工作锥面的接触面位置及密封带宽度。密封带位置应在气门工作锥面的中下部，对于没有干涉角的气门，密封带宽度大概在 1.5mm 左右，最宽不超过 2.0mm，否则需要铰削上口或下口对密封带进行修正。

如果密封带偏向气门工作锥面的大端，应用 15°铰刀进行铰削，如果密封带偏向气门工作锥面的小端，应用 75°铰刀进行铰削，直至密封带的位置和宽度符合要求。

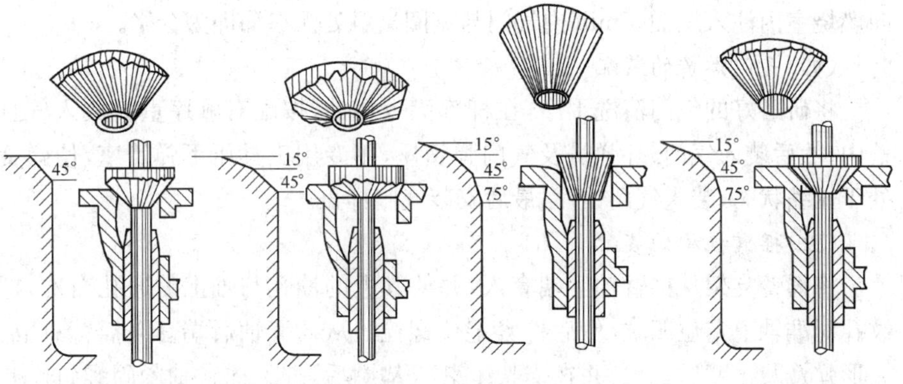

图 1-2-1　气门座圈铰削

3. 气门与气门座的研磨

气门与气门座经铰修合适后，在气门座与气门工作锥面上涂一薄层研磨砂，对气门和座圈的密封带进行研磨配合，使气门与气门座的工作接触面获得良好的密封。研磨方法有机动研磨和手工研磨。

手工研磨时，先用粗质研磨砂研磨，当气门工作面与气门座工作面研磨出一条整齐而无斑痕、麻点的完整接触环带时，可换用细质研磨砂继续研磨，直到工作面上出现一条整齐的灰色无光的环带时，洗去研磨砂，涂以机油，再研磨几分钟即可。气门与气门座的研磨时要注意防止研磨砂进入气门导管孔，以免造成气门拉杆和导管孔磨损。

（三）气门密封性能的检查

气门密封性能的检查常用画线法、涂红丹油法和渗油法检查。

1. 画线法

先将气门及气门座清洗干净，再用2B铅笔沿径向在气门工作面上均匀地画上若干条线，然后与相配的气门座接触，略压紧并转动气门1/8～1/4圈，取出气门，检视铅笔线条，如线条均被切断，表示密封良好，否则应重新研磨。

2. 涂红丹油法

在气门工作表面上均匀地涂抹一层红丹油，然后用橡皮捻子吸住气门在气门座上旋转1/4圈。再将气门提起，若红丹油布满气门工作面一周而无间断，又十分整齐，即表示密封良好。

3. 渗油法

将气缸盖倒放在检测平台上，并装上待检测气缸的气门和火花塞，然后向燃烧室内注入煤油，5min内气门与座圈接触处无渗漏即为合格。

（四）气门弹簧的装配

将研磨好的气门清洗干净，在杆部涂上机油，按配对顺序重新放入气缸盖内，然后装入气门、外弹簧及气门弹簧座，用专用工具压下弹簧座，使弹簧处于压缩状态，装入气门锁片，最后安装气门杆盖。

（五）摇臂机构的装配

将摇臂支架从摇臂轴后端套入，并使其上的油孔与轴上的通孔对准，螺纹孔对准轴上定位凹坑，然后拧紧定位螺栓。从摇臂轴后端套入摇臂总成、波形弹簧及摇臂后支架；并在支架上装入垫圈后，拧上摇臂轴紧固螺钉。此时，当摇臂处于水平状态时，与气门尾端接触的摇臂圆柱面和定位螺栓方向相反，且该端与支架上的切口处于摇臂轴的同侧，然后从摇臂轴的前端套入其余的零部件。各零部件的位置与上述相同，最后装上前支架并拧紧紧固螺钉。装配后应该是每缸有两个摇臂总成和一个摇臂轴支架，且支架位于两个摇臂之间，相邻两缸的两个摇臂之间是定位弹簧。将摇臂轴支架螺栓紧固在气缸盖上，拧紧力矩为30～40N·m。

(六)凸轮轴轴颈与轴承的检测与调整

1. 凸轮轴轴颈磨损的检测

用外径千分尺测量轴颈的圆度及圆柱度误差，如超过规定值，应按修理尺寸修磨轴颈，即缩小轴颈尺寸，配用相应修理尺寸的凸轮轴轴承。

2. 凸轮轴弯曲变形的检测

将凸轮轴放在车床两顶尖间，或放在平台的 V 形架上以两端轴颈为支点，如图 1-2-2 所示。将百分表触头抵在中间的轴颈上，并缓慢转动凸轮轴一周，如百分表摆差超过 0.10mm，应采用冷压法校正，校正后的直线度误差应不大于 0.03mm。凸轮的标准见表 1-2-2。

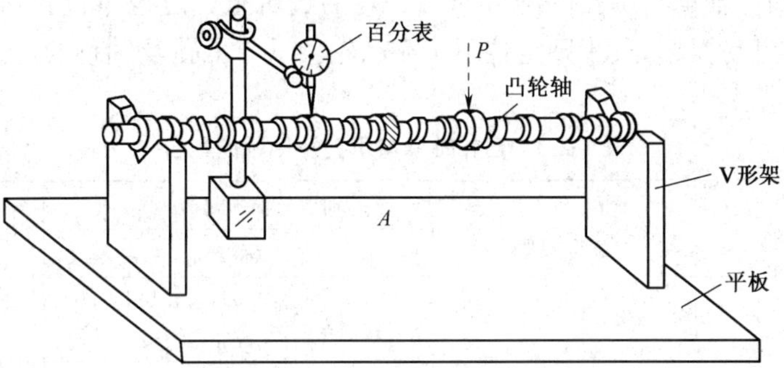

图 1-2-2　凸轮轴弯曲变形的检测

表 1-2-2　凸轮的标准　(mm)

机型	凸轮最大直径	凸轮升程	基圆直径	凸轮斜度	夹角偏差
			公称尺寸	缩小极限	
EQ6BT	进:47.392	进:6.448	90.944		
	排:47.122	排:6.736	40.386		
WD615.77	进:$50.481^{+0.1}_{0}$	进:8.493	进:$42^{+0.1}_{0}$		
	排:$49.492^{+0.1}_{0}$	排:9.492	排:$40^{+0.1}_{0}$		
CA6110		6.83	41	40	

3. 对凸轮装配的要求

(1)凸轮表面有损伤、麻点、毛糙应修磨。凸轮顶端磨损超过 1.00mm 时，应对凸轮顶端堆焊后予以修磨，以恢复原有的尺寸和形状，或者更换。

(2)凸轮轴上的机油泵驱动齿轮，如有毛糙或齿面磨损超过 0.50mm 时，应予修复。齿轮个别牙齿损坏，在不影响使用的情况下，允许磨掉锐角后继续使用。驱动输油泵的偏心轮表面粗糙度不得超过 0.80mm。偏心轮磨损，超过 2.00mm 时，应予堆焊修复或更换凸轮轴。

(3)凸轮轴各轴颈的圆柱度公差：大修标准为 0.005mm，大修允许不大于 0.015mm，使用限度为 0.025mm。

(4)凸轮轴装正时齿轮的轴颈径向圆跳动公差和轴向止推端面的端面圆跳动误差，均不大于 0.035mm。

4. 凸轮轴轴承的修配

凸轮轴轴承与轴颈配合间隙大于 0.15mm 或发动机大修时，都应更换新轴承，以恢复轴颈与轴承的正常配合。

(1)根据凸轮轴轴颈的尺寸，选择同级修理尺寸的轴承。

(2)凸轮轴承与承孔的配合应有一定的过盈量。过盈量过大，轴承装入承孔困难且易损坏，过小则定位不牢靠凸轮轴承与承孔及轴颈的配合要求见表 1-2-3。

表 1-2-3　凸轮轴承与承孔及轴颈的配合　(mm)

机型	轴承与承孔配合间隙	轴承与轴颈配合间隙	
		标准	使用极限
EQ6BT	−0.178～−0.102	第一道：0.094～0.146 其余：0.076～0.152	
WD615.77	−0.09～−0.06	0.04～0.12	
CA6110		0.05～0.10	0.15

(3)根据轴颈尺寸刮削轴承。刮削轴承的方法：把轴承套在相应的轴颈上，转动轴承数圈后取下，根据接触情况修刮轴承合金，修刮后再把轴承套在轴颈上转动，取下轴承后根据接触情况再次修刮，如此反复进行。当刮削至轴承与轴颈间的检测规厚度等于轴承与承孔的配合过盈量加轴承与轴颈的配合间隙时为合适。这样，当把轴承压入承孔后，由于轴承内径的缩小量接近轴承与承孔配合的过盈量，即可得到所需的配合间隙。刮削时，要尽量做到使轴承壁厚均匀，以保证各道轴承的同心度。

(4)将凸轮轴装入轴承孔内转动数圈，根据松紧度和接触面的情况进行适当的修刮。检验配合松紧度的方法：在轴承内涂机油，转动凸轮轴数圈后，用手指拨动正时齿轮时，应转动灵活无卡阻现象，上下扳动凸轮轴无明显的间隙感觉。

(七)正时齿轮的检验与调整

(1)正时齿轮与曲轴正时齿轮的啮合间隙应符合表 1-2-4 中的规定。超过使用限度时，或同一对齿轮啮合间隙沿齿轮圆周相隔 120°三点测量，间隙差超过 0.10 mm 时，应更换齿轮。啮合间隙可用塞尺插入两齿间或用百分表抵在齿轮上的方法进行测量。

表 1-2-4 正时齿轮啮合间隙及凸轮轴轴向间隙 (mm)

机型		EQ6BT	WD615.77
啮合间隙	原厂规定	0.08～0.33	
	使用限度		
轴向间隙	原厂规定	0.10～0.36	0.10～0.40
	使用限度		

(2)凸轮轴正时齿轮不得有裂损，齿形及内孔应完整。齿毂松动时，应更换正时齿轮。

(3)凸轮轴上装正时齿轮的键槽损坏，允许另开新槽，但要在正时齿轮上重新标出正时记号，以防影响配气相位。

(八)凸轮轴轴向间隙的检查与调整

凸轮轴轴向间隙应符合表 1-2-4 的规定，检查方法用塞尺测量，也可直接测量止推凸缘与隔圈的厚度差。当止推凸缘磨损使轴向间隙超过规定时，应更换标准厚度的止推凸缘，不得任意减薄隔圈的厚度。否则，将改变凸轮的轴向位置，影响配气相位的准确性。

(九)正时齿带及 V 形带的装配

(1)将正时齿带套在曲轴和中间轴正时齿带轮上。

(2)用一只螺栓固定曲轴 V 形带轮，注意 V 形带轮的定位。

(3)使凸轮轴正时齿带轮上的标记与气门罩盖平面对齐。注意：在转动凸轮轴时，曲轴不可位于上止点位置，以防气门可能碰坏活塞顶部。

(4)使曲轴 V 形带轮上的上止点记号和中间轴正时齿带轮上的记号对齐，如图 1-2-3 所示。

(5)将正时齿带装到凸轮轴正时齿带轮上。

(6)按顺时针(从发动机前端看)方向转动张紧轮，以张紧正时齿带。

(7)用拇指和食指捏住凸轮轴正时齿带轮和中间轴正时齿带轮之间的正时齿带中间，刚好可

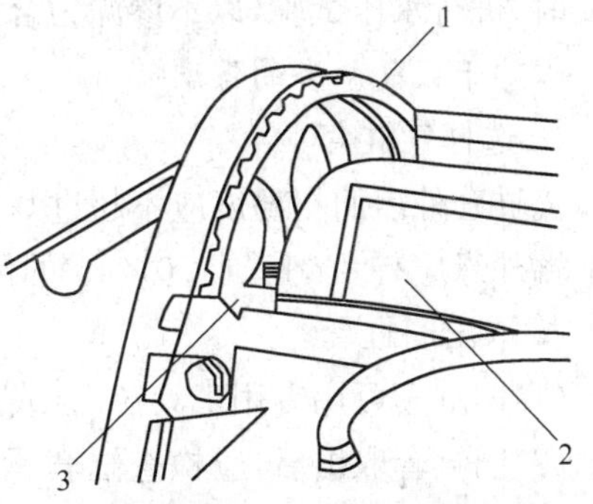

图 1-2-3 凸轮轴正时齿带轮标记与气门罩盖平面对齐

1. 凸轮轴正时齿带轮 2. 气门罩盖 3. 对齐记号

以转 90°为合适。

(8)拧紧张紧轮的紧固螺母,拧紧力矩为 45N·m。

(9)把曲轴转动两圈,检查调整是否正确。

(10)拆下曲轴的 V 形带轮,装上正时齿带上防护罩,其紧固螺栓拧紧力矩为 10N·m。

二、气缸套的装配

(一)湿式气缸套的装配

1. 取出旧气缸套

拆除旧缸套时,可轻轻敲击缸套底部,用手或拉器取出。气缸体内的金属锈、污垢应清除干净。

2. 装配新气缸套

气缸体上下承孔的圆柱度公差为 0.015mm,承孔与气缸套的配合间隙为 0.05~0.15mm。在安装前,应先将未装密封圈的气缸套放入承孔内,把气缸套压紧时气缸套端面应高出气缸体上平面 0.03~0.24mm,各缸高度差不大于 0.01mm,过高可锉修气缸套上平面,过低可在气缸套凸缘下垫紫铜丝调整。气缸套与气缸体的接合处及密封圈接触的气缸体孔壁必须光滑,防止因凹凸不平而漏水。气缸套压入时,应装上新的涂有白漆的橡胶密封圈,以防漏水。

3. 注意事项

气缸套因压入时用力不大,气缸套内径受影响较小,因而通常不进行光磨加工。若气缸套压入后,气缸的圆度或圆柱度误差增大时,应拉出气缸套,检查和修整承孔的锈蚀部位。气缸套压入后,密封圈不得变形,应密封良好,必要时,进行水压试验,以不渗漏为合适。

(二)干式气缸套的镶配

1. 选择气缸套

气缸套外表面粗糙度应不超过 0.80μm;圆柱度公差不超过 0.02mm;缸套下端外缘应有 3×15°或 10×45°的倒角。

2. 取出旧缸套

(1)旧缸套可用专用工具拉出,或用镗缸机镗掉。

(2)旧缸套取出后,应检查缸套承孔是否符合要求。缸套与承孔配合应有适当的过盈量,一般发动机缸套与缸孔的配合过盈量为 0.05~0.08mm。

(3)原来没有气缸套的发动机,镶配缸套应根据选用的缸套外径,将气缸镗至所需尺寸和应有的粗糙度。承孔表面粗糙度不超过 1.60μm,圆柱度公差不大于 0.01mm。有凸缘的缸套，承孔上端应镗出凸缘槽，凸缘与槽的配合每边应有 0.05mm 的间隙。旧承孔与新选缸套的配合不符合要求时，应把承孔镗至所需尺寸。

3. 新气缸套的装配

清洁气缸和气缸套后在缸套的外壁上涂一薄层机油，插入气缸用直角尺找正，用压床或专用工具压入。在压入过程中如遇阻力突然增大，应立即停止加压，并查明原因。为防止变形，应隔缸压入。

EQ6BT 型发动机缸套压入气缸体之前应放入冰箱内冷却到－20℃，保持 1h 以上；在每个承孔内表面涂以 loctite 620(乐泰 620)胶，双手戴好防护手套，将冷冻后的气缸套(外径减少 0.05～0.07 mm)压入气缸孔，然后用一个专用工具轻轻敲打缸套，使缸套与气缸孔的下止口充分接触(注意：止口面一定要去尖角、毛刺，必须保持平整、无斜度)。

4. 修整平面

气缸套压入承孔后，其端面应与气缸体上平面平齐，如遇高出缸体平面可用锉刀修平。若凸缘槽镗深，可在凸缘下边垫以铜丝。

三、活塞连杆组的装配

(一)活塞的检验与选配

1. 活塞的测量

活塞裙部尺寸用外径千分尺测量，应在厂家规定的位置进行。如活塞裙部尺寸小于规定值则应更换。另外，活塞裙部有拉伤、环槽磨损过大或有缺损，应更换新件。气缸的尺寸减去活塞裙部尺寸就是气缸的配缸间隙。

2. 活塞选配

要根据气缸的修理尺寸选择活塞，选择与气缸同级修理尺寸的活塞。选配活塞要点：同台发动机要选用同厂牌、同一修理尺寸、同一组别的活塞，以保证材料、性能、尺寸和重量的一致。

一般要求同组活塞裙部尺寸差不超过 0.02～0.025mm，销孔尺寸差不超过 0.005mm。轿车发动机同组活塞质量差不超过 3%。

(二)活塞环的检验与选配

发动机大修或进行三级保养时，应选择与气缸同级修理尺寸的活塞环。选配后，应检查活塞环的弹力、端隙、侧隙、背隙，并且进行漏光检查。活塞环在使用过程中会发生磨损和弹力下降，引起发动机动力性和经济性降低，所以在发动机两次大修中间通常要进行几次换环作业。换环时，为防止气缸上端未磨损处与第一道环碰撞引起活塞环断裂，可对缸口实行铰削或刮削，以去除凸台。

1. 活塞环端隙、侧隙和背隙检查

活塞环端隙即活塞环在气缸内开口处的间隙。活塞环端隙的检查方法：如图 1-2-4 所示，将活塞环放入气缸内，用活塞顶部将活塞环顶入气缸内，用塞尺测量环的开口间隙，应符合原厂规定。

由于发动机气缸内的燃气漏入曲轴箱的主要通路是活塞环的开口，因此开口间隙的大小对漏入曲轴箱的燃气量有很大影响。若检查发现活塞环开口间隙大于原厂规定值，则应另选活塞环；若开口间隙小于原厂规定值，可对环口端面加以锉修。锉修时，应注意只锉一端，锉削中经常对口检查，以防锉斜，并应注意锉削面的平整。

活塞环侧隙的检查方法：将环装入环槽内，用塞尺插入环与环槽侧面进行检测，其值应符合原厂规定，如图 1-2-5 所示。若间隙过大应另选配，若间隙过小可将活塞环在平板上垫以砂布进行修磨。汽车维护时不进行此项检查，因环槽已磨损。

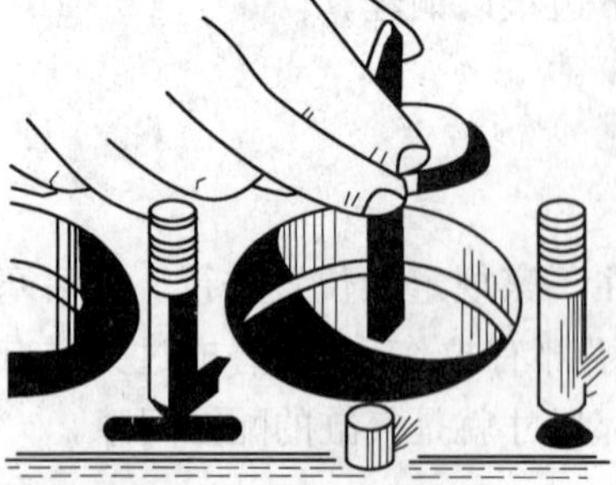

图 1-2-4　活塞环端隙检查

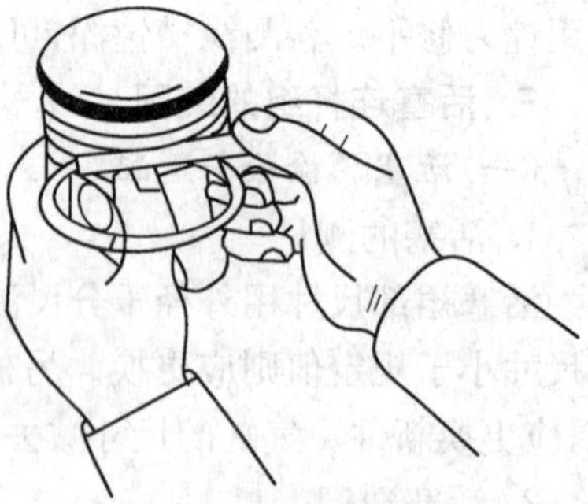

图 1-2-5　活塞环的侧隙检查

活塞环的背隙，是指在气缸内活塞环的背面与活塞环槽底之间的间隙。由于在维修中按背隙定义进行测量相当麻烦，所以，汽车维修企业的经验方法是将活塞环装入环槽内，若不高出槽岸，即为合适。活塞环各处装配间隙见表 1-2-5。

表 1-2-5　活塞环各处装配间隙　(mm)

发动机型号	活塞环端隙			活塞环侧隙		
	第一道气环	第二道气环	油环	第一道气环	第二道气环	油环
桑塔纳	0.30～0.45	0.25～0.40	0.25～0.50	0.02～0.05	0.02～0.05	0.03～0.08
奥迪	0.30～0.45	0.25～0.40	0.25～0.50	0.02～0.05	0.02～0.05	0.02～0.05
切诺基	0.15～0.35	0.15～0.35	0.15～0.35	0.043～0.087	0.043～0.081	0.02～0.03
EQ6BT	0.40～0.70	0.25～0.55	0.25～0.55	0.095～0.115	0.095～0.130	0.040～0.085

2. 活塞环的弹力检验

活塞环的弹力检验可在活塞环弹力检验仪上进行。检验时，将被检活塞环置于检验仪台板的凹槽里，并使活塞环的开口处于水平方向上。然后沿秤杆移动量块，使活塞环开口间隙达规定值。这时由量块在秤杆上的位置，可知在活塞环开口的垂直方向所施加的集中载荷，该值应符合规定。没有活塞环弹力检验仪时，可用手抓活塞环检查其弹性的好坏。

3. 活塞环的漏光检查

如果装机后活塞环不能完全和缸壁贴合，将不能有良好的密封。为此，在选配活塞环时要进行漏光检查。

检查方法：用活塞顶将活塞环垂直的推入气缸，然后用一盖板盖住活塞环内圆，再在活塞环下面放一灯泡，即可观察到活塞环的漏光情况。一般要求活塞环外圆工作面在开口处30°范围内不允许漏光，且每处漏光弧长对应的圆心角不得超过25°，同一环上漏光弧长所对应圆心角总和不得超过45°。不符合漏光度要求的活塞环，大修时不得装用。维护时不进行此项检查，因气缸已失圆。

（三）连杆组的检测与选配

连杆组包括连杆、连杆小头衬套和连杆轴承。

1. 连杆一般耗损检测

连杆的常见损伤为杆身变形、裂纹、大头孔磨损和大头两端磨损。

连杆及连杆螺栓应进行磁力探伤检查，若有裂纹应报废。连杆螺栓及螺母应无滑牙和变形。连杆轴承承孔圆度、圆柱度误差应符合原厂规定，一般应$\ngtr$0.025mm。连杆大端两侧面在轴颈上的端隙应符合原厂规定，一般应$\ngtr$0.50mm。超过时应更换连杆。

2. 连杆衬套的修配

(1)活塞销与连杆衬套的配合要求。活塞销与连杆小头衬套也有较高的配合精度，常温下一般配合间隙为0.005～0.010mm。

(2)连杆衬套的修配。连杆衬套与活塞销的配合间隙过大或者在连杆小头中有松动，应压出旧连杆衬套，压入新的连杆衬套。

连杆衬套与承孔应有规定的过盈量，一般为0.10～0.20mm。衬套压入后内孔应有一定的加工余量，以保证通过加工满足与活塞销的配合。如果加工余量过大，不易保证加工精度，特别是连杆大、小头孔轴线之间的平行度；而加工余量过小时，不能保证孔的形状精度和粗糙度要求。在修理中，一般先将衬套在活塞销上试套，若能勉强套在活塞销上，则认为加工余量大小合适。

压出或压入衬套最好在气、液动或手动压力设备上进行。压入新衬套时，衬套在连杆小头孔中必须放正，不得歪斜。新衬套压入连杆小头承孔后，衬套和连杆上的油孔应对正。若为两段式衬套，则应压至与连杆小头油孔边平齐，对连杆小头两侧多余出的衬套应锉除。

(3)连杆衬套的修配方法。汽车大修换衬套后以及更换加大尺寸的活塞销后，均需对衬套内孔进行加工。一般通过铰削连杆衬套的方法实现衬套与活塞销的配合。连杆衬套铰削的注意事项：

①铰削时，应一手握住连杆小头向下略施压力，一手托住大头。其托力以平衡连杆的重力为准，不可过大或过小。铰至小头下端面与铰刀刀刃下端平齐时，即应压下连杆，以防止铰成喇叭口形和铰偏衬套。

②铰至用手掌能将活塞销推入衬套孔的1/3～2/5时应停止铰削。

(四)活塞连杆组的装配注意事项

(1)活塞和连杆装配时，要保证二者的向前标记一致。活塞销两端的卡环要可靠地装入卡环槽内；活塞销与两端卡环之间要留有0.20～0.80mm的间隙，防止工作中活塞销将卡环顶出引起拉缸。

(2)注意活塞环的安装次序和方向，不得错乱。镀铬环一般装在一道环槽。用作刮油的正扭曲环，其内缺口或倒角朝上，外缺口或外倒角朝下，用作布油的反扭曲环，其安装方向与之相反。如果活塞环安装方向不正确，活塞环的泵油作用过大，会增加机油消耗，大量的机油窜入燃烧室而形成积炭。很多活塞环上都有向上的标记，如在活塞环的端部标有“0”“TOP”“ON”等。

(3)活塞连杆组组装完毕后要称重，各组质量差应符合厂家规定。

四、曲轴飞轮组的装配

(一)曲轴轴承的选配

1. 选配原则

(1)根据轴颈选轴承。根据曲轴轴颈光磨后的修理尺寸，选用同一级修理尺寸的轴承。其方法：轴颈标准尺寸－轴颈现有尺寸＝选配轴承缩小尺寸

(2)轴承长度合规定。新选配的轴承装入座孔后，两端均应高出座孔平面0.05mm，以保证轴承与座孔紧密贴合。检查轴承长度的经验做法：将轴承在座内孔装好，扣合轴承盖，在轴承盖与座结合的平面一边，插入厚度为0.05 mm的铜皮，把另一边的螺栓按规定扭力拧紧，当把夹有铜皮的一边螺栓拧紧到14.7N·m时，铜皮抽不出，说明轴承长度合适；若铜皮能抽出，说明轴承过长，应在无凸榫的一端将轴承适当锉低；如果有铜皮的一边螺栓未拧到扭力数值，铜皮就抽不出，说明轴承短，应重新选配。

(3)修理轴承时不能加工,不允许镗削和刮削,否则失去表面减磨合金,使轴承的耐磨性和耐腐蚀性大大降低。因此,现在都采用直接选配轴承的方法,不再允许加工。

2. 选配方法

选配曲轴轴承时,要进行以下检查:

(1)检验轴承钢背和定位凸舌的质量。钢背应光整无损,定位凸舌完好,与承孔定位槽配合严密。

(2)检查轴承的弹开量。轴承在自由状态时的曲率半径略大于承孔半径,二者的差值称为自由弹开量。轴承的弹开量:汽油机一般为0.8～1.5mm;柴油机一般为1.5～2.5mm。

(3)检验轴承高出量。自由状态下,轴承的周长应大于座孔的周长,保证轴承装入座孔后有比较大的压缩量,产生比较大的过盈量,使瓦背和座孔之间产生很大的摩擦力,保证发动机运转中轴承的位置不变。如果该长度不够,瓦背与座孔的摩擦力不够,工作中轴承可能随曲轴的转动而慢慢转动,一旦将润滑油道堵死,将造成轴承与轴颈的粘着;轴承长度过大,压缩量过大,会使轴承合金出现皱褶,甚至造成合金脱落。轴承长度的标准:轴承放入座孔后,每端应高出轴承盖接合面0.03～0.05mm。

检查方法:将轴承装入座孔后,将有吐舌的一端压紧,在另一端施加一定压力,使轴承贴紧座孔,此时测量该端高出座孔平面的高度(该高度常常称为"余面高度")。

(4)检查轴承内孔直径和形状。用内径表测量轴承内孔的尺寸和形状,如果内孔有椭圆或锥形,一般为座孔有变形,应查明原因并进行修理。修磨曲轴轴颈时,用轴承内孔的尺寸确定曲轴轴颈的尺寸。

(二)曲轴、飞轮组件组装配后的动平衡试验

曲轮、飞轮、离合器总成组装后,组件的动不平衡量应不大于原厂规定:东风、解放车曲轮、飞轮、离合器组件的动平衡量$\not>$100g·cm,国产轻型货车、客车及进口货车一般$\not>$70g·cm,轿车一般$\not>$30g·cm。

(三)发动机缸体组件的装配注意事项

(1)装配时应更换所有的密封件。

(2)拧紧主轴承盖紧固螺栓时,不能一次拧紧,应分几次从两端到中间逐步拧紧。

(3)第3号轴瓦是推力轴承,轴承盖中的半片轴瓦上无油槽,气缸体轴承座上的半片轴瓦上有油槽,装配时应区分清楚。

(4)第3号轴瓦两端有半圆形止推环,注意止推环的定位及开口的安装

方向必须朝向轴瓦，轴瓦不能互换。

五、备考要点

(1)常用和专用工具的使用。

(2)分解和组装顺序。

(3)零件的清洁与检查、判断与处理。

(4)间隙的检查与调整。

(5)安全与文明操作。

第二专题　底盘部件的装配与调整

一、离合器的装配与调整

(一)装配离合器与压盘总成(如图 1-2-6 所示)

(1)将分离杠杆衬套压入分离杠杆孔中，并在衬套内表面涂上一薄层润滑脂。

(2)将分离杆调整螺钉和圆柱销装到分离杠杆的孔中，利用卡环将圆柱销两端固定。

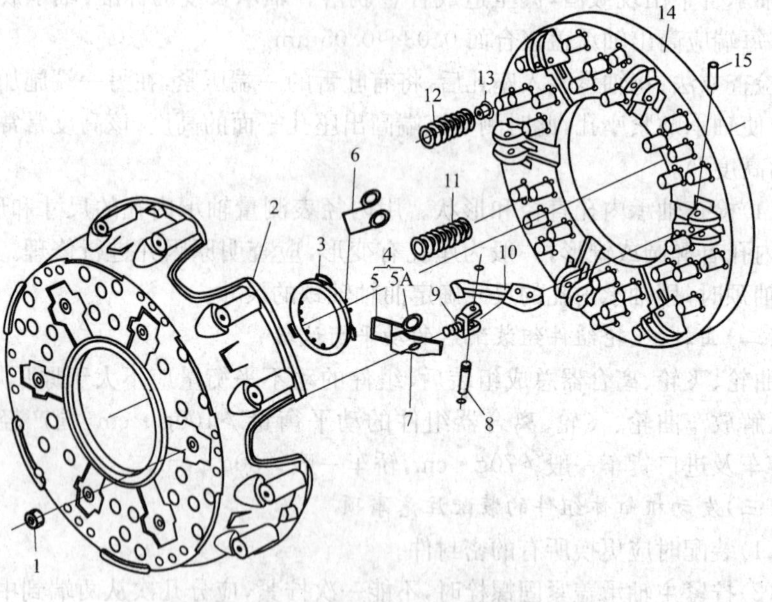

图 1-2-6　EQ1141G 型汽车离合器

1. 分离杠杆调整螺母　2. 离合器盖　3. 分离环　4. 分离杠杆弹簧总成　5. 分离杠杆弹簧挂环　6. 分离杠杆弹簧　7. 支架弹簧片　8、9、15. 支架　10. 分离杠杆　11. 压紧弹簧(红色)　12. 压紧弹簧　13. 压紧弹簧座　14. 压盘

(3)利用圆柱销将分离杠杆总成装到压盘上。

(4)将压盘放到压力机上。

(5)将压盘弹簧装到压盘上。

(6)在分离杠杆调整螺钉上装上分离杆弹簧和调整螺钉弹簧片。

(7)将离合器盖放在压盘上,利用压力机进行加压。

(8)利用压力机压压盘盖,直到调整螺钉螺纹端露出表面,拧上调整螺母。

(9)利用分离杠杆弹簧挂钩装上分离杆垫环。

(10)离合器压盘总成装配完成后,需进行动平衡测试,动平衡量应小于700mg·m。

(二)安装离合器助力器总成

(1)安装离合器助力器总成。

(2)接好气、油软管和钢管。

(3)将推杆和离合器摇臂连接上,装好回位弹簧;完成连接装配后,应保证摇臂有适当的自由行程。

(4)排掉油路中的空气,并保证踏板工作行程为185mm。

(三)离合器总成装车

为便于安装,最好选用一个变速器第一轴(或替代轴),然后按分解相反顺序,依次把从动盘总成和离合器盖总成与压盘总成装到飞轮上,盖与飞轮固定螺钉的拧紧力矩为40~60N·m。将清洁的分离轴承后盖开启,在滚珠保持架间填充新的润滑脂后装复,再将分离轴承装在变速器第一轴上。按拆卸的相反顺序把变速器总成、传动轴总成装复,连接操纵机构。

(四)离合器的调整

1. 离合器分离杆高度的调整

离合器总成紧固于飞轮上之后,分离杆垫环端至飞轮面的距离应符合规定,分离杆垫环端面跳动量在0.4mm之内。当超过标准时,可通过调整分离杆上的调整螺母,调整分离杆垫环端的高低。在高度调整适当后,用木槌轻敲几下分离杠杆和分离杠杆垫环,然后再重新检查杠杆垫环的高度及端面跳动,直至符合要求。注意调整完后要将调整螺母锁死。

总泵活塞与总泵推杆之间的间隙为0.2~0.7mm,调整时松开锁紧螺母,旋转总泵推杆,先使总泵推杆顶住总泵活塞,然后退1/7~1/2圈,拧紧锁紧螺母。

2. 助力器推杆空行程的调整

离合器助力器推杆的空行程为1~5mm,即用手能推动推杆向前的距离。调整时松开回位弹簧、旋松锁紧螺母，然后旋转助力器上的螺母，调整助力器的推杆长度，使分离轴承与分离杠杆内端接触，然后向回拧两圈，锁紧锁止螺母即可。

（五）离合器助力器装配后的试验

1. 气密性试验

当气压在 600kPa 以上时，将固定在汽车上的离合器助力器的排气口打开，检查是否有压缩空气泄漏。

2. 油密性试验

踏下离合器踏板，检查管路接头是否漏油，保持踏下的踏板固定在某个位置，测量踏板力是否有较大的变化，同时应检查助力器推杆是否移动，如果没有异常，皮碗和油封可以认为是正常的。

3. 操作试验

反复踏下离合器踏板，通过听从排气口中排出的压缩空气的噪声，检查助力器推杆的运动情况。

二、变速器的分解、组装与调试

（一）手动变速器的分解

以 CA1121 载重车上装配的六挡变速器为例，其齿轮机构的组成如图 1-2-7 所示。

1. 拆下变速器盖

变速器盖总成上有 18 只螺栓，应用扳手将螺栓拧松并全部拆下，用专用工具将变速器上盖总成撬活，即可取下上盖总成，工作中注意不要破坏上盖的下平面。

2. 分解变速器齿轮机构

拆下变速器盖总成后，即可对变速器本体内的齿轮机构进行分解。

(1)拆下二轴凸缘锁紧螺母和二轴凸缘。由于紧固力矩较大，在拆下之前应先拨动变速器中的同步器啮合套，同时挂上两个挡位将二轴锁止不能转动，用手锤和扁铲松开锁紧螺母的锁紧装置，使锁紧螺母可以转动。利用专用扳手将锁紧螺母拧下，将二轴凸缘从二轴花键上拔出，注意不要损伤 O 形环和挡尘罩。

(2)拆下变速器后盖。先拆下 10 个后盖螺栓，再取下后盖。注意不要损坏后盖中的橡胶油封，损坏后应更换。抽出车速里程表从动齿轮的偏心套和从动齿轮装置。

(3)拆下一轴轴承盖和一轴。先拆下一轴轴承盖的 6 只紧固螺栓，取下

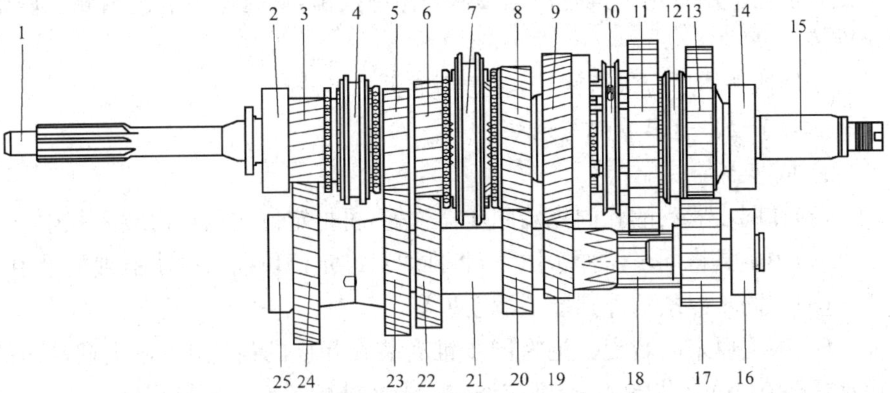

图 1-2-7　CA1121J 载重车变速器齿轮机构

1. 第一轴　2. 第一轴轴承　3. 第一轴常啮合传动齿轮　4. Ⅴ、Ⅵ挡锁环式同步器　5. 第二轴Ⅴ挡齿轮　6. 第二轴Ⅳ挡齿轮　7. Ⅲ、Ⅳ挡锁环式同步器　8. 第二轴Ⅲ挡齿轮　9. 第二轴Ⅱ挡齿轮　10. Ⅰ、Ⅱ挡锁销式同步器　11. 第二轴Ⅰ挡齿轮　12. 第二轴倒挡接合套　13. 第二轴倒挡齿轮　14. 第二轴后轴承　15. 第二轴　16. 中间轴后轴承　17. 倒挡轴倒挡齿轮　18. 中间轴Ⅰ、倒挡齿轮　19. 中间轴Ⅱ挡常啮齿轮　20. 中间轴Ⅲ挡常啮齿轮　21. 中间轴　22. 中间轴Ⅳ挡常啮齿轮　23. 中间轴Ⅴ挡常啮齿轮　24. 中间轴常啮合传动齿轮　25. 中间轴前轴承

一轴轴承盖。注意不要损坏轴承盖内的油封，损坏后应更换。采用带活锤的一轴拔轮器，夹住一轴花键，将一轴总成拔出。用卡环钳子拆下一轴滚柱轴承的内卡环和外卡环。用压力机或专用工具压出一轴滚柱轴承。用旋具起出一轴孔中的卡环、滚柱轴承和垫圈。

(4)拆下滚柱轴承及卡环和二轴。先拆下二轴后滚柱轴承上的卡环。用铜锤轻敲二轴的前端，使二轴向后移动一段距离。用带薄钩的拉器钩住轴承的卡环槽，将二轴后滚柱轴承拆下。利用一个夹紧装置，顶出二轴的后端，以免二轴上的齿轮脱落。从变速器壳体中先取出一轴侧的套在二轴上的同步锥和同步环。从二轴后孔中取出二轴总成各零件。

(5)拆下中间轴总成和倒挡惰轮轴总成。先拆下中间轴后端的轴承的内圈卡环和外圈卡环。拆下中间轴前密封盖。用铜棒和手锤从中间轴前端向后敲打，使中间轴向后移动一段距离；用带薄钩的拉器将中间轴后轴承拆下，从变速器壳体内取出中间轴总成。或在不取下前密封盖的情况下，在变速器壳体中向后敲打中间轴并从中取出。也可从壳体内部向外打出中间轴前轴承的外圈，同时顶出前轴承密封盖，密封盖损坏应更换。

用拉器或压力机将中间轴前轴承内圈拔出或压出来；拆下中间轴上的齿轮卡环；用压力机压下中间轴上的四挡和五挡齿轮。拆下惰轮轴端部的锁片螺栓和锁栓。用专用工具将惰轮轴从壳体中拔出，从壳体中取出惰轮和两个止推垫片。

变速器解体后应进行清洗，注意不能丢失零件。

（二）手动变速器装配与调整

1. 同步器的装配

（1）在同步器毂的孔内先装同步器弹簧，再把定位块从小面装入孔中。

（2）用旋具将同步器弹簧压下，将推块对准定位块插入同步器毂的槽中。

（3）在同步器毂的外圆装上滑动齿套。

（4）根据原来的装配标记将同步锥套装在相应的齿轮上，并检查锥面的跳动量在 0.1mm 范围内，否则应调整二者的装配关系或更换零件。

（5）装固定同步锥的卡环到卡环槽中。

（6）装回同步环总成。

2. 一轴总成的装配

（1）将一轴滚柱轴承内环端环放到靠近一轴齿轮一端，装上滚柱轴承及卡环，用压力机压轴承内圈压到底，并在轴承内涂以少量齿轮油。

（2）装轴承内圈卡环，并检查卡环的轴向间隙，保证卡环与轴承内圈为紧密配合。

（3）先将隔环装入一轴内侧孔中，再装入二轴前滚子轴承，应为 15 个滚子，再装入一个隔环；然后用卡环将滚子和隔套撑住，并涂以少量齿轮油，使能平滑转动。如需更换滚子轴承时，应将 15 个滚子一起更换，不能混装。

（4）准备从变速器壳内侧装入一轴承孔中。

3. 二轴总成的装配

（1）二轴上的零件较多，应在清洁状态下依次装配，装配时应将二轴后端向上垂直立起，先装二挡齿轮的滚针轴承、隔套和第二组滚针轴承，再装入二挡齿轮。在轴承上涂以少量润滑油。

（2）在花键中装入二挡固定齿轮，必须将外齿上有减薄量的一端朝后，用铜棒轻轻敲入。

（3）装入二挡同步器总成，带有同步环的一侧朝内。

（4）将一挡齿轮衬套在水中加热至 80℃以上，然后立即热套在二轴的相应轴颈上，保证位置准确；再套上两组滚针轴承，涂润滑油；装上一挡齿轮。

（5）将倒挡固定齿座，带凹面朝内，套装到二轴相应的花键上。

（6）将倒挡齿轮衬套，在水中加热至 80℃以上，然后立即热套在相应位置上，保证位置准确；再装入倒挡滑动齿套。

(7)装入滚针轴承,涂润滑油;装入倒挡齿轮;装入倒挡齿轮止推垫片。二轴后部装配完毕,用一个专用工具将轴类零件卡住,防止倒过来时脱落。

(8)将二轴倒过来,前端朝上,依次装入三挡齿轮的滚针轴承和滚针轴承隔套,涂润滑油;装三挡齿轮总成和三、四挡同步锥;再装三挡同步环,并使锥面吻合。

(9)装三、四挡同步器齿毂;装入防转销。

(10)装四挡齿轮;装入两组滚针轴承;装入四挡齿轮衬套,使缺口对准防转销;将卡环放入卡环槽中,使其紧密配合。

(11)将五挡齿轮滚针轴承涂润滑油,装入五挡齿轮和五、六挡同步锥环,装入五、六挡同步环、卡环,使其成紧密配合。

(12)装配完毕,准备装入变速器壳中。

4. 中间轴总成的装配

(1)在中间轴上有装五挡齿轮和减速齿轮的半圆键,选择适当的厚度,分别装入键槽中,再压入中间轴五挡齿轮和减速齿轮。

(2)装入卡环,使轴向间隙为零。

(3)装入中间轴前轴承,将内圈压入,装配后轴承和卡环。

5. 变速器本体的装配

(1)惰轮轴的装配和装入。先将滚针轴承装入惰轮的孔中,将两个止推片放入惰轮的两端,涂上少量润滑油;将惰轮轮毂凸出的一侧朝前放入变速器壳中;将O形环放入惰轮轴的槽中,从变速器壳外侧轴孔用铜锤打入惰轮轴,使隋轮活动自如,用螺栓装好惰轮轴锁片。

(2)装入中间轴总成。先装中间轴前轴承外圈,并用卡环定位,涂以少量润滑油;将中间轴总成装入变速器壳中,前端轴承内圈装入轴承外圈中;装入中间轴后端轴承,并以卡环定位;将中间轴旋转,要转动自如,转动均匀,无异常响声;再装入前端轴承盖,并再次检查中间轴和惰轮轴的转动情况。

(3)装入二轴总成。从变速器壳内装入二轴总成,将后端装入轴承孔中;在前端装入六挡同步锥和同步环,使二轴上的齿轮分别与中间轴上的齿对相啮合;装入二轴后轴承和卡环。

(4)装入一轴总成。从变速器外侧装入一轴,先将二轴上的六挡同步锥和同步环套在一轴的花键上,再将二轴轴端压入一轴内滚针轴承内圈中;压入一轴滚柱轴承的内圈,用卡环将外圈固定在变速器壳上;装入带密封胶的一轴轴承盖垫片和一轴轴承盖总成;以40～50N·m的力矩拧紧六个轴承盖固定螺栓;在轴承盖上装上离合器分离轴承座回动弹簧的钩环,准备装分离轴承座和弹簧。

(5)变速器后盖总成装配。把车速里程表传动装置装到二轴的后端;装带密封胶的后盖垫密片和后盖总成,并将10个螺栓以40～50N・m的力矩拧紧。

(6)二轴后凸缘总成装配。先把凸缘上的挡尘罩和二轴后凸缘套在二轴轴端花键上;拧上锁紧螺母,用带加长杆的扭力扳手以600～800N・m的力矩拧紧,拧紧时应使变速器齿轮挂挡于锁止状态;用凿子和手锤将锁紧螺母尾端凿紧,决不许松动。将变速器齿轮恢复到空挡状态。

6. 变速齿轮间隙的检查与调整

在各挡自由状态下测量、调整间隙。

减速齿轮副:0.04～0.12mm,六挡齿轮副:0.04～0.12mm,四挡齿轮副:0.04～0.12mm,三挡齿轮副:0.08～0.18mm,二挡齿轮副:0.08～0.18mm,一挡齿轮副:0.08～0.18mm,倒挡齿轮副:0.08～0.18mm。所有齿轮副使用极限间隙为0.4mm。

端面间隙:一、二、三、四挡齿轮为0.15～0.30mm(新变速器);五挡和倒挡齿轮为0.18～0.035mm,所有齿轮的端面间隙使用极限为0.50mm。

7. 变速器盖的装配

变速器本体总成上表面装两个定位环,并在表面涂一圈密封胶;本体总成和盖均处于空挡位置时装上变速器盖,不能大幅度相互错动,不得损坏密封胶,拧紧18只固定螺栓,拧紧力矩为40～50N・m,加注变速器油,油量为7L。

8. 离合器外壳的装配

用6只固定螺栓从离合器内侧固定到变速器总成前端面,拧紧力矩为240～300N・m,交叉拧紧;装上离合器分离机构,分离轴承座总成、回动弹簧、分离拉杆总成、分离叉拉臂等。

(三)变速器总成装车

变速器一轴花键上及前端轴承涂润滑脂;将变速器吊起或起重小车升起。将一轴与离合器从动盘花键孔对齐;平行向前推变速器,将一轴插入从动盘花键孔,再向前推,使离合器外壳的止口与飞轮壳的止口相吻合;拧上离合器壳与变速器壳的固定螺栓,拧紧力矩为40～50N・m,交叉拧紧。装传动轴,拧紧凸缘上的连接螺栓螺母;装倒挡警报开关电线束,装车速里程表传感器和电线束。装变速器操纵机构,装离合器操纵机构。

(四)自动变速器的拆卸与安装

自动变速器拆装以前驱的捷达王都市先锋AT轿车装备01M型4速液

力机械自动变速器为例进行阐述。

1. 01M 型 4 速液力机械自动变速器组成与特点

如图 1-2-8 所示，01M 型自动变速器由液力变矩器 2、行星齿轮变速器 3、液力系统及电子控制系统组成。该 4 速液力机械自动变速器可以使车辆在一定范围内自动地、无级地改变转矩与传动比。

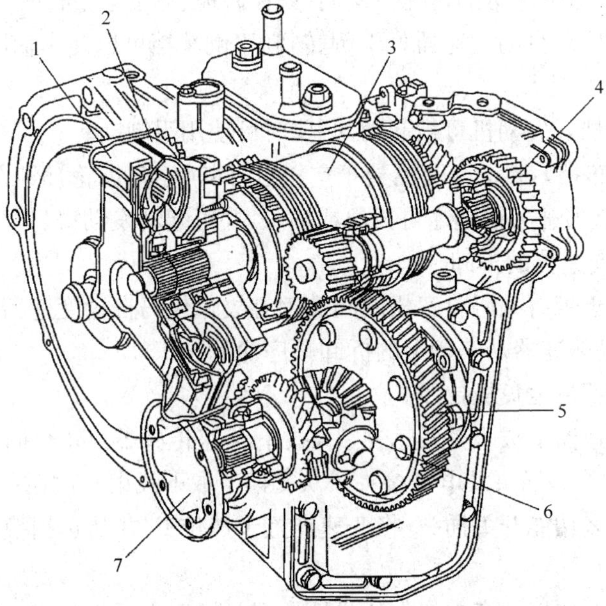

图 1-2-8　捷达王液力自动变速器结构

1. 锁止离合器　2. 液力变矩器　3. 行星齿轮变速器　4. 惰性轮组　5. 被动齿轮　6. 差速器　7. 驱动法兰盘

发动机在工作时，发动机的曲轴带动液力变矩器 2 的泵轮转动，通过液力变矩器 3 的蜗轮传给行星齿轮变速器 4 的输入轴（蜗轮轴），并通过行星齿轮变速器 3 的主动齿轮经惰轮组 4 带动被动齿轮 5 及差速器 6、驱动法兰盘 7，最终将动力传给传动轴和前车轮。

液力变矩器 2 装有锁止离合器 1，当变速器处于锁止状态时，液力变矩器 2 即变为一机械整体，由曲轴直接传动行星齿轮变速器 3 工作。

捷达王自动变速器共有七个挡位：四个前进挡、一个倒挡（R）、一个空挡（N）、一个驻车挡（P）。

D 挡（4 挡、超速挡）：经常驾驶使用的挡位。变速器在该挡时，变速器齿轮有四个传动比，在所有的正常驱动情况下使车辆都能工作。

3挡：自动变速器在该挡时，会自动转换到除D挡外的任何一个前进挡，且可以使锁止离合器自动接合或分离。

2挡：选择此挡，不论车速高低，自动变速器最高只能升到2挡，该挡在附着力小的路面（冰上或湿滑路面）上加速，或在下坡时提供发动机制动。

1挡：选择此挡后，自动变速器只能在1挡上行驶，具有最大发动机制动效果。此挡在道路恶劣的情况下使用，如在砂地、泥沼地上行驶。

R挡（倒挡）：自动变速器处于倒转，利用倒车挡可以使车辆向后行使，且减速比较大。

N挡（空挡）：发动机可被起动，必要时可使用手制动。

P挡（驻车挡）：自动变速器处于空挡位，同时停车齿轮被锁在外壳上；只有在P挡时点火开关钥匙才可拔出或插入，并可起动发动机。

2. 自动变速器的拆卸

注意：对于带有编码收音机的和储存有故障代码自动变速器的拆卸应注意编码。自动变速器从车辆上的拆卸顺序如下：

(1)拆除蓄电池负极拉线。

(2)从变速器上拔下速度表插头，拔下车速传感器(G68)插头和变速器转速传感器(G38)插头及电气接头。从支架上取下线束并放在一旁。

(3)拔下多功能开关插头，将变速杆置于挡位P，并从选挡换挡轴上拧下变速杆拉索。

(4)拆下变速杆拉索支架上的弹性挡圈并拆下变速杆拉索。用专用工具3094拆除自动变速器机油冷却器软管卡箍并取下软管。

(5)安好带支柱10-222A/1的吊架10-222A，并吊起发动机/变速器。拆卸起动机、动力助力转向机构的高压管支架。从发动机支架上拧下前支架螺栓，然后拆下支架。拧下冷却液补充罐并放在一旁。拆下左侧总成悬置支架。

(6)拆下发动机/变速器上部连接螺栓，拆下自动变速器油底壳的防护板，拧下变矩器防护板和螺母，从法兰上拧下驱动轴，将右侧驱动轴向上固定好，拆下左车轮。向右转动转向机构，标出左侧悬挂臂上万向节螺栓安装位置并拆下螺栓。带有副车架底盘的车，松开螺栓A和B，将左侧驱动轴放在一旁，向外侧摆动万向节。

(7)安装自动变速器支架3282，将千斤顶V・A・G1383A连同变速器支架3282一起放到变速器下面并支起变速器。将支架中心轴安装到油底壳上，并利用螺栓紧固到变速器壳体上。

(8)拆下发动机/变速器下部连接螺栓，向前拧动支架 3300A，以推动发动机和变速器。压开变速器和发动机，一面转动曲轴，一面旋下中间板与变矩器的固定螺母，从中间板上压出变矩器。将变矩器压靠在自动变速器油泵上。通过吊架螺杆取下发动机，稍微降下变速器，将助力转向装置高压管拉过变速器。

(9)通过千斤顶放下变速器，在放下过程中，将罩盖(车轮室一侧)装到车轮室上，向内摆动变速器并小心放到工作台上。

注意：右驱动法兰不能碰到支架 3300A，多功能开关不能碰到总成支架。固定好变矩器，以防脱落。

3. 自动变速器的安装

往车上安装变速器的顺序按与拆卸相反的顺序进行。自动变速器连接部位各螺栓(母)的转矩见表 1-2-6。

表 1-2-6　自动变速器各连接部位紧固转矩　(N·m)

名　称	紧固转矩	名　称	紧固转矩
驱动轴与驱动法兰盘连接	45	手动滑阀操纵杆螺栓	4
液力变矩器与中间板连接螺母	60	支承板与导板固定螺栓	14
变速器与发动机 M12 螺栓	80	车速传感器与变速器转速传感器固定螺栓	10
变速器与发动机 MIO 螺栓	60	主动齿轮紧固螺栓	250
前支架与总成支架连接螺栓	60	小齿轮轴轴承支承环旋紧螺栓	200
支架与左侧总成支架	60	小齿轮轴轴承支承环螺栓	12
左支架与变速器螺栓	25	小输入轴固定螺栓	30
防护板与变速器连接螺栓	15	变速杆手柄固定螺纹杆	1.5
万向节与悬挂连接螺栓	35	端盖固定螺栓	8
起动机与变速器连接螺栓	60	变速杆固定螺母	15
从动齿轮固定螺母	250	锁止拉索固定夹螺栓	6
小齿轮轴轴承盖螺栓	25	锁止电磁铁固定螺栓	3
轴承体旋紧连接螺栓	150	锁止杠杆固定螺母	5
差速器端盖螺栓	28	换挡扇形板弹簧固定螺栓	10
差速器轴承件安全件螺栓	12	定位扇形板固定螺栓	10
换挡机构壳体安装螺栓(母)	25	油泵安装螺栓	8+90°

安装变矩器时应注意以下事项：

(1)安装前应注意紧配轴套的正确位置，变矩器与中间板表面接合状况。

(2)转动变矩器，使两个传动销落入自动变速器油泵内齿轮的凹槽内。

(3)更换变速杆支架上的弹性挡圈。

(4)检查变速杆拉索的调整情况。

(五)自动变速器节气门拉索的调整

固定在节气门体支架上的节气门拉索端头的拉索套和拉索上的限位块之间的距离，其标准距离为 0～1mm。如距离不符合标准，应根据厂家提供的调整方法进行调整。一般节气门拉索是通过调整螺母对其拉线长度进行调节。

(1)将加速踏板踩到底，检查节气门是否处于全开位置。如果不是，应利用调整螺母调整拉线长度，直至符合要求为止。

(2)在节气门全开的情况下松开调整螺母，调整拉索套端部的位置，使其与限位标记之间存在 1mm 的标准距离，然后拧紧调整螺母。

三、驱动桥的分解、组装与调试

(一)驱动桥的分解

驱动桥结构图如图 1-2-9 所示。

(1)拆下放油螺栓，放净润滑油，拆下凸缘与传动轴的连接，拆下半轴。

(2)拆下主减速器主动轴，拆下差速器轴承调整螺母的锁片，轴承盖，取下调整螺母，从减速器壳上取下差速器总成。

(3)分解主减速器主动轴，取下开口销，拧下锁紧螺母，依次取下凸缘、防尘套、轴承及调整垫片。

(4)分解差速器，拆下差速器壳的连接螺栓，分开两半壳，取出半轴齿轮，十字轴，行星齿轮及止推垫圈。

对分解后的零件进行清洗、分类检查。

(二)主要零件的检查

(1)齿轮不应有裂纹，工作表面不应有明显的斑点、剥落及破损。

(2)轴承无损坏，座圈及滚锥(滚珠)表面无剥落，轴承间隙正常。

(3)壳体无破损、无裂纹。

(三)装配

1. 组装差速器

(1)各零件表面均应涂一层齿轮油或机油，选择厚度差不得大于 0.05mm 的行星齿轮承推垫片及半轴齿轮的承推垫片，装配半轴齿轮承推垫片时，注意有油槽的一面朝向半轴齿轮或承推垫片有麻点的一面朝向齿轮。

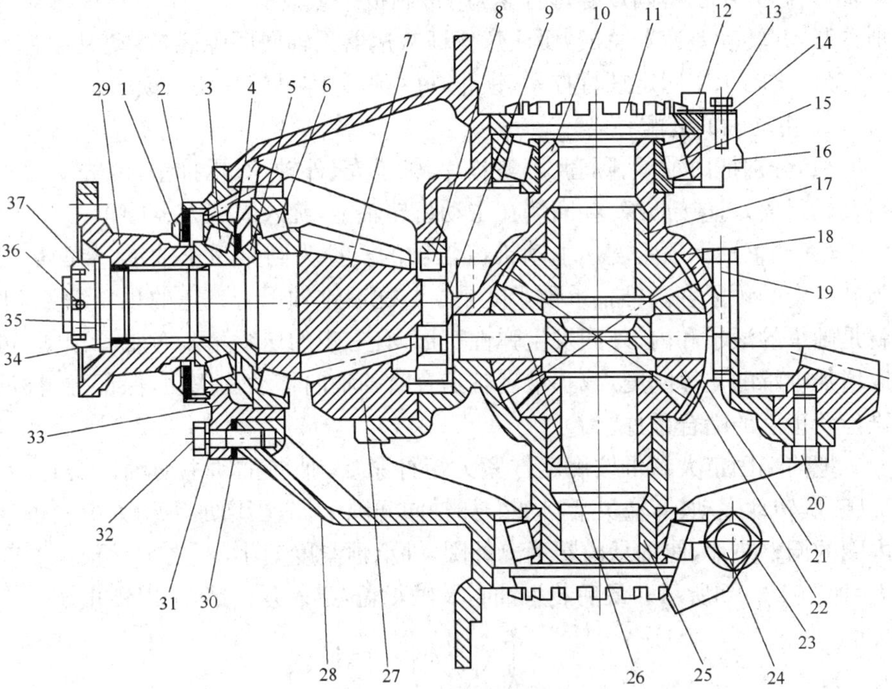

图 1-2-9　驱动桥基本结构示意图

1. 防尘套　2. 油封　3、6、15. 圆锥滚子轴承　4、30. 调整垫片　5. 隔套　7. 主动锥齿轮　8. 圆柱滚子轴承　9. 弹性挡圈　10. 差速器右半壳　11. 轴承调整螺母　12. 锁片　13、19、20、24、32. 螺栓　14、23、31. 弹簧垫圈　16. 差速器轴承盖　17. 半轴齿轮　18. 半轴齿轮推力垫片　21. 行星齿轮垫片　22. 行星齿轮　25. 差速器左半壳　26. 行星齿轮轴(十字轴)　27. 从动锥齿轮　28. 主减速器壳　29. 凸缘　33. 轴承座　34. 密封圈　35. 止推垫圈　36. 开口销　37. 锁紧螺母

(2)十字轴装在壳孔内不得摇摆,配合应严密,否则应查明原因,重新安装或更换。

(3)装配时注意:半轴齿轮的弧面应与行星齿轮的球面相吻合,应在一个球面上,不合适时应更换不同厚度的垫片予以调整,装配后应能转动灵活,不得有发卡现象。

(4)装合差速器两个半壳时,应按记号安装。装复后,用双手的食中指伸入半轴齿轮内,上下提拉半轴齿轮时稍有间隙感并能转动灵活为合适,检查半轴齿轮与行星齿轮之间的间隙,应符合规定。

(5)把差速器总成连同两端的轴承及座圈放入支承座孔内,分别扣上两个轴承盖,并用手将固定螺母拧紧,用特制扳手或旋具将两端调整螺母对称地拧紧,并转动差速器总成,要注意保证减速器无轴向间隙感,转动灵活为合适,最后将轴承座固定螺母拧紧,锁止,并把调整螺母锁片装上锁牢。

2. 主动轴的装配

(1)分别把内轴承、隔套、调整垫片、轴承壳、外轴承、承推垫片(先不装油封及轴承盖)、连接凸缘、垫圈装在主动齿轮轴上,旋入固定大螺母。

(2)调整轴承顶紧度。主动锥齿轮轴的支撑为圆锥滚子轴承,装配后必须有一定的预紧度。锥轴承预紧度是指装配后锥轴承有一定的预压缩量,也就是轴承的滚子和内、外圈发生弹性变形,有一定的压缩量。对轴承预紧,可以增加轴承的支撑刚度,减小锥齿轮啮合时的轴向移动和摆动,保证主、被动锥齿轮正确的啮合条件。

把前端固定大螺母按规定拧紧力矩拧紧后,轴向推动主动轴,无轴向间隙感觉,转动主动轴,应灵活自如。如轴向间隙大,应当增加主动锥齿轮轴承内圈的调整垫片,使轴承内圈远离外圈,轴承预紧度变小,反之轴承预紧度变大,如图 1-2-10 所示。最后装入油封及轴承盖,穿入开口销,予以锁止。

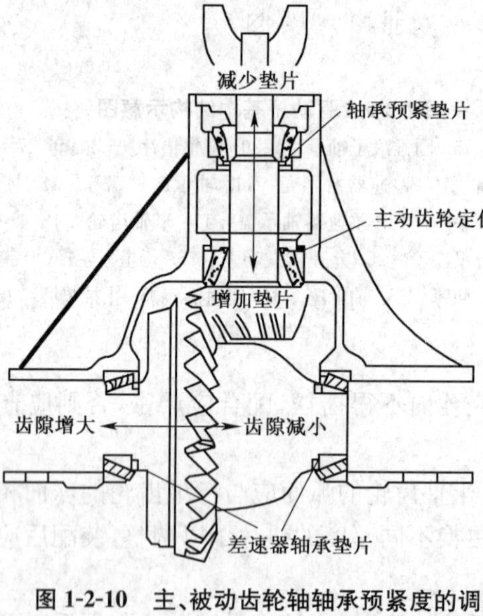

图 1-2-10 主、被动齿轮轴轴承预紧度的调整

(3)装配主动轴轴承座及垫片,应保证进出口油路畅通。

(四)主、被动锥齿轮啮合印痕的检查调整

在从动锥齿轮上,每隔 120°三个齿的正反面涂上红丹油,然后转动主动锥齿轮,观察二齿轮的啮合位置,标准如图 1-2-11 所示,如不符合要求可参照

表 1-2-7 的方法进行调整。

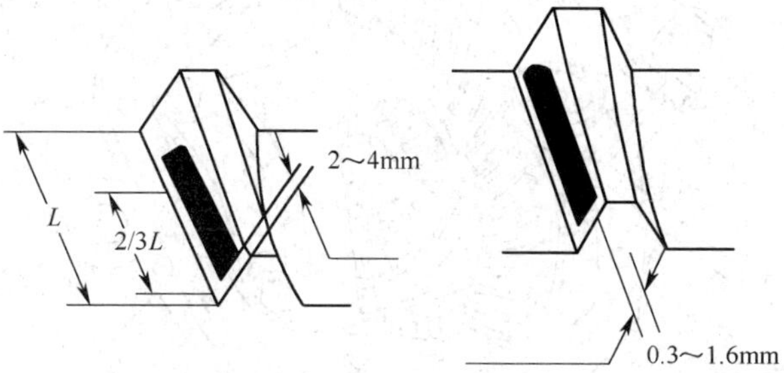

（a）装配时　　（b）负荷时

图 1-2-11　锥齿轮正确的啮合印痕

表 1-2-7　主、从动锥齿轮啮合印痕的调整方法

从动齿轮齿面接触区		调整方法	齿轮移动方向

		大进从 将从动齿轮向主动齿轮移近，如这时齿隙过小，则将主动齿轮向外移开	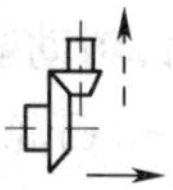
		小出从 将从动齿轮自主动齿轮移开，如这时齿隙过大，则将主动齿轮移开	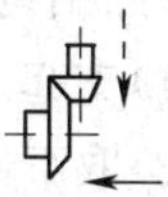
		顶入主 将主动齿轮向从动齿轮移近，如这时齿隙过小，则将从动齿轮移开	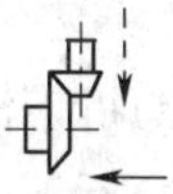
		根出主 将主动齿轮自从动齿轮移开，如这时齿隙过大，则将从动齿轮移近	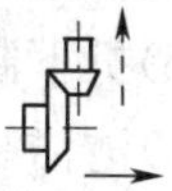

（五）主、被动锥齿轮啮合间隙的检查调整

主、被动锥齿轮啮合间隙是通过轴向移动二齿轮来调整的，当二者靠近时，啮合间隙变小，反之啮合间隙变大。

主、被动锥齿轮啮合间隙的检查如图 1-2-12 所示。检查时，将百分表表头垂直的顶在从动锥齿轮大端的凸面上，用手固定住主动锥齿轮，前后转动从动锥齿轮，百分表的摆动量即为主、被动齿轮的啮合间隙。啮合间隙一般为 0.13～0.18mm。

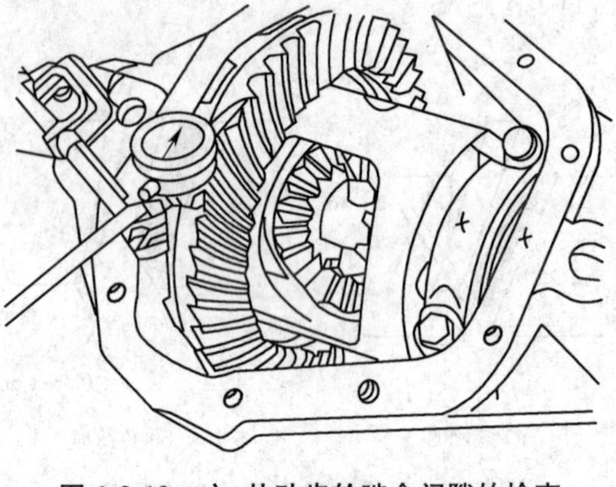

图 1-2-12　主、从动齿轮啮合间隙的检查

可以看出，啮合间隙和啮合印痕都是通过轴向移动主、被动齿轮进行调整的。一般情况，印痕调正常，间隙也基本符合要求。但是二者有时会出现矛盾，即出现间隙调正常，印痕不符合要求，或者印痕调正常，间隙不符合要求的情况，此时应以啮合印痕为主，但是间隙不能超过最大值。

注意：当调整啮合印痕时要保证轴承预紧度不变。

四、制动器的装配与调整

（一）凸轮驱动式制动器的分解

参照结构图 1-2-13 进行。

（1）支起车桥，拆下车轮，拆下制动鼓。

（2）取下制动蹄片回位弹簧，拆制动蹄固定螺钉，取下支撑销，取下制动蹄。

（3）拆下滚轮卡簧，取下滚轮轴，取下滚轮。

（4）拆下凸轮轴卡簧，取下制动凸轮轴。

（5）拆下制动底板。

（6）清洁零件，分类检查。

（二）凸轮驱动式制动器主要零件的检查

（1）制动鼓工作表面应符合技术要求，测量制动鼓圆柱度。

（2）检查摩擦片的磨损情况。测量铆钉距摩擦片表面的距离，当低于 2mm 时，应更换新品。

（3）检查轮毂轴承。

（三）凸轮驱动式制动器的装复与调整

（1）按分解的相反顺序进行装复。装复前，在制动蹄支撑销孔、制动凸轮轴支撑销孔内涂抹适量润滑脂，然后将凸轮轴和制动蹄支撑销安装到制动底

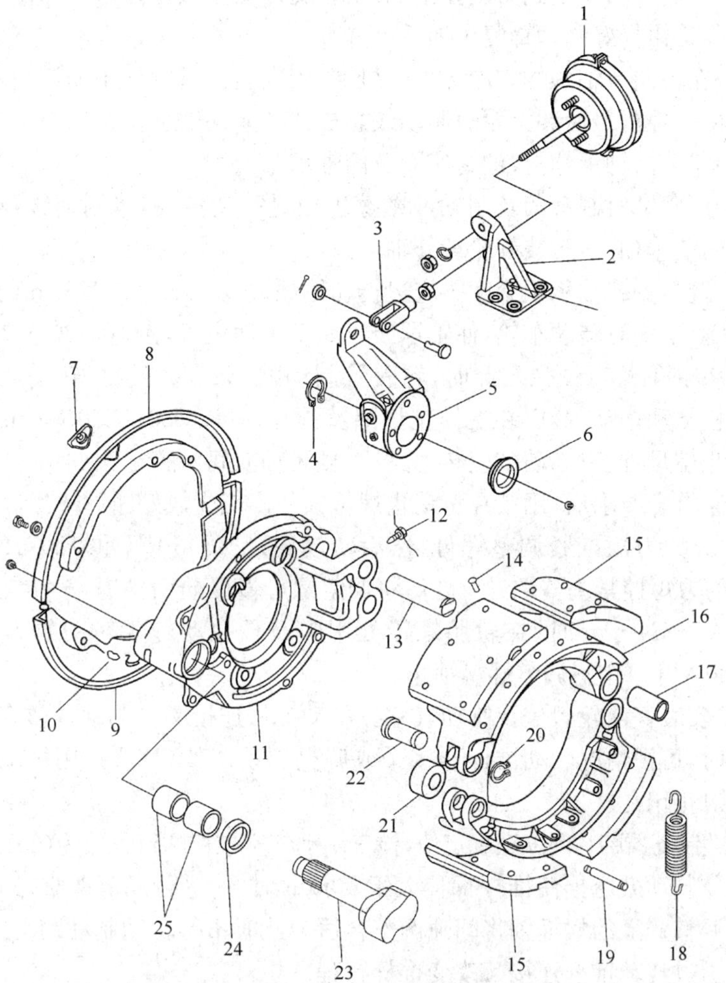

图 1-2-13　凸轮式制动器基本组成

1. 制动气室　2. 制动气室支架　3. 制动气室连接叉　4. 制动凸轮轴卡环　5. 制动调整臂　6. 制动凸轮轴垫环　7. 防尘罩观察孔堵塞　8、9. 上、下防尘罩　10. 注油嘴　11. 制动底板　12. 制动蹄轴紧固螺钉　13. 支承销　14. 铆钉　15. 摩擦片　16. 制动蹄　17. 支承销衬套　18. 制动蹄回位弹簧　19. 回位弹簧固定销　20. 卡环　21. 滚轮　22. 滚轮轴　23. 制动凸轮轴　24. 制动底板油封　25. 制动底板衬套

板上，再将制动调整臂安装在凸轮轴上。安装好制动凸轮轴后，应检查其轴向间隙，间隙值超过 0.70mm 时，应改变垫片厚度进行调整。安装制动蹄支撑销时，应使两销端部标记相对。

(2)将制动蹄安装到其支撑销上,装好支撑销垫板及开口销,并用专用弹簧钩或弹簧钳挂好制动蹄复位弹簧。

(3)在转向节轴颈均匀涂抹少许机油,依次装上带圆柱销的油封内座圈、油封、轴承内圈,最后装上轮毂制动鼓总成并装入外轴承。

(4)安装内轴承油封、油封座圈及内轴承。

(5)用砂纸对制动蹄及制动鼓摩擦表面进行清洁后,将制动鼓及轮毂安装到转向节轴颈上,压装好轮毂外轴承。

(6)调整轮毂轴承预紧度。应边转动轮毂边以180～220N·m的力矩拧紧调整螺母,同时转动车轮,使轴承滚子处于正确位置,然后将调整螺母退回1/4圈,用锁紧螺母锁住。此时,轮毂及制动鼓总成应能自由转动而无明显的轴向松动和摆动,最后装上锁止垫圈及锁片,并以180～220N·m的力矩拧紧锁止螺母:此时制动鼓应转动灵活,且无轴向间隙感觉。

调整符合要求后,用锁片将锁止螺母锁住。应先放好减磨垫片,以120～150N·m的力矩拧紧调整螺母,然后转动轮毂2～3圈,重新以120～150N·m的力矩拧紧调整螺母。随后将调整螺母慢慢向回松退,至转动轮毂的力矩为2～5N·m时(在轮胎螺栓处用弹簧秤拉动轮毂转动的力为15～35N),插入开口销将调整螺母锁止。

(7)安装好前轮毂盖及制动气室。制动推杆连接叉与制动调整臂销孔不能对正时,可视情况转动推杆连接叉或调整制动调整臂,严禁用拉动连接叉的方法对正销孔。

调整制动器蹄片间隙至规定值,检查制动气室推杆的行程应为(25±5)mm。制动蹄与制动鼓磨损使推杆行程大于40mm时,应进行局部调整,即通过转动制动调整臂上的蜗杆轴将间隙调整合适。此时不得转动制动蹄支撑销,也不允许通过转动推杆连接叉改变推杆行程。

(8)后轮制动器的装配要点:后轮制动器的装配顺序及要求与前轮相同,其轮毂轴承预紧度的调整方法与前轮的调整相同,只是其调整螺母应以200～250N·m的力矩拧紧,锁止螺母应以250～300N·m的力矩拧紧,最后装上半轴。

(四)盘式制动器的拆卸

(1)支起车身,拆下车轮。

(2)拆下制动摩擦片的防震弹簧。

(3)拆下制动工作缸的定位螺栓。

(4)用旋具将活塞压回,取下制动钳体,用钢丝吊于车身上。

(5)从支架上取下制动片。

(6)拆下制动工作缸上的软管。

(7)取下制动钳支架。

(8)拆下制动盘。

(9)用高压空气将制动工作缸内的活塞挤出。

(五)制动钳的装配

(1)安装时,应先均匀地在衬套的内表面上涂一层润滑脂。安装制动钳、制动钳螺栓和衬套,如果用手可以使螺栓顺利穿过衬套,可直接安装紧固制动钳和连接制动软管到制动钳上,对制动液压系统进行放气;如不能,则应先拆下螺栓和衬套,检查制动钳缸孔是否被腐蚀,用干净的酒精清洁缸孔,然后润滑并安装衬套,安装制动钳螺栓。

(2)安装制动摩擦块时,先用酒精清洁制动钳活塞保护罩的外表面,然后用一个C形卡箍慢慢地将活塞压入缸孔中,用工具撬起保护罩内缘,压出内部的空气,使保护罩安装到位。

(3)安装内侧制动摩擦块、座圈时,使制动摩擦块平靠在活塞上,且制动摩擦块不应接触到保护罩。然后安装外侧制动摩擦块,且使磨损传感器位于制动摩擦块后缘,使制动摩擦块平靠在制动钳上。

盘式车轮制动器均装有间隙自调机构,不需要专门调整。但是分泵装配时需将活塞推至轮缸最深处,装配后应踏几次制动踏板,使分泵充满制动液,间隙也自调到规定值。

五、制动传动与控制系统的检修

(一)液压系统

如图1-2-14所示为液压制动系统示意图,制动踏板4通常吊挂在驾驶室里,这种布置有利于驾驶室的密封,驾驶员通过制支动踏板操纵制动系统,制动踏板通过推杆驱动真空助力器3,真空助力器以发动机进气支管或单独设置真空泵产生的真空吸力为动力源,产生一个与制动踏板同向的制动力,协助人力进行制动,制动主缸2安装在真空助力器的前面,里面装有活塞,它在推力的作用下可将机械能转化为液压能,现代制动主缸产生两路液压向外输出,即所谓的双管路制动系统。从制动主缸输出的液压进入制动调节阀6,制动调节阀调节进入前后制动轮缸的液压的大小,力图使前后车轮同时被制动抱死。由制动调节阀调节后的液压进入前后制动轮缸,在轮缸产生的驱动力作用下,车轮制动器产生摩擦力矩使汽车制动。

1. 制动主缸与真空助力器的检修

桑塔纳轿车采用的是对角布置的双管路液压制动系统,其制动主缸与真空助力器的结构如图1-2-15所示。

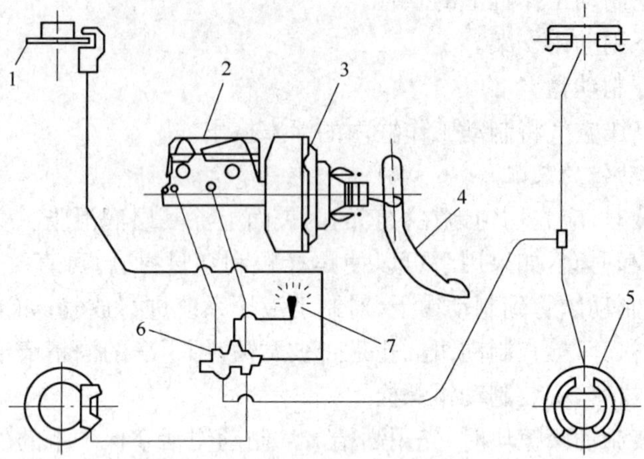

图 1-2-14　液压制动系统示意图

1. 前制动器　2. 液压制动主缸　3. 真空助力器　4. 制动踏板　5. 后制动器
6. 制动力调节阀　7. 制动警告灯

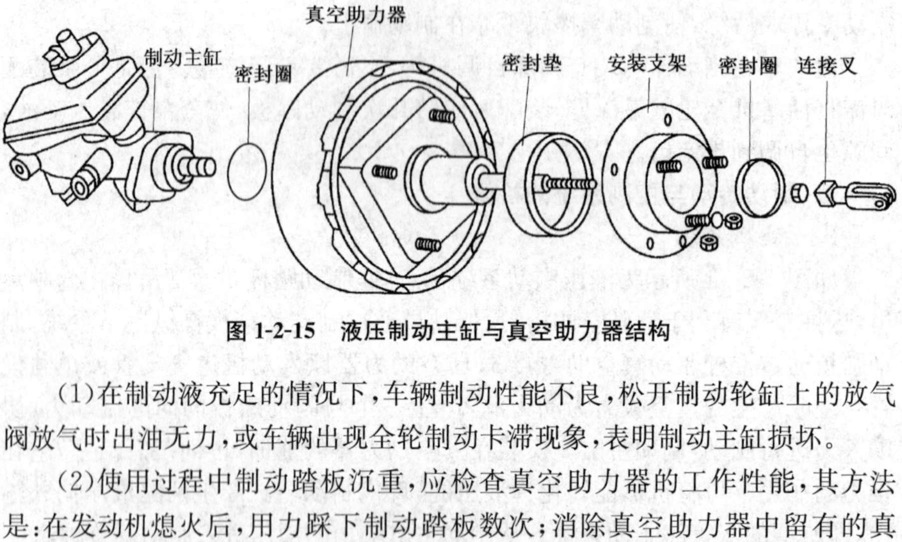

图 1-2-15　液压制动主缸与真空助力器结构

(1)在制动液充足的情况下,车辆制动性能不良,松开制动轮缸上的放气阀放气时出油无力,或车辆出现全轮制动卡滞现象,表明制动主缸损坏。

(2)使用过程中制动踏板沉重,应检查真空助力器的工作性能,其方法是:在发动机熄火后,用力踩下制动踏板数次;消除真空助力器中留有的真空,然后将制动踏板踩到一定位置保持不动,起动发动机,此时,应感到制动踏板有所下降,否则,表明真空助力器工作不良或失效。有条件时,也可用专用仪器对真空助力器进行检验。

(3)制动主缸及真空助力器损坏时,均应换用新的总成,不允许进行解体修理。其更换过程如下:尽可能多地抽出储液罐中的制动液,然后拧开制动轮缸上的放气阀,踩下制动踏板,排出制动主缸中的制动液;从制动主缸上拆下连接各轮缸的管路，并拆下储液；拆下真空助力器上的真空管，拆下真空助力器安装支架与制动踏板支架间的固定螺母，将制动主缸、真空助力器及安装支架从车上一起取下；拆下真空助力器与安装支架间的固定螺母，使真空助力器与支架分离；拆下制动主缸与真空助力器间的固定螺母，使真空助力器与制动主缸分离。换用新件后，将制动主缸与真空助力器重新安装好，安装过程中应注意，制动踏板推杆的长度应符合要求，所有固定位置均应涂上白色固体润滑剂，制动主缸与真空助力器间的O形橡胶密封圈应换用新件，各紧固螺母应以规定力矩拧紧。

2. 盘式制动器制动轮缸的拆卸与检修

放出制动液（方法与拆卸制动主缸时相同），然后完成制动盘拆卸(1)～(4)的操作步骤后，拆除制动软管，然后向轮缸进油口通入压缩空气，将活塞从缸筒中压出。从活塞上取下防尘罩，用旋具小心地从缸筒中取出密封圈。检查活塞与缸筒配合面出现划痕、缸筒直径磨损超过0.10mm或缸筒与活塞的配合间隙大于0.15mm时，应更换制动钳总成。拆卸后，活塞密封圈及防尘罩应换用新件。

安装盘式制动器的轮缸时，在活塞外表面及轮缸工作表面涂抹一层制动液，并将活塞密封圈装入缸筒的切槽中。将防尘罩套装到活塞底部（注意安装方向）。然后用旋具把防尘罩的内密封唇边压入缸筒的槽口内。将活塞压入制动钳缸筒中，并按与拆卸相反的顺序将制动钳安装到车上。

3. 鼓式制动器轮缸的检修

放出制动液后，按照拆卸桑塔纳LX型轿车后轮制动器的方法拆除车轮、制动鼓及制动蹄。拆下与后轮缸相连的制动管接头，旋下轮缸固定螺栓，从制动底板上取下制动轮缸。取下轮缸两端的防尘罩，按如图1-2-16所示的顺序取出轮缸活塞、活塞密封圈及弹簧。

检查零件时，如橡胶防尘罩破裂、密封圈出现老化或磨损严重造成轮缸漏油时，均应换用新件。缸筒磨损超过0.08mm或缸筒与活塞配合面出现划痕及锈斑时，应更换轮缸总成。

装配轮缸时，将密封圈安装到活塞上（刃口向内），并在活塞及密封圈表面涂抹一层制动液，然后将弹簧、轮缸活塞及防尘罩依次安装到缸筒中。将后轮缸安装在制动底板上，并接好制动管路。

4. 比例阀的检测

检查阀体的表面和柱塞的外表面是否光洁、有无锈蚀，相互配合的零件之间是否有过大的间隙。如发现有较小的缺陷，可用适当的方法予以消除；倘若缺陷难以消除，则应更换比例阀。

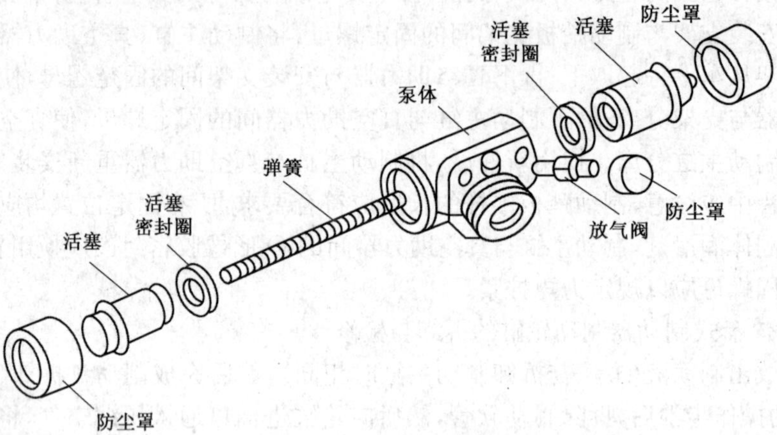

图 1-2-16 后轮轮缸的分解

注意:每次维修时,所有密封件即使看上去完好无损也应予以更换。在装配之前,应以规定使用的制动液润滑各零部件。避免密封件与汽油或其他溶剂接触。

(二)气压系统

1. 气压系统组成与原理

图 1-2-17 所示为 EQ1118G 型汽车双回路气压制动系统示意图。空压机 1 为水冷单缸式。挂车制动阀 9 和驻车手控阀 12 直接从四回路保护阀 5 取气。前、后行车制动回路储气罐 8 气压分别由仪表板上气压表 17 指示,罐上还装有低压警报开关 13,当储气罐的气压低于 0.40MPa 时发出警报,或在驻车手控阀输出压力低于 0.55MPa 时发出警报,汽车不能起步。为了保证气源系统免受超压负荷,在空压机与储气罐之间安装有调压阀 2,调节气压为 0.71~0.75MPa。在调压阀与储气罐之间装有空气干燥器 3,空气干燥器能将空压机产生的压缩空气中的水分、油水和杂质去掉,使制动系统故障率大大下降。在湿储气罐 4 后端接有四回路保护阀 5。

制动阀 16 上腔控制后制动回路,下腔控制前制动回路。机械式制动灯(图中未示出)开关由踏板控制,在行车制动回路失效时,此开关仍可接通。后制动气室是行车制动与驻车制动为一体的复合式气室 14。前行车制动回路中设置了快放阀 19,后行车制动回路中串联有继动快放阀 18。

驻车制动作用于后轮,通过手控阀操纵。由于弹簧气室的容量较大,为迅速使制动起作用,在回路中设置了快放阀 19。为防止弹簧制动气室与行车制动气室同时起作用而导致制动器载荷过大,在驻车制动回路上还设置了双向阀 20。

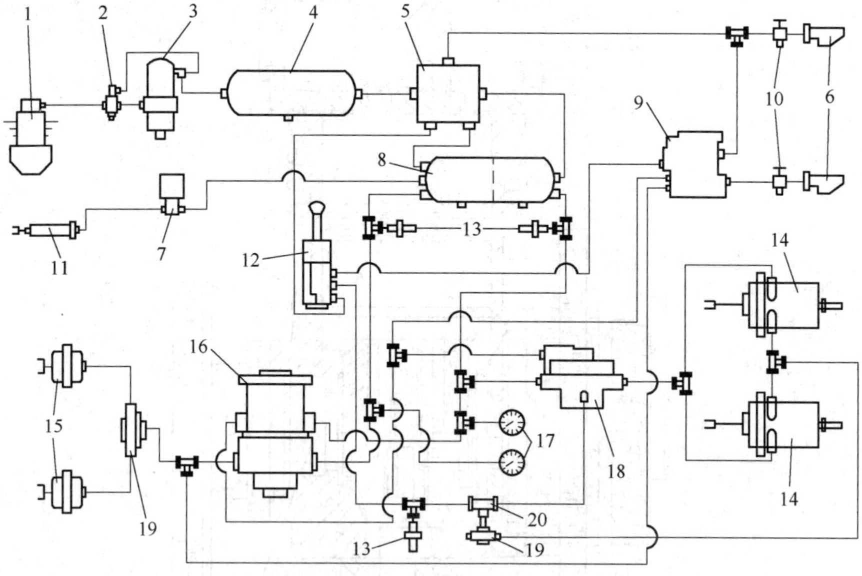

图 1-2-17　EQ1118G 型汽车气压制动回路示意图

1. 空压机　2. 调压阀　3. 干燥器　4. 湿储气罐　5. 四回路保护阀　6. 连接头　7. 排气制动电磁阀　8. 主储气罐　9. 挂车制动阀　10. 分离开关　11. 排气制动阀主缸　12. 手控阀　13. 警报开关　14. 复合式制动气室　15. 前制动气室　16. 制动阀　17. 气压表　18. 继动快放阀　19. 快放阀　20. 双向阀

2. 空气压缩机的检修

(1)分解检查。拆下空压机，并进行分解、清洗，如图 1-2-18 所示。刮去缸肩，清除活塞顶部的积炭。测量气缸磨损情况，当圆柱度公差不超过 0.125mm时，应进行换环保养；当超过 0.125mm 时，应进行大修处理。

阀片式进、排气阀，检查阀片及阀座磨损是否严重，若严重应更换新件。进、排气阀导向座有裂纹或磨损严重，应更换新件。膜片式进、排气阀，检查进、排气膜片，若损坏或有裂纹应更换。

进气膜片四个铆钉是否松动，如有松动应重新铆合。曲轴前后轴承旷量太大造成响声时，应更换。曲轴后端油堵磨损严重应更换。活塞环磨损严重或折断，应更换。

(2)装配。未装活塞环前检查是否偏缸，如偏缸，应校正连杆。活塞环的装配，应使内切口向上。四道活塞环不能对口，可每 90°安排一个对口间隙，四环错开。活塞环的开口间隙为 0.15～0.35mm，使用限度为 1.0mm。气缸

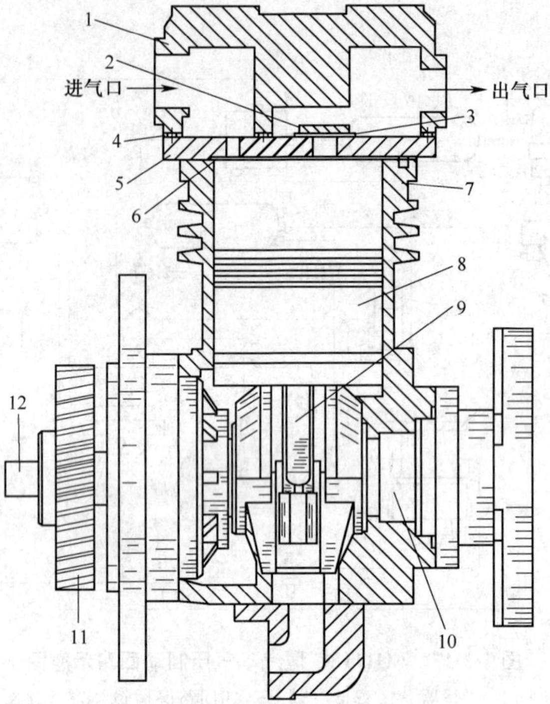

图 1-2-18　空压机结构示意图

1. 上盖　2. 出气阀座　3. 出气阀　4. 密封垫　5. 阀座　6. 进气阀　7. 缸体
8. 活塞　9. 连杆　10. 轴承　11. 齿轮　12. 轴

与活塞的配合间隙为 0.06～0.12mm，使用限度为 0.20mm。

装活塞连杆时，应按原装配方向装复。装上垫片后连杆螺栓螺母应以 14.7～19.6N·m 的力矩拧紧。连杆轴承孔与连杆轴颈的间隙为 0.060～0.063mm，使用限度为 0.12mm。曲轴连杆装复后，转动曲轴的力矩应不大于 5.9N·m。缸盖总成的进、排气阀座的拧紧力矩为 98N·m。气缸盖螺栓按对角线的次序均匀拧紧，拧紧力矩为 17.7～21.6N·m。

(3)装复后的检验。检验松压阀是否灵敏：气压升至 785kPa 时，松压阀能顶开进气阀片，此时接储气筒的气压表指针不允许有继续上升的现象。检验有否漏油、漏气、轴承是否过热和有不正常的噪声。

当空压机转速为 1200～1250r/min 时，向储气筒充气，压力由 98kPa 上升至 785kPa 所需时间不超过 28s。空压机向车上储气筒充气，当空压机转速为 1200r/min 时(相当发动机转速为 1714r/min)，气压表读数与充气时间为：压力由 98kPa 升至 785kPa 时，不超过 6min。

3. 气压调节阀的调整

气压调节阀的调整:气压调节阀与空压机的松压阀配合工作,控制着储气筒内的气压。拧进气压调整阀的调整螺栓,储气筒压力增高,反之压力降低。储气筒的正常工作气压为550～726kPa。

4. 制动气室的维修

制动室和调整臂如图1-2-19所示。制动时,压缩空气充入制动气室的工作腔,使膜片右拱,经推杆旋力于调整臂,制动凸轮转动而实现制动。解除制动时,工作腔则经制动阀(或快放阀)的排气口通大气;膜片及推杆均在弹簧作用下回位。

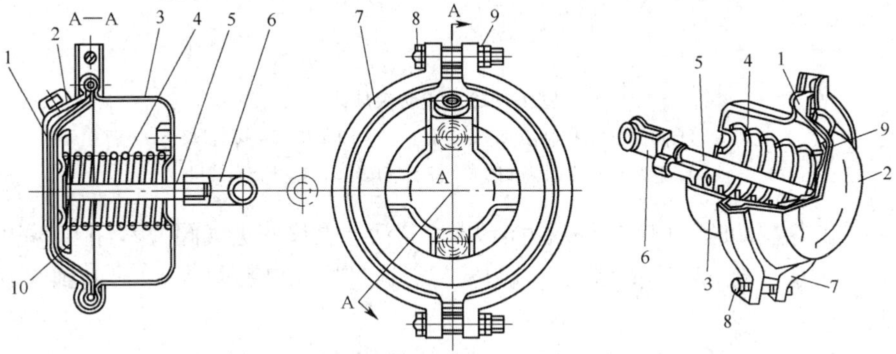

图1-2-19　膜片式制动气室

1. 橡胶膜片　2. 盖　3. 壳体　4. 弹簧　5. 推杆　6. 连接叉　7. 卡箍
8. 螺栓　9. 螺母　10. 支承盘

因制动气室回动弹簧张力很大,制动室解体和装复时均应在台钳上夹持着进行。皮膜有裂纹、老化应更换。同一车上左、右制动室皮膜的胶料配方应相同,保证皮膜的硬度相同。制动室推杆的行程为(25±5)mm。

5. 继动快放阀的维修

EQ1118G型汽车制动回路中,在前轮制动气室与制动阀之间设置的是快放阀,在后轮制动气室与制动阀之间设置的是继动快放阀。

图1-2-20为EQ1118G型汽车继动快放阀结构及工作原理示意图。制动时,制动阀的输出气压为继动阀的控制压力,由孔口C输入。在此控制压力作用下,控制活塞2下移,首先关闭排气阀,进而打开进气阀,早已等候在A口(通储气罐)的压缩空气由B口充入制动气室,而无须迂回流经制动阀,使汽车制动。在制动过程中,控制活塞下腔有气压,当制动到某一位置不动时,

控制活塞借助于上下腔气压达到平衡状态，进、排阀均关闭。

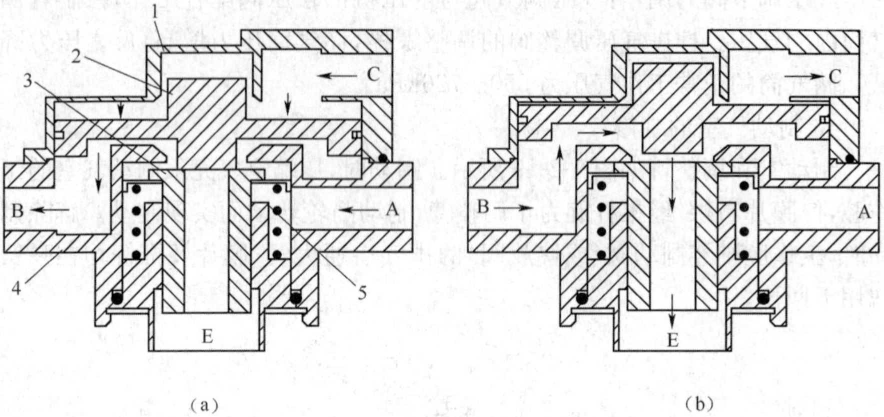

图 1-2-20 继动快放阀

1. 上阀体 2. 控制活塞 3. 阀门 4. 下阀体 5. 阀门弹簧

A. 进气口 B. 出气口 C. 控制气压输入口 E. 排气口

解除制动时，孔口 C 处压力消失，控制活塞上移使进气阀关闭，排气阀开启。于是制动气室内的压缩空气只需就近通过排气口 E 排入大气，起到快放阀作用。

当继动快放阀出现漏气时，应拆开检查，必要时更换膜片和密封垫。

6. 双腔串联制动阀的维修

(1)分解。如图 1-2-21 所示，将各个零件的相应位置做好标记。将总成置于垫有铜皮或铝制品等软质材料保护的虎钳上。用扳手卸下四颗六角头螺栓 16，将上下体两部分分离并分别放置。

用卡簧钳从上体 1 的上端孔内取下孔用弹性挡圈 27，拆下防尘罩 26 和衬套 25。用卡簧钳取下孔用弹性挡圈 24，取出挺杆座 23、弹簧座 22 和橡胶弹簧21。取出上体 1 内的活塞 19 和弹簧 17，再取下活塞上的 O 形密封圈 20 及两道导向环 18。用卡簧钳从上体 1 的下端取下孔用弹性挡圈 7，并依次取出衬套 4、锥弹簧 3 和阀门总成 2，然后再取下衬套 4 上的内外 O 形密封圈 5 和 6，从下体 14 上取下 O 形密封圈 8，从下体 14 上侧取出中活塞 10，再从中活塞 10 上取下 O 形密封圈 9 和两个 O 形密封圈 11、13。用卡簧钳从下体的下侧取下孔用弹性挡圈 15，依次取出排气导向座 14、衬套 4、锥弹簧 3 和阀门总成 2。从导向座上取下 O 形密封圈。

(2)检修。

①上盖总成检修：滚轮应转动灵活，若锈蚀发卡应予消除，与支承销的配

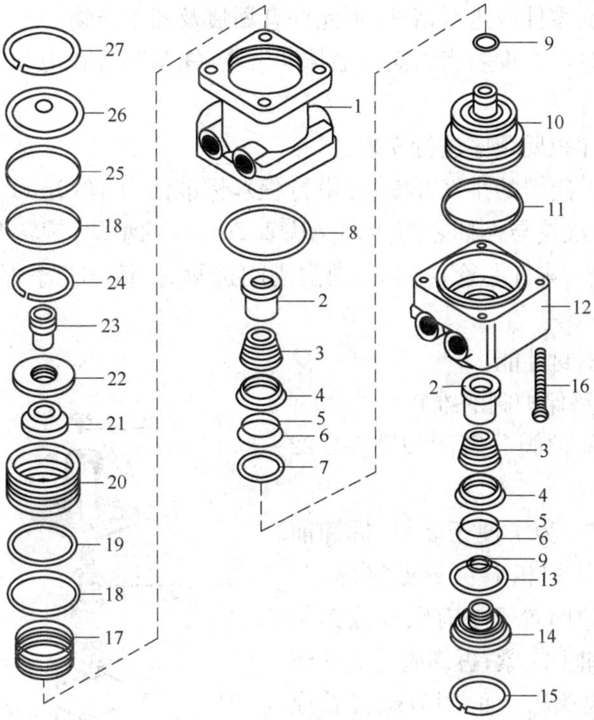

图 1-2-21　双腔串联制动阀分解图

1. 上体　2. 阀门总成　3. 锥弹簧　4. 衬套　5、6、8、9、11、13、20. O 形密封圈　7、15、24、27. 孔用弹性挡圈　10. 中活塞　12. 下体　14. 排气导向座　16. 螺栓　17. 弹簧　18. 导向环　19. 活塞　21. 橡胶弹簧　22. 弹簧座　23. 挺杆座　25. 衬套　26. 防尘罩

合间隙应符合规定；支承销与拉臂和壳体的间隙应小于 0.10mm，否则应修复；推杆与衬套应活动自如，间隙应符合规定，防尘罩应完好。

②上阀体检修：平衡弹簧长度、弹力应符合规定，不符应调整（弹簧一般不拆，出厂时调好；弹力要用专用的弹簧秤来检查）；活塞上密封圈应完好，否则更换；若活塞的阀口（排气芯管）磨损损坏会影响密封，不能消除应更换，回位弹簧符合规定。

③中阀体检修：上腔阀门（双作用阀门）应活动自如，不发卡；表面脏污应清洁；若有严重磨损或压痕影响密封性时应更换，大、小活塞应正常，小活塞的阀口（排气芯管）检测要求同上阀体活塞的阀口检测要求。

④下阀体检修：下腔阀门检测同上，防尘阀门应完好。

(3)装复与调整。

①装配前零件应进行清洗,不允许有划痕及棉纱杂物。

②装配时应在橡胶密封圈上涂抹润滑脂(锂基脂),在滑动零件表面涂抹润滑脂。

③按拆卸相反顺序进行安装。

④调整上阀门的排气开度(自由行程),标准值为1.20mm。该间隙可装车后调整:在滚轮与推杆之间插入一块1.20mm的垫片,旋转调整螺钉至上腔活塞的阀口(排气芯管)与上腔阀门刚刚接触时,锁紧调整螺钉,然后将垫片抽出即可。

⑤检查密封性能。

7. 四回路保护阀的维修

四回路保护阀分解图如图1-2-22所示。

(1)分解。为了便于装复,拆卸前需将各个零件的相应位置做好标记。将四回路保护阀置于垫有铜皮或铝制品保护的虎钳上夹紧;拆卸阀盖9的防护塞11,取出阀盖上的调节螺钉总成8;旋出阀盖上的十字螺钉10;依次取下阀体1上的零件:阀盖9、调节螺钉座7、上弹簧6、弹簧座5、膜片4、阀门总成3、下弹簧2;其余各腔的拆卸同上。

(2)装配。装配时膜片4的红色面应向下放到阀体上。将所有加工表面和阀门总成3、上弹簧6、调节螺钉8涂上一层适量的润滑脂;按拆卸时的相反顺序进行装配;装配调整完毕的总成在调节螺钉总成上部滴上适量中强度粘接剂。

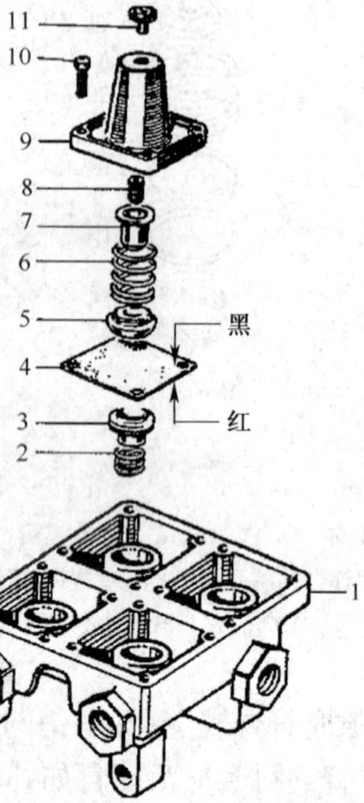

图1-2-22 四回路保护阀分解图

1. 壳体 2. 下弹簧 3. 阀门总成 4. 膜片 5. 弹簧座 6. 上弹簧 7. 调节螺钉座 8. 调节螺钉 9. 阀盖 10. 螺钉 11. 防护塞

六、齿轮齿条式转向器的检修

(一)齿轮齿条式转向器组成

齿轮齿条式转向器主要由转向齿轮、转向齿条、补偿装置、转向器壳、防尘罩等组成,如图1-2-23所示。

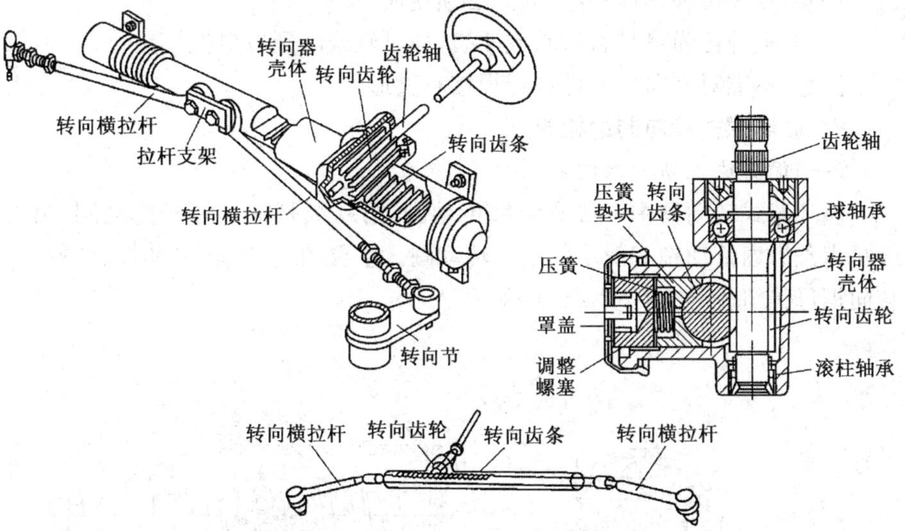

图 1-2-23　齿轮齿条式转向器

齿轮齿条式转向器的小齿轮与转向轴相连，齿条横向布置，两端各通过一段横拉杆、球头销与转向节相连，齿条外装有防尘罩。转向器壳体通过螺栓与车身固定。转动转向盘时，小齿轮使齿条横向移动，经过横拉杆、球头销、转向节传动使前轮偏转。齿轮齿条式转向器结构简单紧凑，操纵轻便灵敏，在轻型车上应用极其广泛。

转向传动机构由各种杆和臂组合而成，如转向摇臂、转向节臂、转向直拉杆、转向横拉杆等，其作用是将转向器输出的动力传给转向车轮（转向节），并使左右车轮按一定关系进行偏转。由于各机件不在同一平面内运动，为了防止运动干涉，各机件间用球形铰链连接。独立悬架的传动机构结构的左右转向轮由于可以独立运动，运行中轮距会发生变化，横拉杆必需做成两部分，为了适应不同转向器的结构要求，还要增加一些传动杆件。

（二）齿轮齿条式转向器的检修

（1）检查转向齿轮端头及衬套（液压转向为轴承）的磨损情况，是否与上面的轴承同心。如磨损严重或不同心，应更换。

（2）检查齿条各部分的磨损程度，有无缺齿。如缺齿或磨损严重，则应更换齿条。

（3）检查转向器外壳有无磨损及破裂，如破裂或磨损严重，应更换。

（4）检查波形管是否破损，如有破损应更换。

（5）检查各密封圈及密封环，如有渗漏必须更换。

(6)自锁螺母和螺栓一经拆卸,必须更换。

(7)检查补偿弹簧是否过软或断裂,如过软或断裂应更换。

注意:不准对转向器零件进行焊接和整形。

七、循环球式转向器的检修

(一)循环球式转向器组成

循环球式转向器中一般有两级传动副,第一级是螺母螺杆传动副,第二级是齿条齿扇传动副或滑块曲柄销传动副。主要由壳体、转向螺杆、摇臂轴、转向螺母等组成,如图 1-2-24 所示。

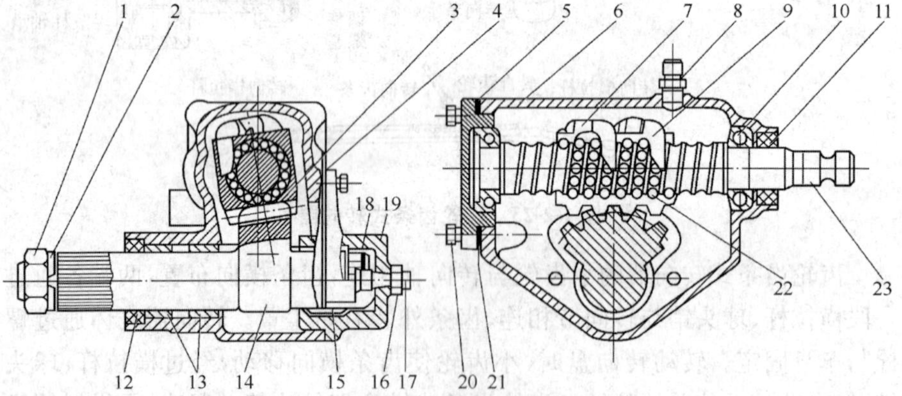

图 1-2-24 循环球式转向器

1. 螺母 2. 弹簧垫圈 3. 转向螺母 4. 转向器壳体垫片 5. 转向器壳体底盖 6. 转向器壳体 7. 导管卡子 8. 加油螺塞 9. 钢球导管 10. 球轴承 11、12. 油封 13、15. 滚针轴承 14. 齿扇轴(摇臂轴) 16. 锁紧螺母 17. 调整螺钉 18、21. 调整垫片 19. 侧盖 20. 螺栓 22. 钢球 23. 转向螺杆

1. 转向螺杆和螺母

转向螺杆通过一对推力轴承支撑在转向器壳体内,转向螺母的下平面加工成齿条,齿条与齿扇(即摇臂轴)啮合。转向螺母的内径大于转向螺杆的外径,其间装有许多钢球,以减小转向螺杆和螺母的摩擦阻力。转向螺杆和螺母上开有圆弧形的近似半圆的螺旋槽,二者配合形成近似圆形断面的螺旋管状通道。螺母侧面有两对通孔,与外面的两根钢球导管相连接,里面都装满钢球。这样,就形成了两条各自独立的封闭钢球通道。

2. 齿扇与摇臂轴

齿扇与摇臂轴制成一体(也可称齿扇轴),通过滚针轴承安装在转向器壳体和侧盖上。内端有“T”形切槽用予安装调整螺钉,可用其调整齿扇、齿条的啮合间隙。外端制成花键槽与转向摇臂相连。

3. 转向器壳体

壳体由铸铁制造，固定在车架的支架上，壳体上有安装转向螺杆和摇臂轴的轴承孔、上下盖、侧盖及通气塞，通气塞兼作加油口和放油口。

(二)循环球式转向器的拆装

(1)拆下放油螺塞，放出转向器内的润滑油。

(2)转动转向器螺杆，使转向螺母处于螺杆中间位置，然后旋下转向器侧盖的紧固螺栓，用铜锤轻轻敲击转向摇臂轴外端，取下侧盖及摇臂轴总成并解体。注意：取出摇臂轴时不要碰伤油封。

(3)旋下转向器盖紧固螺栓，如图1-2-25所示，用铜锤轻轻敲击转向螺杆及螺母上端，取下下盖和转向螺杆及螺母总成，然后拆下转向器上盖等零件。注意：不要碰伤油封。

(4)转向螺杆与螺母的解体。先拆下导管夹，取下钢球导管夹，然后转动转向螺杆取出所有钢球，使螺杆与螺母分离。注意：两封闭通道中的钢球应分别放置，以防装错。

(5)拆下各处油封及密封圈，取出转向器壳体内滚针轴承。

装配时按照与拆卸过程相反的顺序进行。

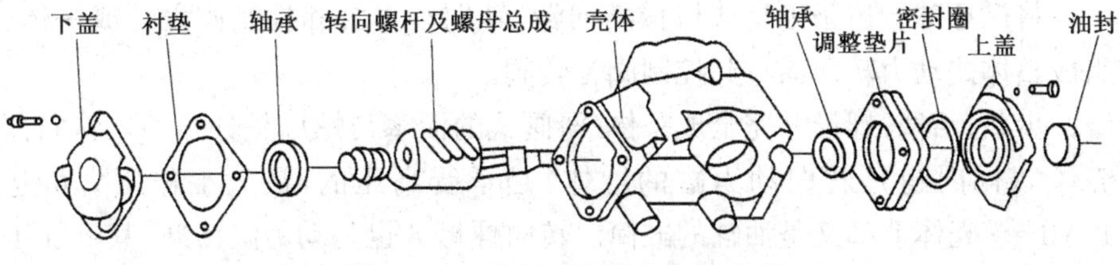

图1-2-25 分解后的转向螺杆总成

(三)循环球式转向器的检修

1. 转向器壳体

(1)壳体出现裂纹，不允许修复，应予以更换。

(2)壳体与侧盖接合面的平面度误差大于0.10mm时，应将其修磨平整。

(3)转向器壳体及端盖上各轴承孔磨损严重、摇臂轴与滚针轴承配合松旷，配合间隙大于0.1mm时，均应更换。

2. 摇臂轴

(1)摇臂轴工作面出现轻微点蚀可用油石修磨后继续使用，若点蚀严重则应更换。

(2)轴端连接螺纹损伤超过两牙，可堆焊后重新加工螺纹。

(3)摇臂轴出现裂纹，应予以更换。

3. 转向螺杆和螺母

(1)转向螺杆可用磁粉探伤仪检查,应无裂纹,否则,应更换新件。

(2)轴向推拉转向螺杆与轴承配合出现松动时,应更换新件。

(3)转向螺杆与螺母的配合可用百分表检查,径向配合间隙大于0.05mm时,应更换全部钢球。各钢球直径差不得超过0.01mm。

(4)检查转向螺杆及螺母滚动表面、螺母齿面,应无金属剥落现象及明显的磨损痕迹。否则,应更换新件。

4. 轴承及油封

(1)轴承出现点蚀及烧蚀现象或轴承保持架明显变形等,应成套更换。

(2)油封老化或刃口损坏造成漏油时,应更换油封。摇臂轴出现裂纹,应予以更换。

八、整体式动力转向器的检修

整体动力转向器根据使用的转向控制阀不同分为转阀式和滑阀式,ZZ1190型汽车转向助力装置采用的就是滑阀式整体动力转向器。图1-2-26所示为EQ1141G型汽车转阀式整体动力转向器。

(一)整体式动力转向器结构特点

将循环球一齿条齿扇式机械转向器、转向动力缸和控制阀设计成一体,组成整体式动力转向器。其控制阀为转阀。

齿条、活塞、螺母8完全成一体(滑阀式的活塞与螺母是分开的),转向器壳体7(同时也是转向动力缸的缸体)是承受高压的,最大工作压力可达15MPa。壳体上部又是油缸的缸筒。转向螺母8也是动力缸活塞,其上加工有齿条并与摇臂轴3上的齿扇相啮合。齿扇(五齿)摇臂轴仍为一体,同时又作为动力转向器输出零件。转向螺母的前端用密封圈将动力缸分成下、上后两腔。

转向轴1与转阀的阀芯2制成一体,转向器后端盖12和阀芯2之间是阀套11。转向轴1与螺杆10由扭杆9连接,扭杆后端用销钉与转向轴连接,前端用销钉4与螺杆连接。扭杆提供真实“路感”,且使转阀回到中心位置。

动力转向器的输入、输出轴上均有唇口式高温密封件,可在148.9℃的高温下连续工作。螺杆采用精密滚柱轴向推力轴承支承,以提高转向器的效率及自动回正性能。壳体下端装有螺杆调整螺钉5,用以调整轴承预紧度。

在齿条活塞的两侧各装备了一个转向限位阀(选装),限制转向轮左、右极限偏转角。在转向器靠近输入轴一方装有排气螺钉,用于排除油缸中的空气。

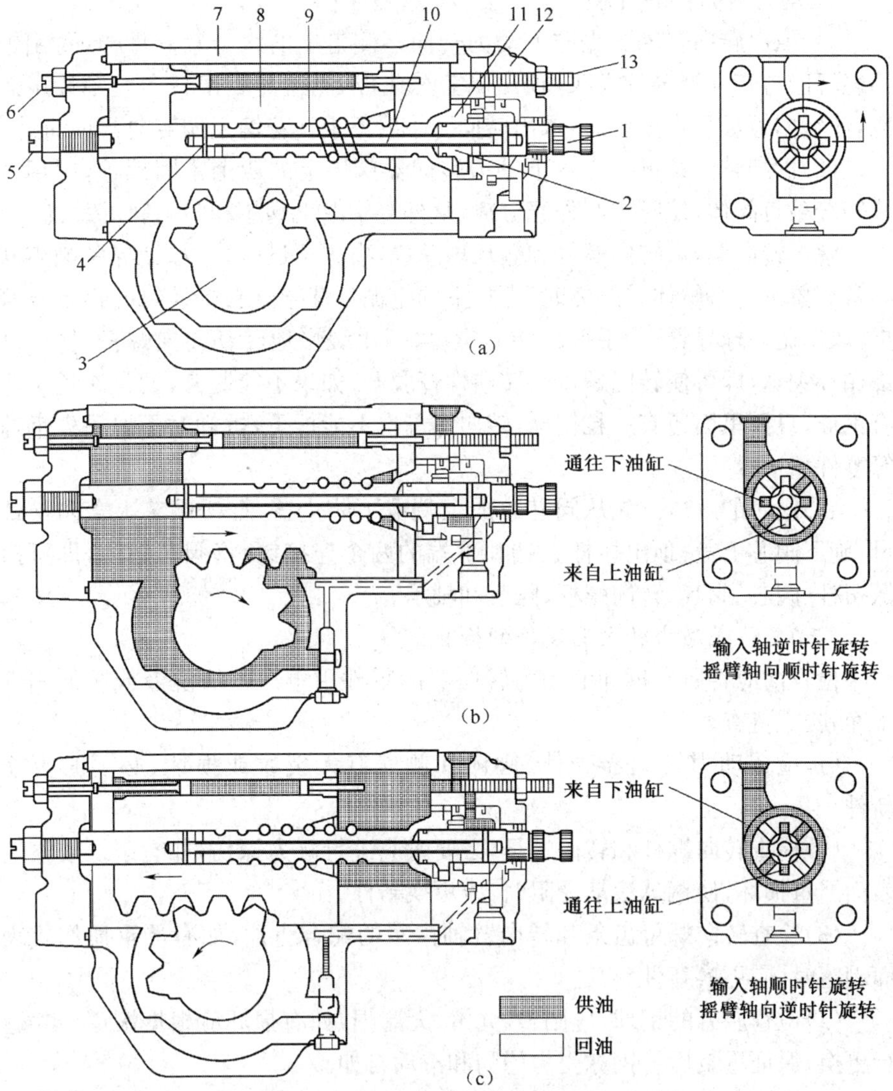

图 1-2-26　转阀式整体动力转向器

1. 转向轴　2. 阀芯　3. 齿扇轴(摇臂轴)　4. 销钉　5. 调整螺钉　6、13. 下、上转向限止阀　7. 转向器壳体　8. 转向螺母　9. 扭杆　10. 转向螺杆　11. 阀体(套)　12. 转向器后端盖

(二)整体式动力转向器的分解

1. 从汽车上拆下动力转向器

维修动力转向器之前,应将其从汽车上拆下,动力转向器的连接件较多,要注意各连接关系。

2. 动力转向器的分解

(1)取出转向臂轴。先拧下动力转向器侧盖上的六个紧固螺栓，再用铜棒轻轻敲打转向臂轴的端头，顶出侧盖总成；从侧盖侧取出转向臂轴齿扇总成，使转向螺母呈自由状态，取出转向臂轴时不要让花键划伤转向臂轴油封。

(2)拆卸转向螺母。先拧下动力转向器阀体上的四个紧固螺栓，再用铜棒轻轻敲打阀体，使阀体与外壳分离，从外壳中取出阀芯和转向螺母总成。

解体转向螺母、转向螺杆和循环球总成，事先可试一下，如无异常响声和异常现象可不必解体。解体时，先拧下固定循环球导管夹的螺钉并拆下导管夹，取出循环球导管；一手握住转向螺母，一手缓慢地转动转向螺杆，挤出全部循环钢球，即可使转向螺母与转向螺杆脱开；如果不能脱开，就是滚道里还有钢球，只要里面还有一粒钢球，转向螺母也不能拆下，拆卸时不要丢失钢球等零件。

(3)阀芯的解体。先从阀芯总成上端取下防尘盖，拧松阀芯上盖防松螺母，旋下阀芯上盖；顶出扭杆上端和下端的两个连接销，将阀芯解体，即可拆散扭杆、阀芯、阀套、转向螺杆、隔套和轴承。

(三)整体式动力转向器零件的检验

检查前应将所有拆卸的动力转向器的零件用干净的清洗液或洗油刷洗干净，吹干待查。

(1)检查动力转向器壳体、阀体和侧盖有无裂纹或损坏，必要时更换新件。

(2)检查转向螺杆和转向螺母，必要时应进行磁力探伤，如有裂纹或滚道表面严重损坏，使钢球滚动受阻时，应更换新件。

(3)检查转向螺母齿条和转向臂轴齿扇的配合齿面，如有严重损伤或表面剥落时，应更换新件。

(4)检查所有的钢球，应圆整、光滑、无磨损，如有损坏应根据滚道尺寸进行更换，保证重装后各钢球受力均匀和滑动自如。

(5)检查转向臂轴花键是否有损坏或扭曲现象。CA1121 型汽车转向臂轴花键为 48 个齿(细牙)，检查转向臂轴是否有裂纹，必要时进行磁力探伤。如发现有损坏或裂纹，一定要更换。

(6)检查动力转向控制件扭杆是否损坏或折断，必要时换新件；检查阀芯、阀套、转向螺杆、隔套等外表面和台肩有无磨损和损坏情况，必要时换新件。

(7)检查转向螺杆轴承的损坏情况，必要时换新件。

(8)检查所有的密封环、油封的密封情况，重装时应换新件，以保证控制功能和不漏渗油。

（四）动力转向器的装配与调整

(1)动力转向器的装配按拆卸的相反次序进行，装配中必须保证所有零件完好和清洁。

(2)阀芯的装配与调整，在阀体中依次装入密封环、轴承、隔套、转向螺杆、阀套、阀芯和扭杆等零件；压入扭杆上端和下端的两个连接销；旋上阀芯上盖，调整上盖旋紧力矩，使阀芯转动自如，拧死上盖防松螺母，压入防尘盖。

(3)转向螺母的装配与调整。先将转向螺母从下端套入转向螺杆上，转向螺母端头滚道对准转向螺杆端头滚道；将钢球由转向螺母滚道孔放入，慢慢转动转向螺杆并逐个放入钢球，将钢球放满转向螺杆也旋到底；将剩余钢球装满于导管里，导管两端涂润滑油插入转向螺母的导管孔中，并使导管落到底，再用螺钉将导管夹固定在转向螺母上；转动转向螺杆或转向螺母应转动自如。

装配好的转向螺杆和转向螺母总成轴向间隙和径向间隙均应不大于0.06mm，如间隙过大，可能是钢球没有装满。如钢球确已装满而间隙过大，则应成组更换钢球。当总成装配好后，可将总成垂直立起，将转向螺母旋到上端后放手，转向螺每应从转向螺杆上端均匀加速旋落，再次手动升起再次旋落。

(4)动力转向器的装配与调整。在阀芯和螺母总成上加密封环，在动力转向器外壳上端面加密封垫，将阀芯和螺母总成装入外壳中，在阀体上交替拧紧四个紧固螺栓，使阀体和外壳连成一个整体。

转动阀芯和转向螺杆，使转向螺母位于中间位置，在外壳的转向臂轴轴承孔中装入滚子轴承；在转向臂轴的间隙调整端装入调整螺栓等调整件，将装有滚针轴承的侧盖拧到装好的调整螺栓上，使调整螺栓在侧盖外面露出，转向臂轴轴端与侧盖间的距离呈旋转可调；将侧盖密封垫套装到侧盖内端面，转动转向臂轴使转向臂轴齿扇的中间齿对准转向螺母齿条的中间齿沟，将转向臂轴慢慢向里推进装有滚针轴承的壳体的轴承孔中并压向前方，尔后用六个螺栓将侧盖固定在壳体上，再用一个专用工具从转向臂轴花键端装入转回臂轴油封。左右两个方向旋转阀芯和转向螺杆总成，转向臂轴应能前后转动自如，并使转向臂轴处于中间位置；试调调整螺栓，使转向螺杆齿条与转向臂轴齿扇的啮合稍有间隙并将调整螺栓锁住。

（五）转向油泵的维修

转向油泵是动力转向系统的动力源，当其发生故障时将导致转向沉重或无转向助力。转向油泵的故障主要表现在液压油输送压力低或无油压。维修内容主要包括：

(1)转向油泵驱动皮带的调整。调整驱动皮带的松紧度，使转向油泵能够正常运转。

(2)检查转向油泵输油压力。在转向油泵至动力转向器间的高压油管中接一个油压表，在发动机怠速或高于怠速转速情况下原地转动转向盘，测输油压力。如油压过低，可清洗转向油泵，解体维修或更换新泵。

(3)免解体清洗。如转向油泵和动力转向器等过脏而使动力转向系统发生转向沉重等故障时，可用强力清洗剂清洗油路系统，尔后加注合格的液压油，可使系统恢复正常工作。

(4)转向油泵解体维修。转向油泵解体维修也比较简单，重新装复时要注意密封，否则易产生漏油故障。

(5)必要时更换转向油泵。在转向油泵维修中，注意高压油管的连接和密封，保证不漏渗油。

九、悬架系统的检修

(一)悬架的组成

悬架是车架(或承载式车身)与车桥(或车轮)之间一切传力连接装置的总称。悬架的功用是把路面作用于车轮上的垂直反力(支承力)、纵向反力(驱动力和制动力)和侧向反力以及这些反力所造成的力矩都传递到车架(或承载式车身)上，以保证汽车的正常行驶；此外，悬架还应有缓冲、减振和导向等作用。

如图 1-2-27 所示，悬架一般由弹性元件、减振器和导向机构(纵、横向推力杆)三部分组成。弹性元件的作用是承受和传递垂直载荷，缓和及抑制不平路面所引起的冲击。导向机构是用来传递纵向力、侧向力及其力矩，并保证汽车相对于车身有正确的运动关系。钢板弹簧既是弹性元件，又有减振和导向传力的功能，因而使用钢板弹簧的悬架无需安装导向杆件。此外，一般钢板弹簧是多片叠成的。在多数轿车和客车上，为防止车身在转弯等情况下发生过大的横向倾斜，在悬架中还设有辅助弹性元件——横向稳定器。悬架根据两侧车轮运动是否关联分为非独立悬架和独立悬架。

(二)悬架的检查

(1)前、后悬架系统部分零件的检查。检查各部位轴承是否损坏，是否存在裂纹、变形；检查各焊接部位是否有脱焊、裂纹或严重变形；检查各部件磨损是否超过极限要求。如有上述情况，应更换新件。

对于转向臂应检查槽形螺母是否松脱，开口销、盖以及各连接处的磨损和装配情况。转向节主销及衬套的配合间隙应符合要求，主销、衬套轴承孔

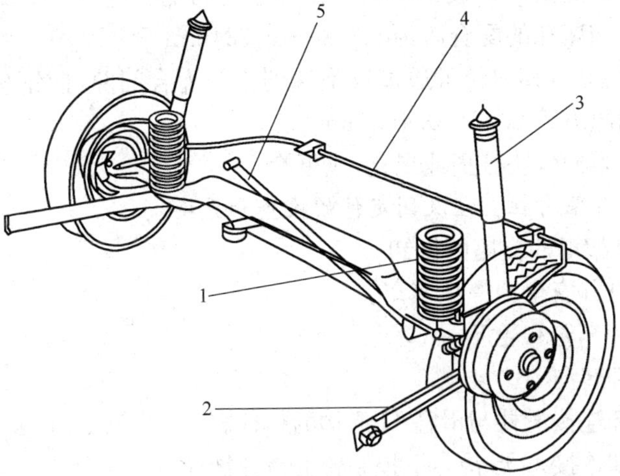

图 1-2-27　悬架的组成

1. 弹性元件　2. 纵向推力杆　3. 减振器　4. 横向稳定器　5. 横向推力杆

的同轴度误差应符合原厂规定。

(2)前、后悬架系统螺旋弹簧和弹簧垫的检查与更换。检查螺旋弹簧有无断裂或过度松弛现象,弹簧垫是否有变形、失效。

(3)前、后悬架系统钢板弹簧、弹簧垫、U 形螺栓、支架、衬套及固定件的检查与更换。

①钢板弹簧变形检修。若钢板弹簧自由状态下的弧度明显减小,用冷调或重新热处理来修复。

②钢板弹簧若有裂纹、折断、破损或减薄现象,应更换新件。

③钢板弹簧夹箍如有缺损、断裂,应更换,如夹箍变形或铆钉松动,应校正或重铆。

④中心螺栓螺纹损坏超过两牙以上,或螺杆直径小于孔径 1.5mm 时,应更换。螺栓与孔的配合间隙不得超过 1.0mm。

⑤U 形螺栓若有裂纹、破损,应焊修后修磨使用;若有变形,则应校正;螺纹损伤超过两牙,可攻螺纹后配螺母或更换新件。

⑥各支架及吊环不允许有裂纹、缺损,否则应焊修或更换;支架及吊环孔内端面磨损成沟槽,深度超过 1.0mm 或宽度超过 2.0mm 时,应堆焊后用钳工方法修平;装钢板销内孔磨损后圆度误差超过 0.3mm,可利用焊后加工或镶套法予以修复。

⑦钢板销外径磨损超过 0.5mm 时,应更换;钢板销衬套磨损超过

1.0mm时，应更换。钢板销衬套外径与座孔的配合应为−0.31～0.86mm，后钢板衬套与座孔的配合应为−0.84～0.734mm。

更换衬套后，其内径可通过铰削达到正常配合间隙，前钢板支架销与衬套的配合间隙应为0.06～0.445mm。

⑧橡胶缓冲软块破损或老化，应更换。

（三）前悬架滑柱支座及固定件的检查和更换

1. 前悬架滑柱支座的拆卸

(1)举升并安全地撑住汽车。

(2)拆卸车轮和轮胎。

(3)拆卸转向节。

(4)拆卸连接滑柱与滑柱U形钩的螺栓。

(5)拆卸连接U形钩与下控制臂的贯穿螺栓。

(6)用一个黄铜冲头轻拍U形钩，便可将其从滑柱上拆卸下来。

(7)拆卸连接滑柱与减振支座的4只螺栓。

(8)拆卸滑柱与上控制臂构成的总成。

2. 前悬架滑柱支座的安装

(1)将滑柱总成安装到减振器支座上，安装滑柱的4只固定螺栓，拧紧螺栓的力矩为31N·m。

(2)用一个黄铜冲头将U形钩安装到滑柱上，直到U形钩充分地嵌入定位法兰上。

(3)重新安装U形钩螺栓。

(4)将U形钩安装到下控制臂。

(5)安装U形钩的贯穿螺栓，安装转向节。

(6)紧固U形钩与滑柱的装配螺栓。

(7)将汽车落在支撑柱下控制臂的举升器支座上。

(8)紧固U形钩与下控制臂的装配螺栓。

(9)安装车轮和轮胎放下汽车。

（四）后悬架滑柱支座的拆卸与安装

1. 后悬架滑柱支座的拆卸

(1)从后减振器支座上拉出车厢内地毯。

(2)从减振器支座顶部拆卸塑料盖。

(3)拆卸连接滑柱总成与车身的两个螺母。

(4)举升并安全地撑住汽车。

(5)拆卸轮胎与车轮。

(6)拆卸连接滑柱与后万向节的螺栓。

(7)在后悬架处向下推，然后倾斜减振器支座的顶部。

(8)从车上拆卸下滑柱。

2. 后悬架滑柱支座的安装

(1)将滑柱安装到汽车的后万向节上。

(2)在后悬架处向下推并将滑柱的顶部插入汽车。

(3)安装滑柱与后万向节的连接螺栓。

(4)拧紧螺栓的力矩为 95N·m。

(5)使汽车底盘降低，以便于接触到行李箱。安装滑柱的上固定螺母，并以 34N·m 的力矩拧紧。

(6)安装滑柱顶部的盖，并放回行李箱地毯。

(7)安装后车轮与轮胎，并以 125N·m 的力矩拧紧。

(8)落下汽车，并检查其工作是否正常。

(五)检查与更换减振器、固定件和衬套

减振器有故障后在车辆行驶过程中会发出异响，并且乘坐时能明显感觉出车辆颠簸时减振器不起作用。减振器失效一般还存在漏油现象，可以用肉眼观察到。损坏的减振器一般不做修理，而是从车身上拆下，更换新的减振器。

十、备考要点

(1)常用和专用工具的使用。

(2)分解和组装顺序。

(3)零件的清洁与检查、判断与处理。

(4)间隙的检查与调整。

(5)安全与文明操作。

第三专题　电气设备与电子控制装置的检修

一、起动机的检修

起动机的检测与维修主要包括：磁场绕组的检修、电枢的检修、电刷组件的检修、电磁开关的检修及装复后的调试。

(一)磁场绕组的检修

1. 磁场绕组断路的检修

将 220V 交流试灯(或万用表)的两表笔分别接磁场绕组的引出线端头和正电刷，如图 1-2-28 所示。此时，试灯点亮(或万用表电阻值接近为零)，说明正常；如果试灯不亮(或万用表电阻值接近无穷大)，说明磁场绕组断路。

断路故障一般是因磁场线圈与线圈或线圈与电刷引线连接部位焊点松脱或连接不良所致。检修时，先用钢丝钳夹紧连接部位，然后用500W、220V电烙铁将连接点焊牢即可。

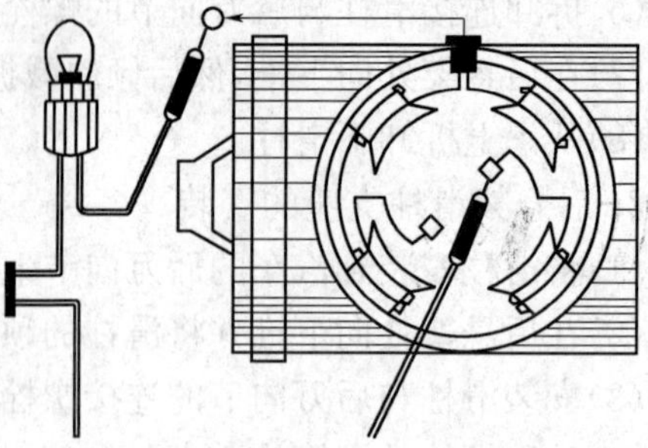

图1-2-28　磁场绕组断路的检查

2. 磁场绕组搭铁的检修

将220V交流试灯(或万用表)的两表笔分别接磁场绕组引出线端头和起动机壳体，如图1-2-29所示，试灯应不发亮(万用表阻值应为无穷大)，如试灯发亮(或万用表导通)，说明磁场绕组绝缘损坏而搭铁，需要检修或更换磁场绕组。

3. 磁场绕组短路的检修

检查起动机磁场绕组有无短路故障时，可按图1-2-30所示方法进行。当开关SW接通时(通电时间不超过10s)，用旋具检查每个磁极的电磁吸力是否相同。如某一磁极引力过小，说明该磁极上的磁场线圈匝间短路。磁场绕组一般不易发生短路，当有短路故障时，则需重新绕制或更换新品。

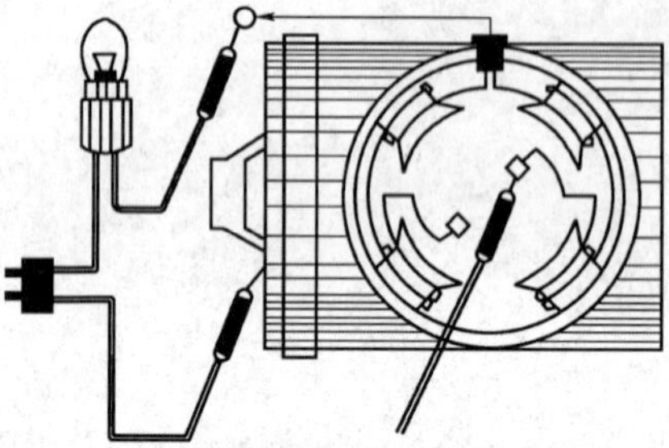

图1-2-29　磁场绕组搭铁的检查

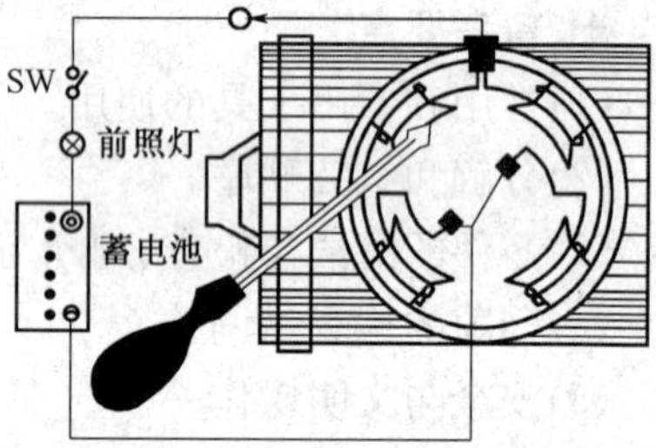

图1-2-30　磁场绕组短路的检查

(二)电枢的检修

1. 电枢绕组搭铁的检修

电枢绕组搭铁故障可用万用表或220V交流试灯进行检查。方法是将万用表(或交流试灯)的两表笔分别接电枢铁心与换向片，万用表应不导通(试灯应不发亮)。如万用表导通(或试灯发亮)，说明电枢绕组搭铁，应予以重新绕制或更换电枢。

注意：起动机电枢绕组搭铁的故障率较高，其原因是绕组与绕组之间或绕组与电枢铁心之间的绝缘损坏。

2. 电枢绕组断路的检修

电枢绕组导线的截面一般不易断路。如有断路发生，一般都是端头与换向器片之间的焊点脱焊或虚焊所致。因此，有无断路故障可通过外观检查判断。发现断路时，可用 200W/220V 电烙铁焊接修复。

3. 电枢绕组短路的检修

电枢绕组流过电流较大，当绝缘纸烧坏时，就会导致绕组匝间短路。此外，当电刷磨损落下的铜粉将换向片间的凹槽连通时，也会导致绕组短路。检查电枢绕组短路故障需在电枢检验仪上进行。检查时，将电枢放在检验的U形铁心上，并在电枢铁心上部放一块钢片（锯条），然后接通检验仪电源，同时缓慢转动电枢一周，钢片应不跳动。如钢片跳动，说明电枢绕组有短路故障。换向器出现短路时，可用钢丝刷清除换向片间的铜粉即可排除。电枢绕组短路时，则需更换电枢总成。

4. 电枢轴弯曲度的检查

用千分表检查电枢轴弯曲度，其摆差应≯0.15mm，否则应予以校直。

5. 电枢轴径与铜套的配合检查

起动机的配合间隙应为 0.04～0.09mm。间隙过大应更换铜套，并按标准铰削端盖和支撑板的配合孔。

（三）电刷组件的检修

1. 电刷架的检修

如图 1-2-31 所示用万用表测量正负电刷架（邻电刷架）之间的电阻，万用表应不导通（即阻值应为无穷大）；如万用表导通（即阻值为零），说明该正电刷架（绝缘电刷架）搭铁，应更换绝缘垫片进行修理。

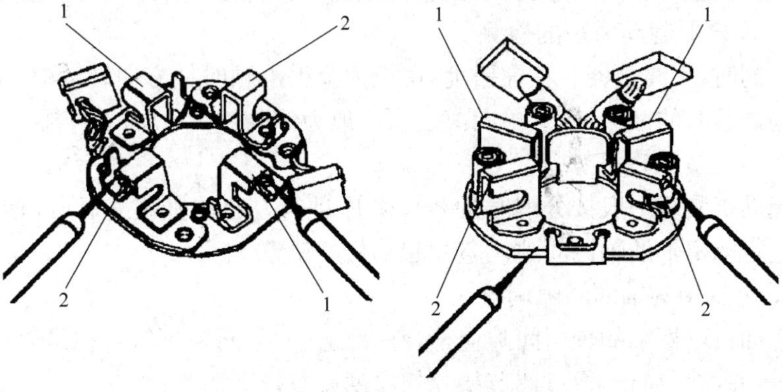

图 1-2-31　检查电刷架的绝缘

1. 负电刷架　2. 正电刷架

2. 电刷的检修

电刷高度可用钢板尺或游标卡尺测量。电刷的高度应不小于新电刷高度的一半，否则应更换新电刷。更换时，应对电刷进行磨合，使电刷与换向器的接触面积在75%以上。

3. 电刷弹簧压力的检查

用弹簧秤沿弹簧切线方向检测电刷弹簧弹力，一般为11.7～14.7N。如压力不足，可逆着弹簧的螺旋方向掰动弹簧来增加弹力，如仍无效，则应更换新品。

(四)电磁开关的检修

1. 弹簧复位功能的检查

用手先将挂钩及活动铁心压入电磁开关，然后放松，活动铁心应能迅速返回复位。如铁心不能复位或出现卡滞现象，则应更换复位弹簧或电磁开关总成。

2. 吸引线圈的检修

用万用表测量电磁开关"50"端子和C端子之间的电阻。如阻值为无穷大，说明吸引线圈断路；如阻值过小，说明吸引线圈匝间短路。

3. 保持线圈的检修

用万用表测量电磁开关"50"端子和电磁开关外壳之间的电阻。如阻值为无穷大，说明保持线圈断路；如阻值过小，说明保持线圈匝间短路。

(五)单向离合器的检修

1. 离合器功能的检查

一手握住离合器壳体，一手转动驱动齿轮，当一个方向转动驱动齿轮时，齿轮应被锁止；当另一方向转动齿轮时，应能灵活自如，否则应更换新品。

2. 离合器制动力矩的检测

检测时，将离合器夹在虎钳上，用扭力扳手沿顺时针方向转动时，应能承受制动试验时的最大转矩(单向离合器一般为29.4N·m)而不打滑。

(六)起动机的调整

起动机装复一般按分解时的相反顺序进行。起动机装复后(或使用中)一般进行电枢轴的轴向间隙调整和起动机的调整。

1. 电枢轴的轴向间隙调整

起动机电枢轴的轴向间隙应符合标准值，如果间隙不符合标准。可拆下轴承盖，并取下锁止，通过调节垫片的厚度或数量进调整。

2. 起动机的调整

调整示意图如图1-2-32所示。将活动铁心1向前推到底时，用油标卡尺或钢板尺测量驱动齿轮与止推垫圈之间的间隙应当符合标准(4.0～5.0mm)。间隙不当时,可取下连接销4,拧松锁紧螺母2,转动调整螺钉进行调整。

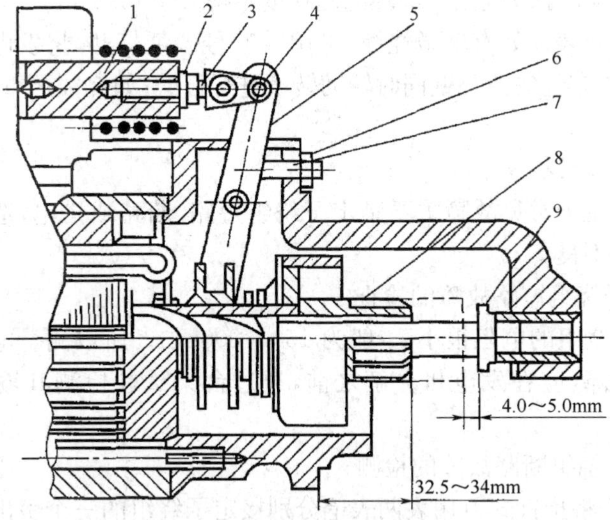

图1-2-32　起动机的调整

1. 活动铁心　2. 锁紧螺母　3. 调整螺钉　4. 连接销　5. 拨叉　6. 锁紧螺母　7. 限位螺钉　8. 驱动齿轮　9. 限位螺母

二、交流发电机的检修

交流发电机的检修主要包括:转子的检修、定子的检修、整流板的检修、电刷组件的检修及电压调节器的检修。

(一)转子的检修

发电机转子的常见故障有:滑环表面脏污、烧蚀,使电刷与滑环之间接触不良;发电机励磁电路断路或电流减小,造成发电机不发电或发电不良;发电机磁场绕组短路、断路或搭铁,转子不能产生电磁场或磁场减弱,造成发电机不发电或工作不良。

1. 磁场绕组的检测

用万用表的电阻挡测量转子两个滑环之间的电阻,若阻值符合标准值,说明磁场绕组完好;若阻值为无穷大,说明磁场绕组断路;若阻值小于标准阻值,说明磁场绕组匝间短路。将万用表(或交流试灯)的两表笔分别接任意滑环和转子轴(或爪极),如万用表不导通(试灯不发亮),说明磁场绕组与转子轴绝缘良好;如万用表导通(或试灯发亮),说明磁场绕组搭铁。当磁场绕组断路故障发生在端头焊接处时,可用电烙铁重新焊接排除。若断路、短路和搭铁故障，则应更换转子总成。

2. 转子轴和滑环的检修

交流发电机转子轴的径向摆差可用百分表检测，其摆动量不得超过0.1mm，否则应予以校正。滑环的圆柱度不得大于0.025mm，否则应精车加工修理。滑环表面如有轻微烧蚀，可用“00”号砂纸打磨，将发电机固定在台虎钳上，用砂布包住滑环壁同时转动转子进行打磨；如烧蚀严重，则需精车加工或更换。

(二)定子的检修

发电机定子常见故障主要是定子绕组短路、断路或搭电，造成发电机不发电或发电不良。

1. 定子绕组短路故障的检查

因定子绕组的电阻很小，一般为150～800mΩ。所以测量电阻难以检测有无短路故障，应在发电机分解之前，通过台架试验检测其输出功率进行判断。

2. 定子绕组断路故障的检测

检查时，将指针式万用表两表笔分别接定子绕组的三个引出端子进行测量。如万用表导通，说明定子绕组良好；如万用表不导通(即阻值无穷大)，说明定子绕组有断路故障。如能找到断路部位，可用电烙铁焊接修复；如找不到断路部位，需更换定子绕组或定子总成。

3. 定子绕组搭铁故障的检测

将万用表两表笔一支接定子绕组的任意一个引出端子，另一支接定子铁心进行检测。如万用表不导通，说明定子绕组良好；如万用表导通，说明定子绕组有搭铁故障，需更换定子绕组或定子总成。

(三)整流二极管的检测与更换

当二极管的引出端头与定子组的引线端子拆开后，即可用万用表对每只二极管进行检测。万用表有指针式和数字式两种。指针式万用表的正极(红表笔)接表内电源负极，而数字式万用表的正极(红表笔)接表内电源正极，这一点应注意。

二极管的阻值随外加电压的高低而发生变化，因此在检测时，指针式万用表应置于R×1挡，数字式万用表应置于OHM×200挡位，否则检测结果就会出现较大偏差。

1. 二极管性能的检测

先将万用表的两表笔别接在被测的两极上检测一次，然后交换两表笔的位置再检测一次。若两次测得阻值为一大(10kΩ以上)一小(8～10Ω)，说明该二极管性能良好；若两次检测阻值均为无穷大，则说明该二极管断路；若两次测得阻值均为零，则被测二极管短路。

汽车用整流二极管的安装方式有焊接式和压装式两种。对于焊接式（即二极管焊接在整流板上）整流器，只要有一只二极管短路或断路，该二极管所在的正整流板总成或负整流板总成就需更换；对于压装式（即二极管压装在整流板上或后端盖上）整流器，当二极管短路或断路后，只需更换故障二极管即可。在更换整总成或二极管之前，必须首先检测与识别其极性。

2. 二极管极性的检测与判别

当二极管或整流板总成上无任何记号时，可用万用表检测判别其极性。将指针式万用表的正极（红表笔）接二极管引出电极，负极（黑表笔）接二极管的另一电极，同时观测万用表读数。对于性能好的二极管，若阻值大于10kΩ，则被测二极管为正极管；若阻值为8～10Ω，则被测二极管为负极管。如果使用数字式万用表进行检测，则上述检测结果正好相反。

（四）电刷组件的检查

电刷与电刷架的常见故障有：电刷过度磨损，电刷架内的弹簧失效，使电刷与滑环的接触压力减小而接触不良；发电机励磁电流减小或断流，造成发电机发电不良或不发电。

检查电刷的长度，如果电刷外露于电刷架部分小于规定值，则说明电刷已磨损过度，需更换电刷。

检查电刷在电刷架中是否滑动自由，电刷弹簧是否有一定的压力。若有不良，更换电刷弹簧。

（五）电压调节器的检测

当充电系统出现故障，经检查确认发电机工作正常时，应将调节器拆下进行检测。电子调节器的检测分为搭铁形式检测和技术状况检测。

1. 搭铁形式检测

当不知电子调节器的搭铁形式时，可按图1-2-33所示线路进行检测，具体方法与步骤如下：

（1）将电源电压U调到12V（28V调节器调到24V）。

（2）接通开关SW，若小灯泡发亮，则为外搭铁型调节器。若不亮，则该调节器为内搭铁型调节器。

2. 技术状况检测

检测电子调节器技术状况好坏时，外搭型调节器按图1-2-33a所示线路连接；内搭铁型调节器按图1-2-33b所示线路连接。检测线路接好后，先接通开关SW，然后由零逐渐调高直流电源电压，此时小灯泡的亮度应随电源升高而增强。

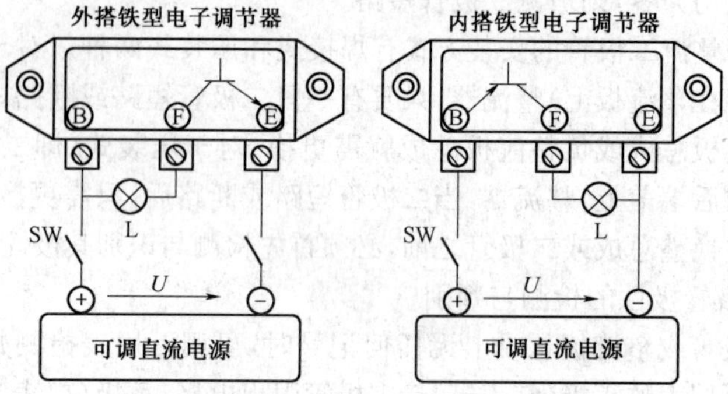

(a)外搭铁型电子调节器　　(b)内搭铁型电子调节器

图 1-2-33　电子式调节器检测线路连接

当电压调高到调节电压值(14V 调节器为 14.20±25V,24V 调节器为 28±0.3V)或略高于调节电压值时,若小灯泡灭,则调节器技术状态良好;若小灯泡始终发亮,说明调节器已损坏,可能是大功率三极管短路或前级驱动电路断路,若装车用,则磁场电流将始终接通,发电机电压将随转速升高而失控,有损坏用电设备的危险。

在上述检测过程中,若小灯泡始终熄灭(灯泡未坏),则调器已损坏,可能是调节器内的大功率三极管断路或前级驱动电路短路。若装车使用,则磁场电路不能接通。

三、点火控制器的检修

用于不同车型的半导体点火系统中使用的传感器、点火控制器的类型和结构不同,工作方式和接线方法也不相同,因此对点火控制器的检测无固定模式。在进行点火器检测之前,应先查清点火系统的形式、接线原理及各接线端子的作用,以模拟的传感器信号作为输入信号进行点火控制器的检查。

(一)磁脉冲式点火控制器的检查

磁脉冲式无触点点火系统中传感器输入信号为交变的电压信号,可以用 1.5V 的干电池作为输入信号,用试灯或电压表检查控制器的状态,如图 1-2-34 所示。

1. 用干电池和试灯进行检查

其方法是:将 1.5V 干电池交替地接在点火控制器两个输入端子时,试灯也随着交替地亮、灭;否则是点火控制器有故障,应更换,如图 1-2-34a 所示。

2. 用干电池和电压表进行检查

其方法是:将电压表接点火线圈“-”接线柱,当干电池交替地接在控制

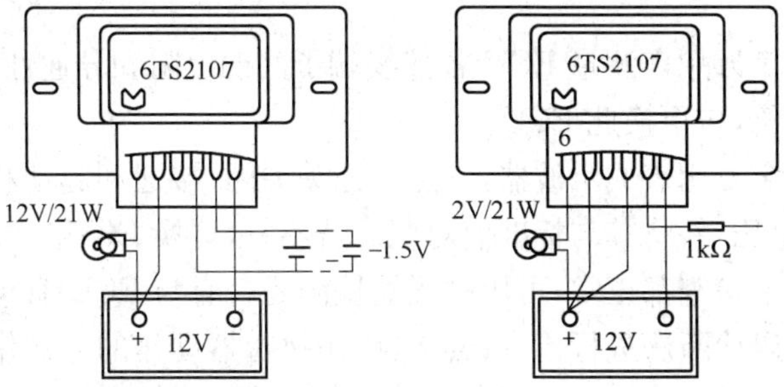

（a）用干电池和试灯检查　（b）用电阻和试灯检查

图 1-2-34　磁脉冲式点火控制器的检查

器输入端时，电压表的读数应在 1～2V 和 12V 之间交替变化；否则是点火控制器有故障。

3. 用电阻和试灯进行检查

其方法是：将 1kΩ 电阻接在点火控制器的输入端子“2”，以“a”端触碰一下蓄电池负极时，试灯亮 0.5s 后熄灭，否则为点火控制器有故障，如图 1-2-34b 所示。

（二）霍尔效应式点火控制器的检查

如 1-2-35 图所示，将 1kΩ 电阻接在点火控制器接线器（接分电器）的信号输入端“S”，试灯电源与点火控制器输出端子“1”之间，当用“a”端触碰蓄电池“+”时试灯亮，触碰“−”时试灯灭，则表明点火控制器良好，否则点火控制器有故障，需更换点火控制器。

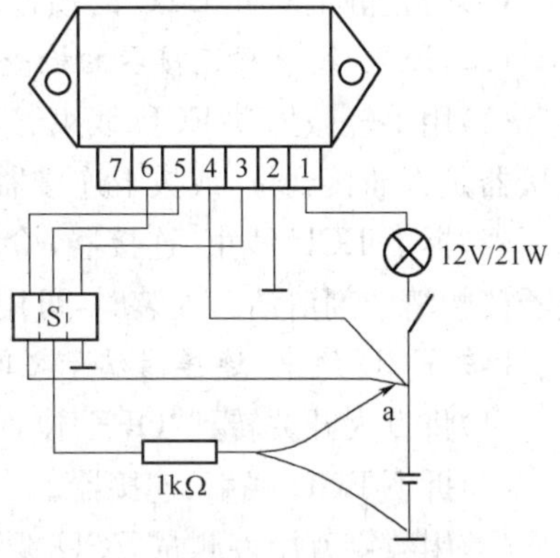

图 1-2-35　霍尔效应式点火控制器的检查

四、汽油发动机电子控制单元的检修

汽油发动机电子控制单元也称为电控单元（ECU），其作用是根据其内存储的程序、信息和参数对发动机传感器输入的各种信息进行运算、处理、判断，然后输出指令，控制执行器动作。ECU 是电控汽油喷射系统中最重要的装置，它主要包括：输入回路、A/D 转换器、微型计算机、输出回路四部分。

（一）ECU 的基本检查

（1）拆下线束、连接器，检查 ECU 各接线端子是否弯曲、锈蚀。若有，应修整或处理。

(2)用数字万用表测量 ECU 各接线端子间的电阻和导通性，将其与标准值对照，若不符，应更换此 ECU。

(3)用数字万用表或示波器，在点火开关关闭、接通和起动状态下测量各接线端子的电压，并将其与标准值对照。若不符，更换 ECU。

(4)若以上检查都正常，可用解码器检测是否有与 ECU 有关故障码。若有，应按故障码诊断法进行检查；若无，应用执行器动作的方式作试验方法确定 ECU 是否有故障。对于不能执行解码器动作测试的 ECU，应更换新件。对于能执行动作测试的 ECU，应进一步检查动态数据流是否正常，或用替换法确定 ECU 是否有故障。

(二)ECU 检测时的注意事项

(1)不得损坏导线、连接线，避免短路或接触高压，造成 ECU 损坏。

(2)慎重使用电子检测设备和仪器，高电压会使芯片短路或断路。检测时，最好使用兆欧级阻抗的数字万用表。

(3)没有适当的工具和有关知识，禁止拆卸、检测 ECU。

(4)所有的高压元件距离传感器或执行装置的控制线至少 25mm 以上。

(5)防止静电对此 ECU 的损害。

(三)ECU 线束及连接器的检查

(1)用手轻微摇动 ECU 线束、连接器，检查是否有松动。松动时，应检查连接器是否插接到位，或拔下连接器检查锁止机否损坏。

(2)拆下 ECU 线束、连接器，检查端子是否腐蚀。若有腐蚀，应用铜刷或电器接触清洁剂清洁。安装时，可用专用的导电脂涂抹，以防腐蚀。

(四)ECU 线束、连接器端子之间的电阻及导通性检查

(1)将点火开关转到“OFF”位置。

(2)拆下 ECU 线束、连接器。

(3)用数字万用表测量 ECU 线束、连接器各端子间的电阻和导通性，并将其与标准值对照，若不符，应检修电路及元器件。

五、制动防抱死系统的检修

制动防抱死系统又称为 ABS，作用是在车辆紧急制动时自动调节车轮的制动力，防止车轮抱死，从而获得最佳制动性能(提高方向稳定性，增强转向控制能力，缩短制动距离)，减少交通事故。

ABS 主要由传感器、执行器和电控单元(ECU)三部分组成，如图 1-2-36 所示。

制动灯开关在驾驶员踩制动踏板时，将制动信号传送给防抱死制动控制

器，前后车轮速度传感器检测前后四个车轮的转速并将这一数据传送到电子控制装置上。控制装置是一个电子微处理器，利用车轮转速传感器的信号来计算车速。在制动过程中，车轮转速可与控制装置中预先编制的理想减速的特性曲线相比较。如果控制装置判断出车轮减速太快，车轮即将抱死，它就将信号传送给液压执行装置。

液压执行装置根据来自控制装置的信号能够迅速对卡钳或轮缸作用、保持、释放及重新作用液压力。这一动作每秒钟能出现 10 次以上，以保证最合适的车轮滑移率，从而获得最佳的制动效果。

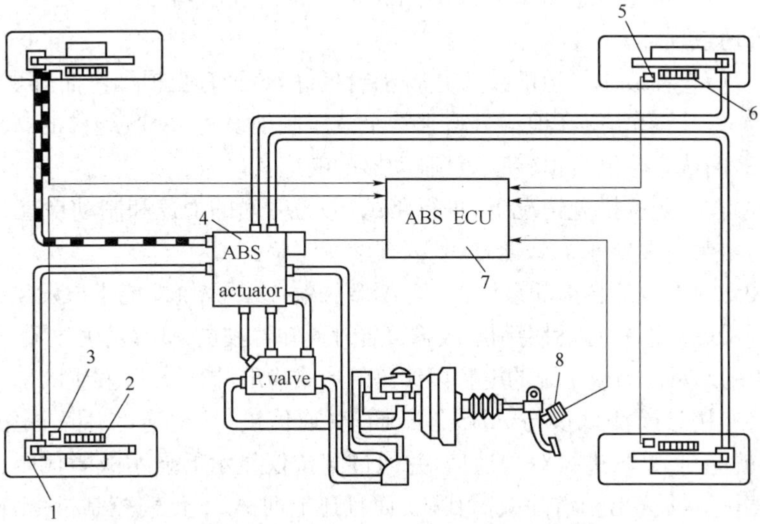

图 1-2-36　ABS 的工作原理图

1. 盘式车轮制动分器　2. 传感器转子　3. 前轮速度传感器　4. ABS 执行器　5. 后轮速度传感器　6. 传感器转子　7. ABS 电控单元　8. 制动灯开关

（一）ABS 故障的基本检查

ABS 的故障大致可分为以下几种情况：一是紧急制动时，车轮抱死；二是制动效果不良；三是警告灯亮起；四是 ABS 出现不正常现象。

（1）按一般制动系统检修的方法全面检查，如制动液的液面高度、手制动是否完全释放、真空制动助力装置的工作状况等。

（2）对 ABS 外观进行检查，如导线的接头和插接器有无松脱、制动油路有无漏损、蓄电池是否亏电等。

（3）遇制动不良故障时，应先区分是 ABS 机械部分（制动器、制动总泵、制动管路等）不良，还是 ABS 电子控制系统的故障。

方法是：拆下 ABS 继电器线束插接器或 ABS 制动压力调节器电磁阀线束插接器，使 ABS 制动压力调节器电磁阀不能通电工作，让汽车以普通制动器工作方式制动，如果制动不良的故障消失，则说明 ABS 电子控制系统有故障，否则是 ABS 机械部分的故障。

(4)ABS 电子控制系统故障多出现于线束插接器或导线头松脱、车速传感器不良等。应先对这些部件和部位进行检查，而制动调节器等故障相对较少，ABS 的控制器故障更少，一般情况下，不要轻易去拆检 ABS ECU 和制动压力调节器。

(5)检查轮速传感器头与齿圈间隙是否符合要求，轮速传感器头与齿圈是否脏污或损坏。

(6)检查各液压管道的接头是否密封良好，是否有受损和弯曲等现象。

(7)举升汽车，或在地沟上检查整个液压制动设备、ABS 组件的状况。

(8)确认车轮能自由转动，且制动器的响应良好。

(9)在有防备措施情况下，进行路试，做短时间的加速和制动检查。

(二)利用诊断测试仪进行 ABS 自诊断测试

ABS 具有故障自诊断系统，一旦 ABS 失效，诊断系统即能指出发生故障的部位。ABS 自诊断时，利用制动故障警告灯通知驾驶员 ABS 发生故障，然后可由专用的诊断仪器或系统的电脑以编码的形式输出，指示故障发生的部位。

将专用诊断测试仪与 ABS 诊断插座(通信接口)相连，按照一定的操作规程，就能与 ABS 进行双向通信，并通过测试仪显示器显示故障代码。大多数测试仪能够读出和清除故障代码，而且还能向 ABS 传输控制指令，通过对 ABS 的工作情况进行模拟控制来诊断测试故障部位和故障性质。

(三)ABS 故障症状模拟测试

在 ABS 故障检测与诊断中，若是单纯的元件工作不良，可运用电路检测方式诊断。如果属于间歇性故障或是相关的机械性问题，需要进行模拟测试以及动态测试。

模拟测试方法为：将汽车顶起，使 4 个车轮均悬空，起动发动机，将变速杆置于前进挡 D(或空挡)位置，观察仪表板上 ABS 警告灯是否会点亮。若灯亮，表示后轮轮速传感器工作不良，如果 ABS 故障警告灯不亮，则转动左前轮。此时 ABS 警告灯若点亮，表示左前轮速传感器不良；反之，即表示左前轮速传感器正常。右前轮速传感器测试方法与左前轮速传感器测试方法相同。

动态测试的方法为：使汽车在道路上行驶至少 12km，以测试车辆转弯(左转或右转)时，ABS 故障警告灯是否点亮；若某一方向 ABS 故障警告灯会亮，表示该方向的轮胎气压不足，也可能减振器不良或轮速传感器脉冲齿轮不良；将汽车驶回，在ABS ECU侧的“ABS电源”和“电磁阀继电器”端子间接上测试线和万用表（置于空挡位置）；进行道路行驶，在制动时注意观察“ABS电源”端和搭铁间的电压，应在11.7～13.5V；而电磁阀继电器端子与搭铁间的电压应在10.8V以上。前者主要是观察蓄电池电源供应情况，后者主要是观察电磁阀继电器的触点情况。

（四）ABS电控系统检查

1. 轮速传感器可能出现的故障

（1）轮速传感器感应线圈有短路、断路或接触不良等。

（2）轮速传感器齿圈上的齿有缺损或脏污。

（3）轮速传感器信号探头部分安装不牢（松动）或磁极与齿圈之间有脏物。

2. 车轮车速传感器故障的检查方法

（1）直观检查。主要检查传感器有无松动，导线及插接器有无松脱。

（2）检测传感器感应线圈电阻，如果电阻过大或过小，均说明传感器不良，应更换。

（3）用万用表测量传感器的输出信号电压，在车轮转动时，万用表的电阻挡应该有电压指示，其电压值应随车轮转速的增加而升高，一般情况下，应达2V以上。

（4）用示波器检测传感器的输出信号电压波形，正常的信号电压波形应是均匀稳定的正弦电压波形。如果信号电压无或有缺损，应拆下传感器做进一步检查。

3. ABS ECU的检查

（1）检查ABS ECU的线束插接器有无松动，连接导线有无松脱。

（2）检查ABS ECU的线束插接器各端子的电压值、波形或电阻值，如果与标准值不符，与之相连的部件和线路正常，则应更换ECU再试。

（3）直接采用替换法检验。即在检查传感器、继电器、电磁阀及其线路均无故障时，会怀疑ABS ECU有故障。这时，可以用新ECU替代，如果故障现象消失，怀疑就被证实。

（五）ABS压力调节器的检查

1. 制动压力调节器的故障

制动压力调节器电磁阀线圈不良；制动压力调节器中的阀有泄漏故障。

2. 制动压力调节器故障的检查方法

（1）检测电磁阀线圈的电阻，如果电阻无穷大或过小等，说明其电磁阀有故障。

(2)加电压试验，将制动压力调节器电磁阀加上其工作电压，观察电磁阀能否正常动作。如果不能正常动作，则应更换制动压力调节器。

(3)解体后检查，如果怀疑是制动压力调节器有问题，则应在制动压力调节器内无高压制动液时，仔细拆开调节器进行检查。

(六)ABS检修注意事项

(1)ABS检修应进行常规制动检查。ABS与常规制动系统是不可分割的。当制动系统出现故障时，一般应首先判断出是常规制动系统还是ABS的故障。

(2)ABS ECU对过电压、静电压非常敏感，稍有不慎就会损坏ECU的芯片。因此，点火开关处于开的位置时，不要拆装系统中的电气元件和线束插头。如需要拆装系统中的电气元件和线束插头，应先将点火开关关闭。

(3)使用充电机给汽车上的蓄电池充电时，要从车上拆下蓄电池电缆线后再进行充电；另外，不要用起动电源起动发动机。

(4)高温环境容易损坏ECU。在对汽车进行烤漆作业时，应视情况将ECU从车上拆下。

(5)在对ABS进行检修拆卸之前，首先应切断ECU的电源并给制动系统卸压，以免高压制动液喷出伤人。卸压时，先关闭点火开关，然后反复踩、放制动踏板(至少25次以上)，直到制动踏板感觉很硬为止；另外，在制动液系统没有完全装好之前，不要接通点火开关，以免电动泵通电运转泵油。

(6)制动液每两年要求更换一次。另外，对制动液要做到及时补充。

(7)维修轮速传感器要十分细心。拆卸时不要碰撞和敲击传感器，不要用传感器齿环作撬面；防止上面沾染油污或其他脏物；传感器间隙调整时应用非磁性塞尺。

(8)在对制动系统进行维修后，或者使用过程中感觉制动踏板变软时，应对制动液压系统中的空气进行排除。

(9)应尽量选用汽车生产厂推荐的轮胎，若要换用其他型号的轮胎，应选用与原车所用轮外径、附着性能和转动惯量相近的轮胎。不能混用不同规格胎，否则会影响ABS的控制效果。

(10)插接器的连接应可靠无误。

(11)更换了ABS的轮速传感器、ECU、制动压力器和电线束以后，或对ABS进行维修之后，必须在试验台上对ABS进行检测调试，达到规定标准之后才能投入运行。

六、空调系统的检修

汽车空调系统是为了调节车内空气的温度、湿度，改善车内空气的流动，并且提高空气的清洁度。汽车空调系统主要由制冷装置、暖风装置、通风装置、加湿装置、空气净化装置等组成，如图1-2-37所示。

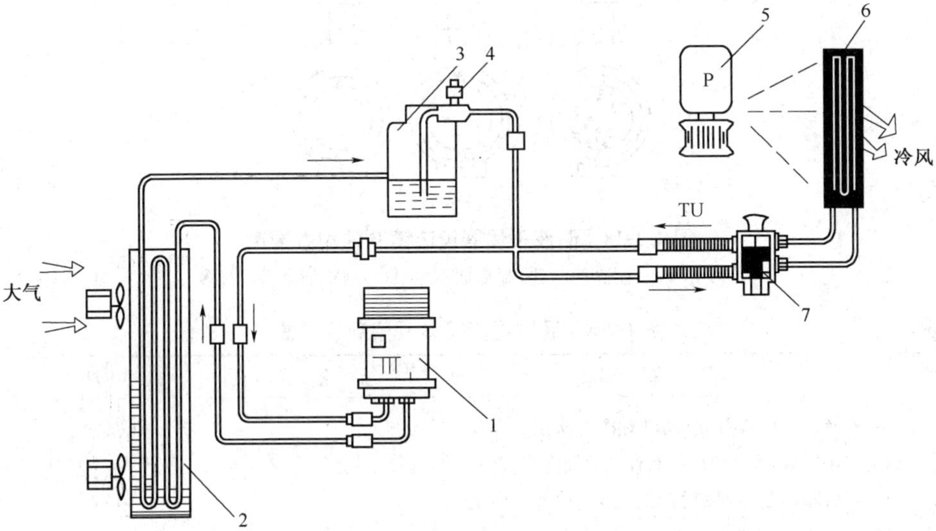

图1-2-37　空调系统组成

1. 压缩机　2. 冷凝器　3. 干燥罐　4. 压力安全阀　5. 鼓风机　6. 蒸发器　7. 膨胀阀

（一）空调系统的直观检查

直观检查就是通过眼看、手摸、耳听的方法来进行初步检查。即观察压缩机的运行情况和压力表的压力，听运转时有无异响，触摸外壳及管路的温度变化，再使用专用仪表进行测试。具体方法如下：

1. 通过眼睛观察，检查故障部位

（1）用眼睛仔细观察管路有无破损、冷凝器及蒸发器的表面有无裂纹或油渍。如在冷凝器、蒸发器或其管路某处有油渍，可能此处有制冷剂渗漏。

（2）通过观察储液干燥器的视液镜A和B可检查储液干燥器的湿度和制冷剂的情况。

观察视液镜A，如果呈蓝色，则正常；如果呈红色，则说明干燥剂的水分含量已达到饱和状态，应缓慢排尽系统中的制冷剂，更换储液干燥器后再加注制冷剂。

观察储液干燥器的视液镜B，观察前先要起动发动机，打开空调系统，并使发动机以快怠速（1500～2000r/min）运转，把空调功能键置于最大制冷状态；风机（包括冷凝器和蒸发器风机）置于最高转速，开动空调系统 5min 后通过视液镜 B 进行观察。观察的现象如图 1-2-38 所示，结论和处理方法见表 1-2-8。

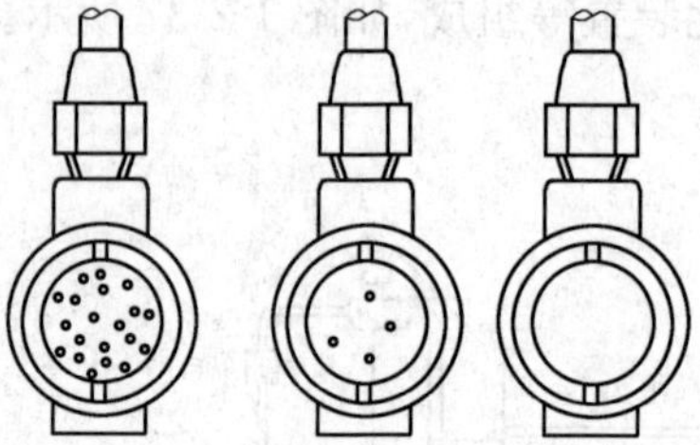

图 1-2-38　储液干燥器视液镜 B 的观察情况

(a)几乎没有制冷剂　(b)制冷剂不足　(c)制冷剂合适或过多

表 1-2-8　通过视液镜 B 观察制冷剂量

现　象	结　论	处理方法
视液镜下一片清晰，送风口有冷气吹出。在发动机转速提高或降低时，可能有少量气泡出现，关闭空调后随即起泡，然后渐渐消失（约 45s 内消失）	制冷剂量合适	
视液镜下有少量气泡出现，或者每隔 1～2s 就可看到气泡	制冷剂量不足	检漏，并补充制冷剂至适量
视液镜下一片清晰并有冷气输出，关闭空调后 15s 内不起泡	制冷剂量过多	释放一些制冷剂
视液镜下看到很多泡沫或者气泡消失，视液镜内呈油雾状或出现机油条纹	制冷剂严重不足或根本无制冷剂	检漏，修理泄漏部位，重新加注制冷剂至适量
视液镜下出现云堆状景象	干燥剂已分散，并随制冷剂流动	更换干燥剂

(3)查看电气线路。仔细检查有关的线路连接有无脱、断处。

2. 通过手摸，检查故障部位

(1)用手触摸空调系统高压端管路及部件。从压缩机出口——冷凝器——储液干燥器——膨胀阀进口处，手感温度应是从暖到热。如果中间的某处特别热，则说明其散热不良；如果这些部件发凉，则说明空调系统可能有阻塞，无制冷剂、压缩机不工作或工作不良等故障。

(2)用手触摸空调系统低压端管路及部件从蒸发器到压缩机进口处，手感温度应是从凉到冷。如果不凉或是某处出现了霜冻，均说明制冷系统有异常。

(3)用手触摸压缩机进出口两端压缩机的高、低压端应有明显的温度差。如果温差不明显或无温差,则可能是已完全无制冷剂或制冷剂严重不足。

(4)用手检查导线插接器连接是否良好。空调系统线路的插接器应无松动和发热现象。如果插接器有松动或手感插接器表面的温度较高(发),则说明插接器内部接触不良而导致了空调系统不工作或工作不正常。

3. 通过耳朵听,检查故障部位

仔细听压缩机有无异响,压缩机是否工作,以判断空调系统不制冷或制冷不良是否出自压缩机或压缩机控制电路的问题。

(二)压缩机润滑油液面检查

压缩机润滑油(也称为冷冻油)混有制冷剂,如果制冷剂发生泄漏,易造成压缩机润滑油不足而导致压缩机的活塞拉伤或卡死等故障。因此,如果制冷剂严重泄漏,必须检查压缩机润滑油液面。

首先,卸下加油塞,通过加油口,观察并转动电磁离合器的前板,使活塞连杆正好在加油口中央位置。通过加油口,将直至油尺的端部碰到压缩机外壳为止。检测油面是否在正常刻度之间,否则应补加压缩机润滑油。

注意:如果加油塞没有盖好,压缩机润滑油将从空气中吸收水分。只有准备使用时,才能打开压缩机加油塞。

(三)制冷剂泄漏检查

对制冷剂泄漏的检查首先是视觉检查,必要时使用检漏仪进行检测。

1. 视觉检查

外观检查时,若发现所有连接部位或冷凝器表面一旦积有油渍(制冷剂和冷冻油同时泄漏,制冷剂泄漏立即挥发,余下冷冻油成为油渍),则表明该处有制冷剂泄漏。

检查时可戴清洁白色线手套擦拭,以确定泄漏情况,也可用肥皂水涂抹在检查处,如有皂泡出现,则表明该处有制冷剂泄漏。

2. 仪器检查

检查制冷剂泄漏常用的仪器有电子检漏仪和卤素检漏仪两种。

(1)电子测漏仪检查。将电子测漏仪的电源插头插在电源上,将测头放在距测试点 3mm 处缓慢移动(移动速度应低于 30mm/s),若发生感应现象,说明该处有泄漏。若制冷管路的管接头有泄漏,应更换 O 形圈。

(2)卤素检漏仪检测。如图 1-2-39 所示,把吸入管对准检漏部位,通过观察丙烷火焰的颜色进行判断。当使用酒精时,火焰颜色呈浅绿色时,制冷剂为少量泄漏;火焰呈深绿色时,制冷剂为大量泄漏。当使用丙烷时,火焰颜色呈浅蓝色时，制冷剂为少量泄漏；火焰呈紫色时，制冷剂为大量泄漏。如火焰颜色不变，则制冷剂没有泄漏。

使用卤素检漏仪检查制冷剂泄漏时，应特别注意：当检测到泄漏时，燃烧物质会生成有毒气体，故应在通风良好的环境下进行。

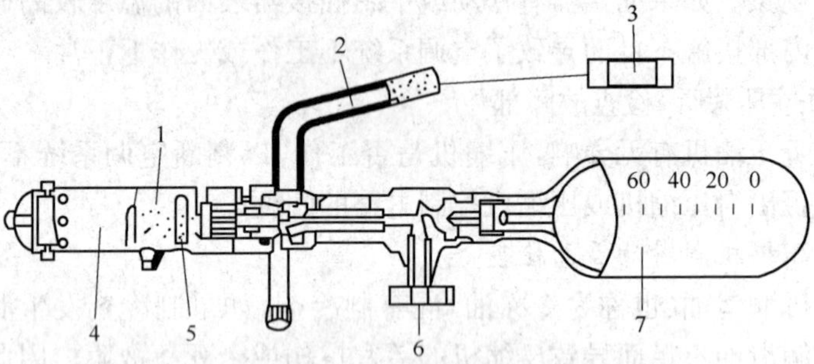

图 1-2-39 用卤素检漏仪检测制冷剂的泄漏

1. 火焰 2. 吸入管 3. 粗滤器 4. 火焰筒 5. 点火器 6. 调节手柄 7. 丙烷槽

3. 冷气系统检查

冷气系统重点检查泄漏部位如下：

(1)各个管路接头及阀门连接处。

(2)全部软管，尤其应仔细察看管路接头附近。

(3)压缩机轴封、前后盖板、密封垫、加油塞等处。

(4)冷凝器、蒸发器表面被压坏、挤扁、碰伤等处。

(5)膨胀阀的进、出口连接处以及感温元件的焊接处。

(6)储液干燥器的视窗，高、低压阀连接处。

(四)制冷系统抽真空

在安装或检修、更换制冷系统部件时，会有一定数量的空气进入系统中。这些空气含有微量水分，如不及时抽真空将水分从系统中除去将会与制冷剂结合形成强腐蚀性物质会损害制冷系统。

在安装、检修后或在系统注入制冷剂之前，都应对系统进行抽真空。如图 1-2-40 所示，制冷系统抽真空的步骤如下：

(1)将复合压力表的高压表接管接如高压维修阀上，低压表接管接入低压维修阀上，中间软管安装在真空泵的抽气接口上。在真空泵的抽气接口处装有一个转换接头，如图 1-2-40a 所示。

(2)打开高、低压压力表的手动阀，起动真空泵。

(3)开始对制冷系统抽真空，使真空度达 0.1MPa(低压表指示)。抽真空时间 5～10min，若达不到该真空值，应关闭高、低压两侧手动阀，停止抽真空，检查泄漏处。

(4)关闭高、低压压力表的手动阀，静止 5min 并观察压力表指示。若真空度下降，则表明有渗漏处，应排除，可用检漏仪查找泄漏处。若系统正常，可继续下面步骤。

(5)继续抽真空 20～25min，关闭高、低压压力表的两个手动阀，停止抽真空。从真空泵的接口拆下中间注入软管，抽真空结束，准备充注制冷剂。

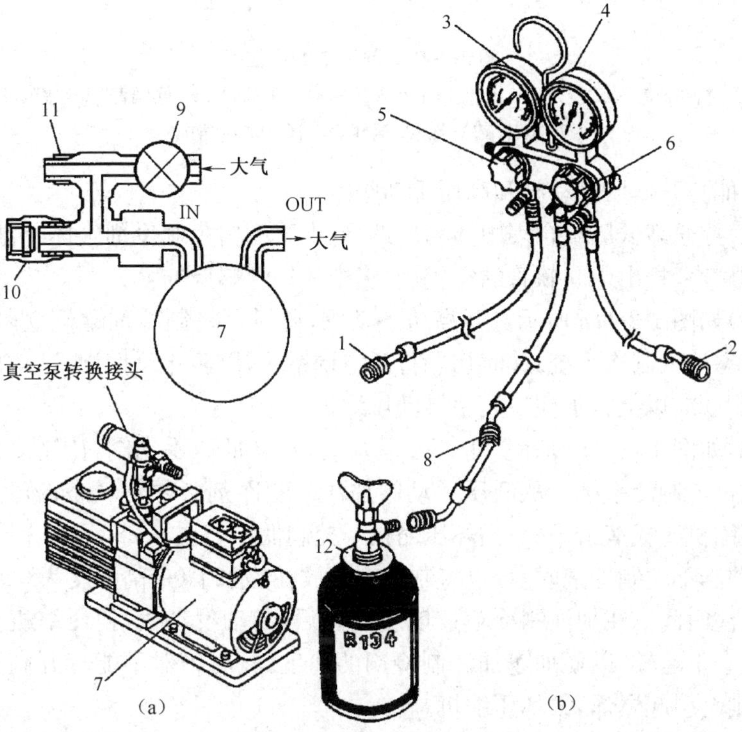

图 1-2-40　制冷系统抽真空

1. 低压表软管　2. 高压表软管　3. 低压表　4. 高压表　5. 低压手动阀　6. 高压手动阀　7. 真空泵　8. 中间软管　9. 电磁阀　10. 盲栓　11. 接复合压力表中央软管　12. 制冷剂

(五)制冷剂的加注

制冷剂的灌注如图 1-2-41 所示，其步骤如下：

(1)确认无渗漏之后，将制冷剂罐注入阀连接在制冷剂罐上。

(2)将复合压力表的中间软管安装在注入阀的接口上。然后顺时针拧紧注入阀的手柄，使注入阀的顶针在制冷剂罐上顶开一小孔。

(3)逆时针旋转注入阀的手柄，使其顶针退出，使制冷剂进入中间软管，

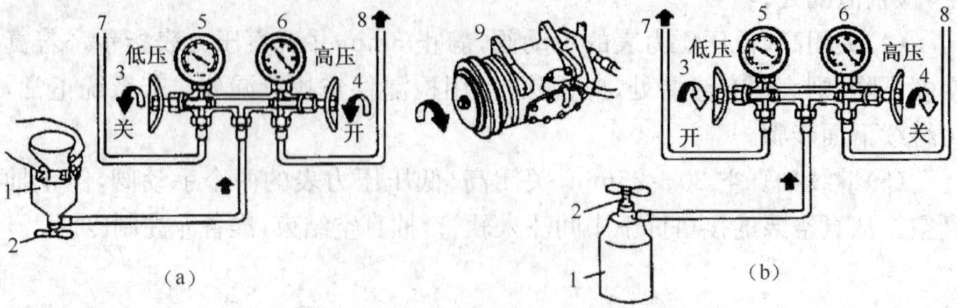

图 1-2-41　制冷剂的灌注

1. 制冷剂罐　2. 注入阀　3. 低压手动阀　4. 高压手动阀　5. 低压表　6. 高压表　7. 低压表软管　8. 高压表软管　9. 压缩机

这时不能打开低压手动阀和高压手动阀。

(4)拧松高低压组合表中间管的螺母，当看到白色制冷剂气体外溢，并听到"嘶嘶"声，排出中间软管的空气后，将中间软管螺母拧紧。

(5)如图 1-2-41a 所示打开高压手动阀，此时可将制冷剂罐倒立，使制冷剂以液态注入制冷系统，此时切忌打开空调系统，以防止反倒灌，这次应加注制冷剂 200g 以上。加注后用手转动压缩机若干次。

(6)如图 1-2-41b 所示关上高压手动阀，打开低压手动阀，让制冷剂以气态形式进入制冷系统。从低压手动阀加注的制冷剂必须是气态，若为液态，会对压缩机造成液击现象，损坏压缩机。控制低压表在 0.28MPa 以下。

(7)当加注制冷剂时，可以将制冷剂罐放在热水中(最高温度为 52℃)，以减少灌注时间。在加注制冷剂速度缓慢以后，起动发动机，使压缩机在最大制冷状态下运转，以便加速加注制冷剂的速度，此时绝对不能打开高压手动阀，否则会引起爆炸，损坏压缩机。

(8)当加注的制冷剂达到要求时，关闭高压手动阀和低压手动阀，关闭制冷剂罐上的注入阀。加注制冷剂过多会使制冷系统的压力过高。

(9)当加注制冷剂充满以后，起动发动机，使压缩机运转 5～10min，以使其稳定，关闭维修阀，先拆下与低压维修阀的连接软管，待高压侧压力下降后，再拆下与高压维修阀的连接软管。

(六)空调系统维修后的检验

汽车空调系统经过维修后，其制冷性能是否恢复，可以用下述方法检验。

(1)检查玻璃观察窗，看是否有气泡。

(2)利用高、低压力表检查制冷系统平衡压力和运转压力，看是否在正常范围之内。

(3)通过手摸制冷系统零件表面温度，可以粗略地知道制冷系统的运行状况。

(4)汽车停放在阳光下，关闭所有门窗，开启空调 30min 后，车内外能保持 7℃～8℃温差。

(5)通过道路实验来判断系统性能。试验选用的道路应该是平坦、硬实的公路，长度不小于 40km，外界温度 35℃。轿车在试验道路上，全开空调，分别以 20km/h、40km/h、60km/h 的车速行驶，测量每种车速下 10min 和 30min 车内温度下降情况，并与标准值进行比较，看制冷系统性能是否达到要求。

①车速为 20km/h；10min 时车内温度＜30℃；30min 时车内温度＜27℃。

②车速为 40km/h；10min 时车内温度＜29℃；30min 时车内温度＜26℃。

③车速为 60km/h；10min 时车内温度＜28℃；30min 时车内温度＜25℃。

(6)实测的温度差值、相对湿度在性能曲线图上的交点位置来判断空调制冷系统性能是否达到要求。

(七)空调系统维修时应注意事项

(1)在拆装任何电器部件之前，一定关闭电源并拆开蓄电池负极电缆线。

(2)在排放空调系统制冷剂前，不要打开或松开系统连接头。

(3)在松开接头时，如果明显存在残余压力，在打开接头之前，应首先排放空调系统的制冷剂。

(4)在加注制冷剂之前，必须抽真空。

(5)禁止两种制冷剂交换使用。

(6)正确换用防冻油。不同型号防冻油不能互用。

(7)按规定容量加注防冻油。在空调系统中加注过量的防冻油，会导致制冷能力下降；如果系统中防冻油太少则会损坏压缩机。维修中，特别是在更换主要部件时，如果不给系统补充适量的防冻油，则会导致润滑不良，使压缩机出现异常。

(8)正确换用密封圈。R134a 空调系统和 R12 空调系统中各管路接头的 O 形密封圈是不能互换的。

(9)紧固件要按规定力矩拧紧。在连接软管和硬管之前，要在密封座处滴几滴防冻油。要用两个扳手进行管路连接部位的拆卸或安装，避免扭曲空调管路。

(10)制冷系统制冷剂的排放。除压缩机拆卸时可以使用维修阀与制冷系统隔绝,单独进行操作,其他部件拆卸之前必须将制冷剂放掉。

七、中控门锁的检修

中控门锁按结构形式有双向空气压力泵式和微型直流电动机式两种;按控制方式不同有不带防盗系统的中控门锁和带防盗系统的中控门锁。下面以不带防盗系统的微型双向直流电动机式中控门锁为例进行介绍。它利用控制直流电动机的正反转来实现门锁的开、关动作,主要由门锁开关、双向直流电动机、传动机构、执行机构、继电器、熔断器和导线等组成。

不同汽车所安装的中控门锁的控制电路一般不同。有的门锁开关由门锁提钮操作,有的具有一套独立的开关系统。有的汽车具有多个集中控制的门锁开关,驾驶员和乘员都可以操作开关,把所有的车门锁住或打开,有的汽车则只有一个集中控制的门锁开关和几个单独控制的门锁开关。驾驶员操作集中控制的门锁开关,把所有的车门锁住或打开,乘员只能操作单独的门锁开关,把对应的车门锁住或打开。集中控制的门锁开关一般安装在驾驶室车门或前乘员车门上,单独控制的门锁开关一般安装在对应的车门上。

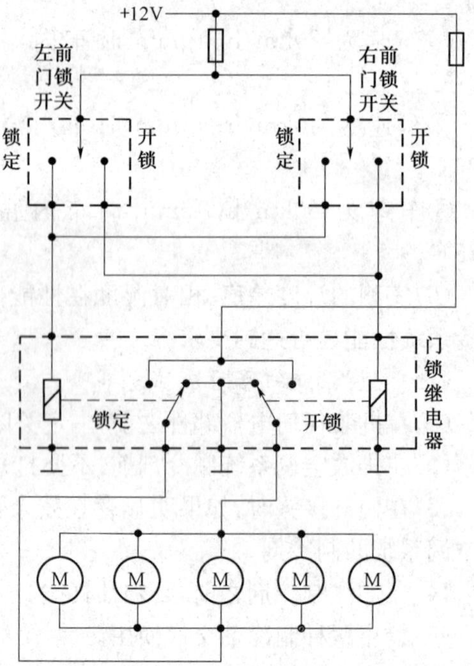

图 1-2-42　中控门锁基本电路

如图 1-2-42 所示是一种基本的电动门锁控制电路。它主要由两个门锁开关、门锁继电器、五个双向直流电动机(其中四个控制车门、一个控制行李舱门)及导线和熔丝等组成。门锁继电器实际上是由开锁和锁定两个继电器组成,其线圈不通电时,动触点都和搭铁触点接通;通电时动触点与搭铁触点断开,与另一触点接通。通过触点位置的改变,来改变电路及直流电机中电流方向,完成对车门的锁定和开锁动作。

（一）遥控门锁系统更换与设定

1. 遥控门锁接收器的更换

(1)遥控门锁接收器(RCDLR)的拆卸。

①拆下仪表板。

②通过松开易扣接头拆下 RCDLR。

③脱开 RCDLR 的导线插接器。

④从仪表板上拆下 RCDLR。

(2)遥控门锁接收器(RCDLR)的安装。

①将遥控门锁接收器(RCDLR)装在仪表底板上。

②插好 RCDLR 的导线插接件。

③通过连接易扣接头安装 RCDLR。

④回装仪表板。

2. 遥控门锁开锁控制设定方法(不用专用工具)

遥控门锁控制设定有 4 种模式：模式 1——遥控门锁不起作用；模式 2——仅喇叭响；模式 3——仅前大灯亮；模式 4——喇叭响同时前大灯亮。

(1)坐在驾驶座位上，关上所有车门。

(2)将点火开关转至 RUN 位置。

(3)按下并保持门锁开关在 UNLOCK 位置。

(4)按下遥控器 UNLOCK 键，报警器将发出 1～4 次的响声，响的次数等于当前模式号，说明车辆处于该模式。

(5)当欲设定的模式号被警报器指示出时，将门锁开关从 UNLOCK 位置释放。

(6)将点火开关转至 OFF 位置，设置完成。

注意：在上述设置过程中，如果点火开关被移至 OFF 位置或任一车门被打开，遥控开锁校验设定将被终止，且系统将保持在最新模式。

3. 遥控门锁上锁控制设定方法

遥控上锁的控制设定方法与遥控开锁的控制设定方法基本相同，只是门锁开关位置和按下遥控器上的键改为 LOCK 键。

4. 遥控器的校准

当出现下列情况时应对遥控器进行校准：遥控器使用超过 256 次；更换遥控器电池后，马上使用超过 16 次。

遥控器的校准方法是：同时按下并保持住遥控器的 UNLOCK 和 LOCK 键至少 7s，或直到喇叭响 3 次为止。

(二)门锁电机的检查

将点火开关置于 OFF 位置,拆下车门内饰板,接近门锁电机。拆下电机的 2 芯插头,然后将蓄电池的正负极分别与电机插座的两个插芯相接,该电机应转动;再将蓄电池的正负极对调接在两个插芯上,电机应反转。如电机不转或转动不平稳,则应修理或更换电机。四个车门及后箱电机检查方法相同。

八、汽油发动机电控系统传感器的检测

传感器是一种检测装置,能测量各种机械运动状态和浓度变化的物理量,并将他们转变为电信号的装置,以满足信息的传输、处理、存储、显示、记录和控制,是电控汽油喷射发动机实现自动控制的重要环节。电控汽油喷射发动机上应用的传感器有:空气流量、曲轴转角、发动机转速、爆燃、进气温度、冷却水温度、节气门开度、进气压力等传感器。随着汽车运行时间的增长,传感器的信号会失真,造成控制精度、准确度下降,需要按照规定进行传感器技术状况的检查。

(一)空气流量传感器

目前,汽车上使用较多的空气流量传感器为热线式空气流量计传感器。

1. 热线式空气流量计结构与工作原理

在 L 型电控汽油喷射系统中,进气量的测量是通过热线式空气流量计直接测量的,热线式空气流量计用于直接测量吸入气缸内的空气量,精度比较高。热线式热线式空气流量计主要由防护网、取样管、白金热线、温度补偿电阻、控制电路、电路连接器等组成,其电路如图 1-2-43 所示。

运用恒温差原理,在发动机的进气道的空气流中放置一通电受热的发热体—铂丝,热线 R_H 作为惠斯登电桥的一个桥臂。当空气流过时将热线的部分热量带走,热线受到一定冷却,温度下降而使其电阻值减小,使电桥电路的电压也发生变化。为维持热、冷线其恒定温差,控制电路通过流过热线的加热电流来实现。通过检测加热电流的大小就可测出气缸吸入的空气质量流量的大小。

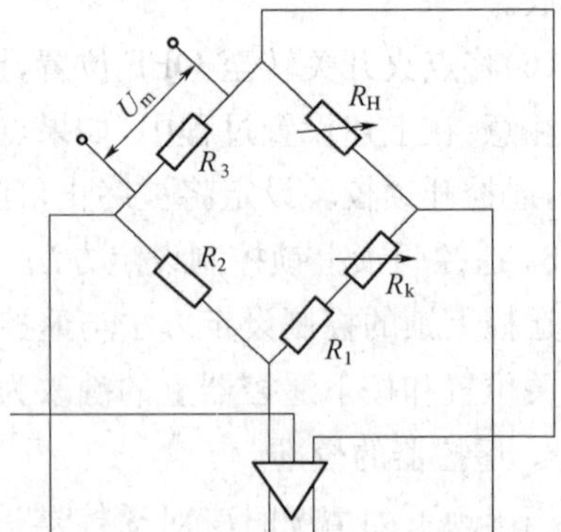

图 1-2-43　空气流量计电路连接示意图

图 1-2-43 中 U_m 为输出电压(V)；R_H 为热线电阻(Ω)；R_k 为冷线(进气温度传感器)电阻(Ω)；R_3 为精密电阻(Ω)。

热线式空气流量传感器是用来检测发动机吸入的空气量，并将其转换成 1～5V 的电信号输送给 ECU。ECU 根据该信号并结合其他传感器的信息，控制最佳供油量和点火正时。

2. 热线式空气流量计技术状况检测

检修空气流量传感器时，应先断开点火开关，拔下传感器插座，从进气道拆下空气流量传感器并接上电源，用万用表直流电压挡检测传感器插座 1、2 两端子之间的电压，其电压值应为 0.03V。

如果用电吹风机的冷气挡向传感器内吹风，测量电压应在 2.2～2.4V。当吹风机远离传感器时，电阻值应逐渐减小，否则，应当更换空气流量传感器。

(二)节气门位置传感器

节气门位置传感器安装在节气门控制器内，与节气门直接相连，是一种电位计传感器，其电阻值与节气门的开度成反比。线性式节气门位置传感器结构如图 1-2-44 所示。

1. 节气门电压信号检测

将点火开关处于"ON"位置将探针插节气门控制器插座第 5 端子的引线内，节气门插座端子如图 1-2-45 所示。缓慢踩加速踏板从关到开，用万用表测量探针检测点的电压变化，其值应随节气门开度的增大而逐渐地连续下降，或随节气门逐渐关闭其电压值又逐渐连续上升。若与上述求不符，则须进行供电和线路检测。

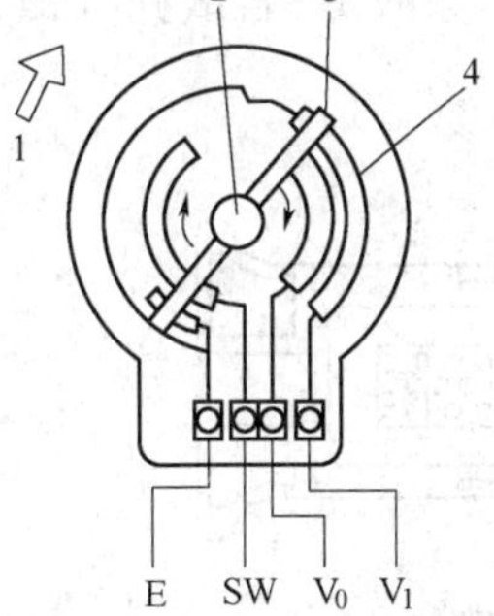

图 1-2-44　线性式节气门位置传感器结构

1. 旋转方向　2. 转子　3. 滑动触点　4. 电阻

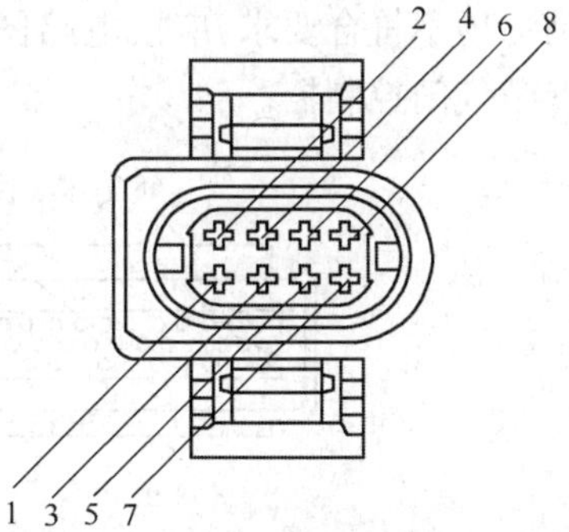

图 1-2-45　线性式节气门插座端子

2. 节气门位置传感器的供电检测

节气门位置传感器技术标准见表 1-2-9。

表 1-2-9 节气门位置传感器技术标准

序号	项 目	规 格	备 注
1	传感器 4、7 端子间的电压	(5.0±0.5)V	点火开关"OFF"
2	ECU40 端子、传感器 5 端子间电阻	<1.5Ω	
3	ECU41 端子、传感器 4 端子间电阻	<1.5Ω	
4	ECU35 端子、传感器 7 端子间电阻	<1.5Ω	
5	ECU40 端子、传感器 7 端子间电阻	∞	
6	ECU40 端子、传感器 4 端子间电阻	∞	
7	传感器 4、7 端子间的电阻	∞	

点火开关置于"OFF",拔下节气门控制器插座,再将点火开关置于"ON"位置,用万用表测量控制器插座的第 4 与第 7 端子间的电压,其电压值应为(5.0±0.5)V。

3. 节气门位置传感器的线路检测

将点火开关处于"OFF"位置,拆下右前轮柱下护板,拉出 ECU 插接器的固定锁架,拔下 ECU 的插座,如图 1-2-46 所示,用万用表测量:ECU 插座的第 40 端子与节气门传感器插座第 5 端子、ECU 插座的第 41 端子与节气门传感器插座第 4 端子、ECU 插座的第 35 端子与节气门传感器插座的第 7 端子间的电阻值,均应<1.5Ω;ECU 插座的第 40 端子与节气门传感器插座第 4 端子、ECU 插座的第 40 端子与节气门传感器插座第 7 端子、节气门传感器插座的第 4 端子与第 7 端子间的电阻值,均应为∞。若在线路检测中,其中任何一项不符合要求,应按电路图检查线路,排除故障;若线路无故障,则应更换节气门控制器。

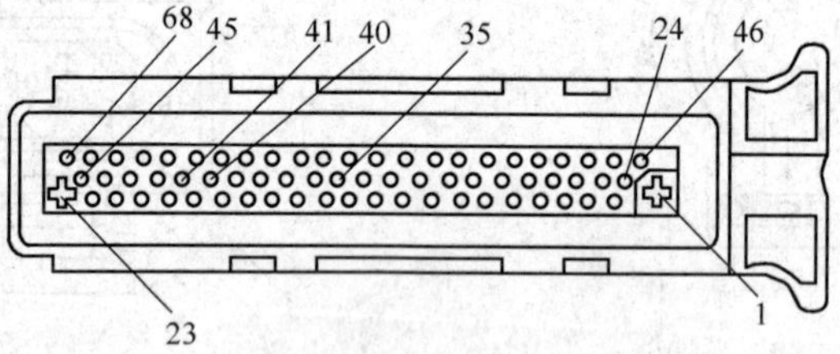

图 1-2-46 ECU 端子

(三)曲轴转速传感器

曲轴位置传感器作用是向 ECU 传递以下三个信号的任务:发动机转速

信号;发动机曲轴转角信号;第1、4(或6)缸活塞上止点位置信号。曲轴位置传感器可分为磁脉冲式、光电式和霍尔式三大类。就其安装部位有在曲轴前端、凸轮轴前端、飞轮上和分电器内,车辆不同,所采用的结构形式不完全一样。

磁脉冲式曲轴位置传感器的电路如图1-2-47所示。其检测方法如下:

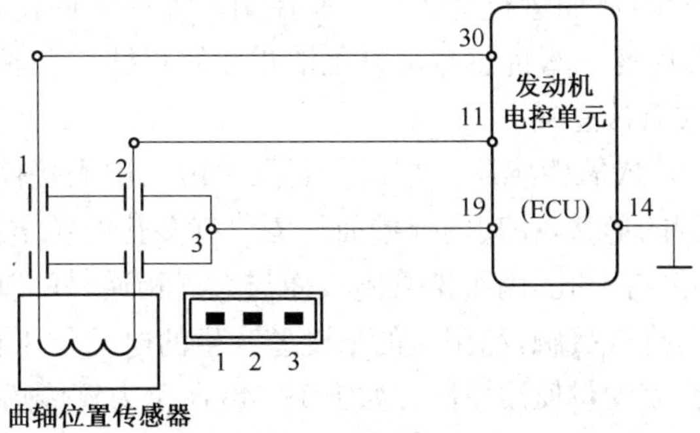

图1-2-47　磁脉冲式曲轴位置传感器的电路

1. 电阻的检测

关闭点火开关,拔下曲轴位置传感器的插头,检测曲轴位置传感器端子1和端子2之间的电阻,其电阻值应符合厂家标准;检测端子3与搭铁之间的电阻,其电阻值应为0Ω。如不符,则表明传感器损坏,需更换曲轴位置传感器。

2. 输出信号的检测

关闭点火开关,拔下所有喷油器的插头(以免损坏三元催化转换器)以及曲轴位置传感器的插头后,短暂起动发动机,检测曲轴位置传感器插座上的端子1和2之间的电压,其标准电压应为4~8V。如不符,则表明传感器损坏,需更换曲轴位置传感器。

另外,也可用示波器检测传感器的输出波形是否正常。

(四)凸轮轴位置传感器

凸轮轴位置传感器又称为判缸传感器,为了区别于曲轴位置传感器CPS,凸轮轴位置传感器一般都用CIS表示。凸轮轴位置传感器是采集配气凸轮轴的位置信号,并输入ECU,以便ECU识别1缸压缩上止点,从而进行顺序喷油控制、点火时刻控制和爆燃控制。此外,凸轮轴位置信号还用于发动机起动时识别出第一次点火时刻。因为凸轮轴位置传感器能够识别哪一缸活塞即将到达上止点,所以称为判缸传感器。

发动机电控燃油喷射系统常用的曲轴与凸轮轴位置传感器有磁脉冲式、

霍尔式和光电式三种。

磁脉冲式凸轮轴位置传感器与磁脉冲式曲轴位置传感器检测方法相同。

(五)氧传感器

氧传感器安装在发动机排气管内，用来检测发动机排气中氧的浓度，并将测定的氧浓度信号送至 ECU 中，以确定发动机进气中的空燃比是否高于或低于理论空燃比，从而进行空燃比反馈控制。为三元催化转换器净化尾气提供良好的外部环境。氧传感器由氧化锆式和氧化钛式两种，目前主要采用氧化锆(ZrO_2)式氧传感器。

氧化锆(ZrO_2)式氧传感器其结构主要元件为专用陶瓷体(即氧化锆固体电解质)制成试管的形状，在其内外壁面均覆盖有多孔的铂电极。传感器测头元件(锆管)内层开有一孔，用于锆管内表面与大气相通，外表面暴露在发动机排气管中，直接与排气接触，利用氧的浓度差产生的电信号来检测排气管中氧的含量高低，进行喷油量反馈控制。如图 1-2-48 所示为氧传感器结构图。

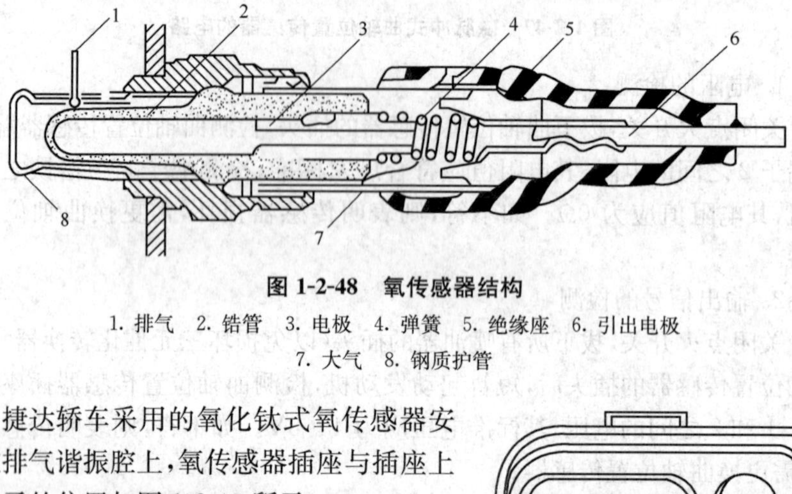

图 1-2-48　氧传感器结构

1. 排气　2. 锆管　3. 电极　4. 弹簧　5. 绝缘座　6. 引出电极　7. 大气　8. 钢质护管

捷达轿车采用的氧化钛式氧传感器安装在排气谐振腔上，氧传感器插座与插座上各端子的位置如图 1-2-49 所示。

氧传感器的检测所需的工具有：万用表、示波器等。

氧传感器技术标准见表 1-2-10。

(1)检修氧传感器时，其加热元件的电阻值在常温下为 1～5Ω，且温度稍微上升时，电阻值会显著增大。如果常温下电阻值为无穷大，表明加热元件断路，应当更换氧传感器。

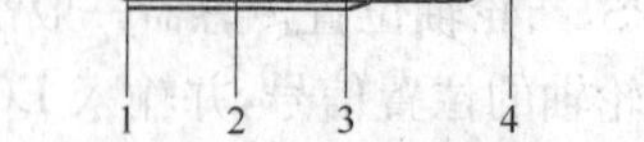

图 1-2-49　氧传感器插座

1. 加热元件正极　2. 加热元件负极　3. 信号电压负极　4. 信号电压正极

表 1-2-10　氧传感器技术标准

序号	项　目	规　格	备　注
1	1、4 端子间电阻	1～5Ω	常温,随温度升高而增大
2	1、2 端子之间的电压	不低于 11V	蓄电池电压
3	3、4 端子之间的电压	0.45～0.55V	接通点火开关,发动机不工作
4	3、4 端子之间的电压	0.7～1.0V	发动机大负荷工作
5	3、4 端子之间的电压	0.1～0.3V	发动机小负荷工作

(2)检测氧传感器加热元件的电压时,拔下氧传感器插座,接通点火开关,起动发动机,用万用表直流电压挡测量连接器插座上 1 和 2 端子之间的电压,电压值应不低于 11V。

(3)检测氧传感器电压时,先将插座与插座连接,接通点火开关,用万用表直流电压挡测量传感器 3 和 4 两端子之间的电压,应为 0.45～0.55V;当供给发动机浓混合气时,信号电压应为 0.7～1.0V;当供给发动机稀混合气时,信号电压应为 0.1～0.3V,否则说明氧传感器已失效,应予更换。

注意:检测氧传感器信号电压的变化频率时,高电平与低电平之间的变化应不低于 10 次/min。

(六)冷却液温度传感器

冷却液温度传感器是将发动机冷却液温度的变化转换为电信号输送到 ECU,ECU 根据输入的信号(发动机冷却液温度的高低)对发动机喷油量进行修正,以调整空燃比,使进入发动机的可燃混合气燃烧稳定,即冷机时,供给较浓的可燃混合气;热机时供给较稀的混合气。如果传感器损坏,当发动机处于冷机状态时,致使混合气过稀,发动机就不易起动且运转不平稳;暖机时,又致使混合气过浓,发动机也不能正常工作。

冷却液温度传感器是负温度系数传感器,温度越低,电阻越大;温度越高,电阻越小。图 1-2-50 是常见的电喷发动机冷却液温度传感器与 ECU 的连接电路。

冷却液温度传感器的检测所需的工具、器材有:水杯、万用表、温度计、电炉等。

从车上拆下冷却液温度传感器,并将其置于水杯中,缓慢加热提高水温,同时用万用表测量传感器两端子间的电阻值,如图 1-2-51 所示,其电阻值应在表 1-2-11 的范围内,否则表明传感器已损坏,应换用新的传感器。

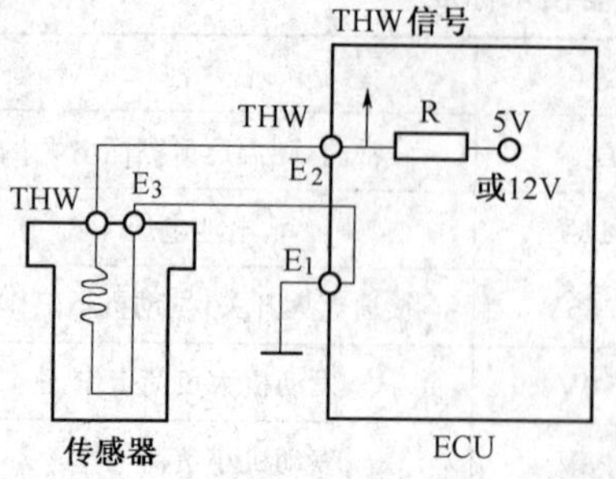

图 1-2-50 冷却液温度传感器与 ECU 连接

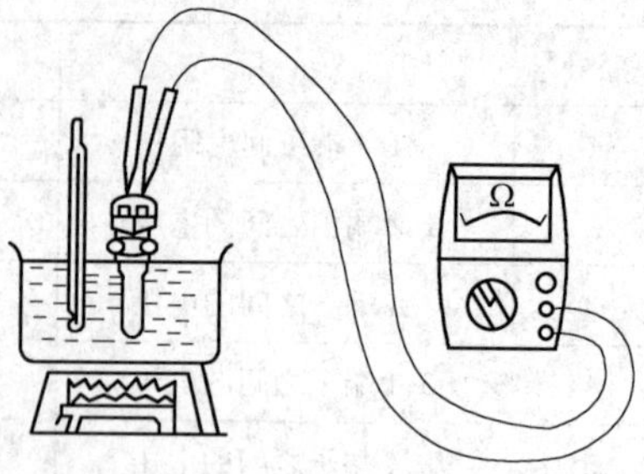

图 1-2-51 冷却液温度传感器电阻测量

表 1-2-11 水温与电阻值关系

冷却水温度(℃)	电阻值(kΩ)	冷却水温度(℃)	电阻值(kΩ)
−20	10～20	40	0.9～1.3
0	4～7	60	0.4～0.7
20	2～3	80	0.2～0.4

就车检查时，将冷却液温度传感器的连接器断开，用万用表测定传感器两端子间的电阻值，然后对照表 1-2-11 中的标准值，判断传感器的好坏。

(七)进气温度传感器技术状况检测

进气温度传感器的作用是检测发动机的进气温度，为修正喷油量提供参考依据。在 L 型电子燃油喷射装置中，进气温度传感器安装在空气流量传感器内；在 D 型电子燃油喷射装置中，它安装在空气滤清器的外壳上或稳压箱内。

进气温度传感器的检测。进气温度传感器的检测与冷却液温度传感器的检测方法相同，分单体检测和就车检测。

九、柴油发动机电系统传感器的检测

电子控制高压共轨柴油喷射系统由共轨燃油喷射系统、进排气系统和电子控制系统组成，电子控制系统的组成包括：传感器(如曲轴转速传感器、凸轮轴转速传感器、加速踏板传感器、增压压力传感器、共轨压力传感器、冷却液温度传感器、空气流量计、空气温度传感器等)、ECU 及执行器(如电磁式喷油器、电动油泵、电磁阀等)。传感器采集的发动机运行电信号输入 ECU，ECU 处理由传感器产生的、通过数据线路接收到的信号。借助所得到的信息，对发动机实施开、闭环控制。发动机速度的测量是通过曲轴转速传感器、凸轮轴转速传感器来决定发火的顺序(相位)。加速踏板传感器反映了驾驶员踩下踏板的高度，换句话说就是关于驾驶员对发动机转矩的要求。空气流量计向 ECU 提供关于空气流动的瞬时数据以便燃烧过程能够满足废气排放法规的要求。对带有废气涡轮增压装备的发动机来说，增压传感器用于测量增加压力。在外界温度低并且发动机冷机时，ECU 根据冷却液温度和空气温度传感器改变喷油器的起始喷油时刻、预喷射的额定值及其他的参数，以适应特定的工况。共轨燃油喷射系统如图 1-2-52 所示，由低压供油路、高压供油路及回油路组成。

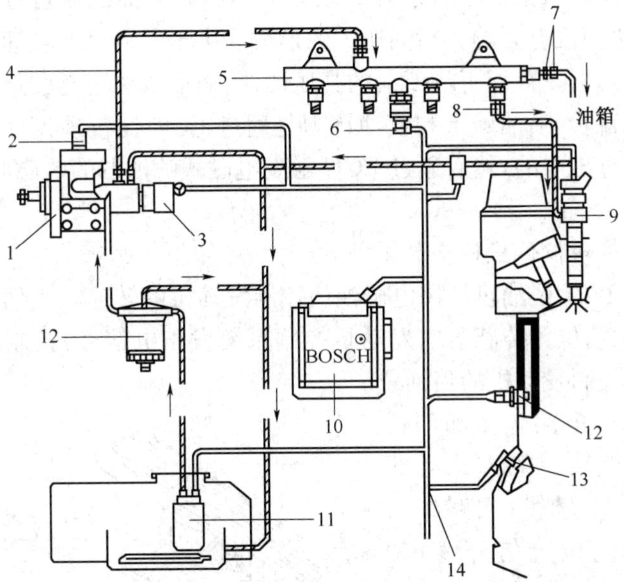

图 1-2-52　高压共轨柴油喷射系统

1. 高压供油泵　2. 停油阀　3. 内压控制阀　4. 高压燃油管　5. 高压蓄压器(共轨)　6. 共轨压力传感器　7. 压力限制阀　8. 流量限制器　9. 喷油器　10. ECU　11. 输油泵　12. 冷却液温度传感器　13. 曲轴位置传感器　14. 数据线

电子控制高压共轨柴油喷射系统是理想的柴油喷射系统，高压供油泵的作用仅为一个公共蓄压室(共轨)建立压力，并且作用到每一个电子控制喷油器上。喷油压力、喷油量和喷油定时均可由 ECU 灵活控制，喷油速率可通过对喷油器内部结构的特殊设计，或通过电磁阀的多次动作而自由选择或灵活控制。电子控制高压共轨式喷油系统的优点：喷油压力与发动机转速、喷油量无关；控制自由度大，可以实现喷油率、预喷量、预喷时间及喷油时刻等的综合控制；发动机结构不需大的变动。高压共轨式喷射系统的特点：

• 可实现高压喷射，喷射压力可比一般直列泵系统高出一倍，最高已达 200MPa。

·喷射压力独立于发动机转速，可以改善发动机低速、低负荷性能。

·可以实现预喷射，可以调节喷油速率形状，实现理想喷油规律。

·喷油定时和喷油量可自由选定。

·具有良好的喷射特性，可优化燃烧过程，使发动机油耗、烟度、噪声及排放等性能指标得到明显改善，并有利于改进发动机转矩特性。

·结构简单，可靠性好，适应性强，可在新老发动机上应用。

电子控制共轨柴油喷射系统的压力的形成和燃油的喷射过程是相互独立的，相互之间没有影响。喷油压力的形成取决于发动机的转速和喷油的数量。高压蓄压器里存储了待喷射的高压油，喷油量取决于驾驶员的驾驶意图（柴油机的负荷），喷油始点和喷油压力是通过 ECU 比较预先存储的基本喷油特性图运算出来的，然后通过 ECU 触发电磁式喷油器的电磁阀，最终喷油器将燃油喷入气缸。

(一)加速踏板位置传感器

康明斯 ISBe 柴油机使用电子油门控制发动机的转速。当驾驶员踩下加速踏板时，油门位置传感器向发动机控制系统发出电信号，控制系统根据油门开度信号控制发动机的喷油量。

电子油门电路包括油门位置传感器、油门踏板、55 号线（5V 电源）、81 号线（回路线）、83 号线（油门位置信号线）和 ECM，如图 1-2-53 所示。使用检测仪器可以监测油门踏板位置传感器是否正常工作。

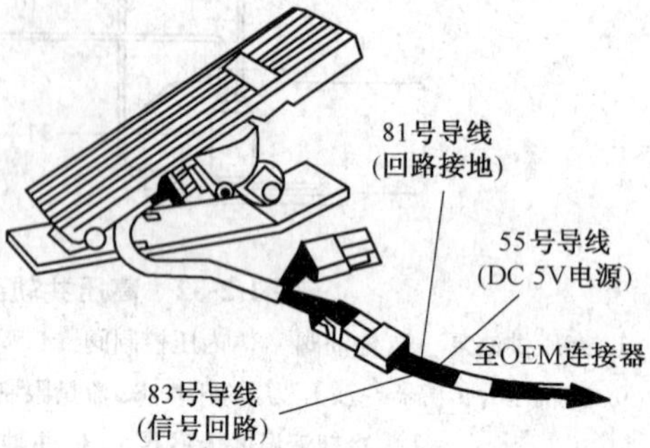

图 1-2-53　电子油门电路线路连接情况

1. 油门位置传感器电阻检查

从油门位置传感器上拆下 3 针连接器，将零件号为 3823255 的 3 针连接器安装到油门位置传感器上。

(1)用万用表的正表笔与 3 针连接器的 C 端子（油门位置 5V 电源）相连，负表笔与 3 针连接器的 A 端子（油门位置回路）相连，测量电阻。当释放踏板时，电阻为 1500～3000Ω；当踩下踏板时，电阻为 250～1500Ω。若电阻不在规定范围，则应更换油门位置传感器。

(2)用万用表测量 3 针连接器的 B 端子（油门位置信号）：与 C 端子（油门位置 5V 电源）之间的电阻。当释放踏板时，电阻为 1500～3000Ω；当踩下踏板时，电阻为 250～1500Ω。当电阻不在规定范围，则应更换油门位置传感器。

(3)检查油门位置传感器是否存在短路接地。用万用表的正表笔分别与3针连接器的A端子(油门位置回路)、B端子(油门位置信号)、C端子(油门位置5V电源)相连,负表笔搭铁,万用表应显示开路,即电阻值应分别大于100kΩ。如果电阻不在规定范围,说明油门位置传感器出现了故障,应当更换。

2. 测量OEM线束电阻

OEM是指原始设备制造商所提供的信息。

(1)把一根测试导线插入OEM线束的55号触针(油门位置5V电源)中,另一根测试导线插入81号触针(回路)中。用鳄鱼夹连接到万用表笔上。踩下油门踏板,万用表应显示电阻为2000～3000Ω。如果电阻不在规定范围,说明OEM线束的55号和81号触针出现故障,应进行维修。释放油门踏板,电阻值应为2000～3000Ω。如果电阻不在规定范围,说明OEM线束内的55号和81号触针出现故障,应进行维修。

(2)从81号触针(回路)中取出测试导线,插入81号触针(油门位置信号)中,测量电阻。释放油门踏板,电阻值应为1500～3000Ω;踩下油门踏板,电阻值应为200～1500Ω。如果电阻不在规定范围,说明OEM线束中55号触针或83号触针存在故障,应进行维修。

(3)检查OEM线束是否存在短路接地。从OEM线束上拆下油门位置传感器;从ECM上拆下OEM线束。将一根测试导线分别插入55号、81号、83号触针,负表笔搭铁,分别测量开路电阻,应分别>100kΩ。如果3次电阻测量中有任何一次不是开路,说明与55号、81号或83号触针相连的导线之间存在短路接地,应进行维修。

(4)检查触针之间是否存在短路。测量55号触针与1号触针间电阻,应>100kΩ;测量55号触针与所有触针间电阻,应>100kΩ;测量83号触针与1号触针间电阻,应>100kΩ;测量81号触针与所有触针间电阻,应>100kΩ。上述检查若电阻不在规定范围,说明存在短路,应进行检修。

(5)检查是否与外部电源短路。从OEM线束上拆下油门位置传感器,将钥匙开关转到“ON”位置,分别测量55号触针与接地间电压、81号触针与接地间电压、83号触针与接地间电压,其值应分别为1.5V或更低。如果测得任何触针上的电压高于1.5V,说明55号、81号、83号触针与OEM线束内的带电导线之间短路,应进行维修。维修之后,连接好油门位置传感器和OEM线束。

（二）压力传感器

增压压力传感器(BPS)连接到进气管中并可测量处于50～300kPa之间的进气管的绝对压力。传感器分为一个带两个传感元件的压力单元和一个求值电路室。传感元件和求值电路装在一个普通陶瓷基片上。每个传感元件包含一个喇叭形厚膜片，具有确定内压的基准容量。膜片以充气压力的函数向较大或较小开度移动。压敏电阻位于膜片表面，当在它上面施加压力时，其电阻值就会发生变化。这些电阻连接成电阻桥，因此，当膜片移动时使得电阻桥的电平衡发生变化，也就是说电阻桥的电压是增压压力的一个尺度。求值电路用于放大桥路电压，补偿温度影响和压力特性的线性化。求值电路的输出信号输出到ECU，借助与编程特性曲线，就可计算出增压压力。

（三）燃油油轨压力传感器

燃油油轨压力传感器用于测量共轨中的瞬时压力，且具有足够的精度和尽可能迅速反馈。燃油油轨压力传感器安装在油轨（蓄压器）中。从发动机线束上拆下油轨压力传感器连接器，从油轨上拆下该传感器。

(1)检查发动机线束连接器是否存在下列问题：

①连接器是否有裂纹。

②连接器密封件是否有损坏。

③触针内是否有灰尘、碎屑或湿气。

④触针是否有腐蚀、弯曲、断裂、缩进或伸出。

(2)检查油轨压力传感器是否存在下列问题：

①密封件是否损坏。

②密封件内部或表面是否有裂纹。

③传感器端部有无灰尘或碎屑。

④安装新的燃油油轨压力传感器时，螺栓拧紧力矩应为35N·m。

(3)起动发动机，检查有无泄漏。

十、电动燃油泵的检测

电动燃油泵的检测主要检查其电压、电阻。

(1)将点火开关接通，不起动发动机，用手触摸电动燃油泵，应能感到持续时间为2s的转动。

(2)若燃油泵不转动，则应检查中央电路板上的燃油泵熔丝。

(3)若熔丝正常，则将发光二极管测试灯的一端接地，另一端接熔丝插座。短暂起动发动机，测试灯应闪亮。若测试灯不亮，则应检查线路。

(4)若熔丝和线路无故障，则应检查继电器。

(5)检查前，先关闭点火开关，取下燃油泵继电器。继电器的内部电路和插脚编号印在外壳上，检查时用万用表电阻挡测量 30 和 87 插脚间的电阻阻值应为∞。

(6)将 12V 直流电压接在 85 和 86 插脚上，此时应听到继电器“咔嗒”的吸合声。

(7)用万用表检测 30 和 87 插脚间的电阻，阻值应接近 0Ω，否则要更换继电器。

(8)若熔丝或继电器无故障，则检测燃油泵的供电情况。检测前关闭点火开关，拔下燃油泵插头，用万用表电压挡测量插座两插孔间的电压，电压应高于 11V。

(9)若供电电压正常，则检查燃油泵电动机绕组电阻，用万用表测量燃油泵插座上两端子间的电阻值应为 5～10Ω。若电阻值为∞，则绕组断路；若电阻值为零，则电动机内部有短路故障。若存在这两种故障，则均应更换燃油泵。

十一、随车自诊断系统的应用

(一)随车自诊断系统

1. OBD-I

1994 年以前，各汽车制造商在其生产的装有各种电子控制系统的车辆上通常都装有随车自诊断系统(On Board Diagnostic，缩写为 OBD)。其诊断插座、故障码的位数和含义、读取方法、故障诊断的内容等因车辆制造商和车型的不同有较大差别。这就给汽车维修带来了许多不便，即使选用综合型解码器，也要配备多种接口电缆、适配器和测试卡。因此将具有上述特征的自诊断系统称为 OBD-I 诊断系统。

2. OBD-Ⅱ

美国汽车工程学会(SAE)于 1994 年提出了汽车微机控制系统的 OBD-Ⅱ诊断标准。该标准已被国际环保机构(EPA)及美国加州资源协会(CABB)认证许可，并为美国、日本、欧洲等主要汽车制造商采用。

OBD-Ⅱ将故障诊断插座的形式、故障码的位数和含义、读取方法等均作了统一，并加强了数据流的检测功能。目前几乎全部车辆都采用 OBD-Ⅱ。

依据 OBD-Ⅱ标准设计的汽车微机控制系统在下述各方面是一致的：

(1)采用同一规格的诊断插座。OBD-Ⅱ诊断插座统一为 16 孔，如图 1-2-54所示。各插孔代号的意义如下：

4＃——直接在车身上搭铁；

5＃——信号回路搭铁(故障码触发)；

16＃——电源 B＋；

2＃、10＃——美国规定的车辆参数资料输出；

7＃、15＃——欧洲规定的车辆参数资料输出；

1＃、3＃、6＃、8＃、9＃、11＃、12＃、13＃、14＃——各车型、各系统代码的触发或输出插孔（有的车系短接触发后 ECU 和 ECT 同时闪故障码，有的车系需单独跨接触发）。

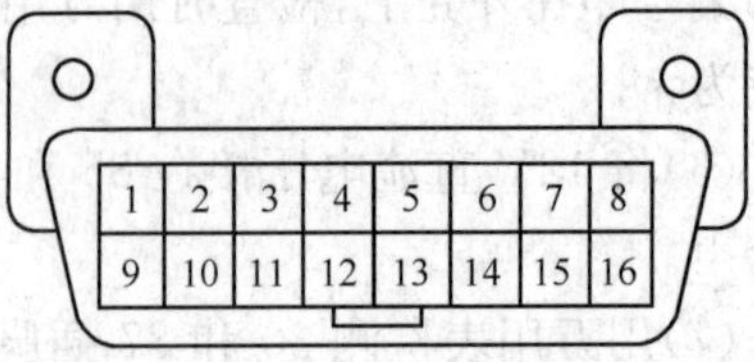

图 1-2-54　OBD-Ⅱ诊断连接器标准接口

(2)采用统一的故障码。

①故障码的组成。SAE 规定的 OBD-Ⅱ故障码由 5 位字符和数字组成。第一位是英文字母，第二到第五位是数字，如 P1352。每一个故障码均有不同的含义。

②故障码的含义：

a. 故障码第 1 位代表测试系统。OBD-Ⅱ故障码第 1 位的含义见表1-2-12。

表 1-2-12　OBD-Ⅱ故障码第 1 位的含义

故障码第 1 位	测试系统
P	发动机、变速器
C	底盘
B	车身
U	网络通信

b. 故障码的第 2 位代表故障码的定义者。0 为 SAE 统一制定的故障码，1～9 为各汽车制造商自行定义的故障码。

c. 故障码第 3 位代表 SAE 定义的故障范围。OBD-Ⅱ故障码第 3 位的含义见表 1-2-13。

表 1-2-13　OBD-Ⅱ故障码第 3 位的含义

1	燃油或进气系统	6	电脑或输出控制组件
2	燃油或进气系统	7	变速器控制系统
3	点火系统	8	变速器控制系统
4	排放控制系统	9	SAE 预留部分
5	怠速控制系统	0	SAE 预留部分

d. 故障码第 4、5 位为各汽车制造商原厂故障码。

③SAE 故障码的特点。OBD-Ⅱ故障码 P0000～P0999 为 SAE 统一规

定部分(代码表从略),具有分类细、定义准确、覆盖面宽的特点。

(3)采用统一的诊断模式。

(4)可由解码器直接读出和清除故障码。

(二)故障的判定方法

电子控制系统工作时,正常的输入、输出信号是在规定范围内变化的。当某一电路出现异常或输入了电脑不能识别的信号时,电脑就判定这一电路发生故障。判定方法通常有时域判定法、值域判定法、逻辑判定法和功能判定法四种。

(三)故障码的读取

按照是否使用专用仪器,可以将故障码的读取方法分为两种:一种是人工读取;另一种是仪器读取。人工读取方法主要适用于OBD-Ⅰ系统,而仪器读取方法既可适用于OBD-Ⅰ系统,也可适用于OBD-Ⅱ系统。随着解码器的普及,仪器读取方法已逐渐取代人工读取方法。

(四)故障码的清除

故障码的清除方法有三种:人工清除、仪器清除和自动清除。

1. 人工清除

通常是拔下相应的电控系统的熔断器(如ECU、ECT、ABS、SRS等)或直接拆下蓄电池负极连接线20s以上。

注意:拆蓄电池负极的方法虽然可以清除故障码,但电脑中存储的怠速学习值、换挡自适应值、节气门定位值以及收音机密码等可能同时被清除,必须进行相应的驾驶学习、解码器设定和密码输入才能恢复,应特别注意。

2. 仪器清除

仪器清除可将解码器与诊断插座相连,按照仪器的指示操作,即可清除各种电控系统中所存储的故障码,而无需拆卸蓄电池负极连接线。

3. 自动清除

某些车辆的故障排除后,如果未再次出现相同的故障,那么存储在计算机内部的相应故障码会在点火开关50~80次以上开关循环(发动机必须起动)后会被自动清除。

十二、备考要点

(1)常用和专用工具、专用仪器仪表的使用。

(2)分解和组装顺序,检测的基本程序、常用技术标准。

(3)零件的清洁与检查,检测结果的判断与处理。

(4)间隙的检查与调整。

(5)安全与文明操作。

模块三　总成的大修与竣工验收

第一专题　发动机总成装配与验收

一、发动机总成装配工艺

发动机大修是指采取更换或修复所有不符合技术标准与要求的零部件后，进行发动机总成的装配、调试与试验，全面恢复发动机技术性能，达到或接近新品标准的全面修理。发动机大修时要全面分解，对零件进行清洗、检验、分类，更换不可修零件，修复可修复零件，并进行总成装配、调试等作业。

发动机大修装配就是把符合修理技术要求的零件（新件或修复件）和已经装配好的组合件，按照一定的工艺顺序和原则装配到发动机机体上，使之成为一台完整发动机的过程。

1. 装配顺序

（1）发动机装配总的原则是以气缸体为主体，由内向外逐段进行。先装配曲柄连杆机构、配气机构，后装配附件。在不违背工艺顺序的情况下，可以组织交叉作业，但应以具体的设备和人员配置情况为基础。

（2）对于顶置式气门，在装好气缸盖总成后，再装入挺杆和推杆。湿式气缸套则在装活塞连杆组合件之前先装缸套。

2. 装配工艺

发动机装配时，要保持零件、人员、工具、设备以及场地清洁，尤其应彻底清洗气缸体、曲轴等零件上的润滑油道，并用压缩空气吹净，准备必要的专用工具、量具、配件和辅料。并遵循以下工艺原则和注意事项：

（1）各组装零部件必须经过检验或试装，确认质量合格。

（2）有相对运动的零件（如曲轴主轴颈与滑动轴承配合处），在装配时应涂上清洁的润滑油，减少在装配过程中因转动和冷磨合初期造成的磨损。

（3）各部位的不可互换机件，如气缸体与正时齿轮壳，活塞与其相对应的气缸，曲轴主轴承和连杆轴承的轴承盖，进、排气门等，一定要按拆卸或修配时所做的标记装回原来的位置，尤其是有相互位置要求的零部件，如经过平衡的曲轴、飞轮和离合器及配气相位、点火正时等，必须按方向、位置对准，不得装错。

（4）发动机上的主要螺栓、螺母，如连杆螺栓和螺母、主轴承螺栓等必须按规定的扭矩和要求分次拧紧。拧紧气缸盖螺栓螺母时，必须从气缸盖的中间开始，按顺序彼此交叉，逐渐向外进行，最后拧紧到规定的扭矩数值。

(5)螺纹连接件的所有锁紧零件,如开口销、保险垫片以及垫圈,一定要按规定配齐,完整、贴服、可靠,不得遗失和漏装。

(6)关键部位组合件之间的配合间隙,如活塞与气缸、曲轴轴颈与轴承,曲轴、凸轮轴及活塞销等轴类零件的径向间隙,正时齿轮的啮合间隙以及配气机构的间隙,配气相位,点火正时等,都必须保证符合修理技术标准。

(7)在装配过程中,应尽量使用专用工具,尤其是过盈配合的零件,装配时通常应使用压力机或专用工具。

二、发动机总装后的磨合与调整

发动机在总装后的装配过程中,各配合零件表面存在着或多或少的微观及宏观误差或缺陷。为了提高相互配合零件表面的质量,获得彼此之间更好的配合,提高零件的承载能力,减少初期磨损量,发动机在装配后和使用前必须进行磨合。磨合的目的在于提高发动机的动力性、经济性、可靠性以及延长发动机的使用寿命。

发动机的磨合一般分为:出厂磨合、半磨合和完全磨合三种。出厂磨合通常都是结合发动机调试进行的。半磨合的发动机只适用于个别项目(如最大功率点、最大扭矩点和经济油耗点)的性能测试。完全磨合的发动机可以在最大转速和最大负荷下运转,适合于发动机的外特性曲线试验。

根据发动机磨合过程中转速与负荷的组合不同,一般将发动机的出厂磨合过程分为无负荷冷磨合、无负荷热磨合、有负荷热磨合。

(一)无负荷冷磨合

冷磨合是由可变转速的外力驱动,主要目的是使发动机的气缸与活塞环同曲轴轴颈与轴承等重要摩擦件的表面平整光滑,能适应发动机正常工作时的载荷。冷磨合在台架上进行,一般情况下不安装火花塞或喷油器,停止供油,连接冷却系统和排气管,加足润滑油。

冷磨合的起始转速一般为400～600r/min为宜,终止转速一般为1000～1200r/min为宜。由起始转速到终止转速,采用有级过渡,以每一级100～200r/min的速度递增,直到终止转速。磨合时间一般不小于2h,如在润滑油中加入活性添加剂,可减少磨合的持续时间。

(二)无负荷热磨合

发动机无负荷热试过程是以自身动力运转的,也是在冷磨合基础上所做的进一步磨合。热磨合的目的除进一步磨合外,主要是检查热工况下发动机各部件的配合情况,对发动机作必要的调整,并检查发动机运转过程中出现的故障。

热磨合时,发动机要装上全部附件。热磨合过程中,应仔细观察各摩擦部位的发热情况，重点观察润滑油压力和冷却液温度变化情况，发动机冷却液应保持在75℃～95℃。在热磨合过程中，还应仔细检查发动机各处的衬垫、油封、水封及接头处有无漏油、漏水、漏电、漏气现象，仔细听察发动机各部位有无异响，调整点火系统、供油系统，测量气缸压缩压力应符合规定等。发动机无负荷热磨合的条件如下：

(1)无负荷热磨时，发动机转速通常与冷磨合时的终止转速相近，通常取1000～1200r/min。

(2)无负荷热磨合时间的确定根据标准规定，热磨合时间不得少于1.5h。

(三)有负荷热磨合

发动机经过冷磨合、无负荷热磨合后，再进行一次有负荷热磨合，不但可以进一步磨合、检验发动机修理后的功率恢复情况，还能发现一些在无负荷磨合时不易发现的修理缺陷和故障。

有负荷热磨合过程与无负荷热磨合一样，也靠自身动力运转。发动机的动力输出端与测功机(水力测功机、电力测功机或电涡流测功机)连接，由测功机对发动机加载负荷。

有负荷热磨合的起始转速，应根据能保证发动机主油道有足够压力时的转速确定，通常取800～1000r/min。终止转速根据发动机磨合后能承受75%～85%额定功率载荷时的转速确定，一般汽油发动机取额定转速的80%。柴油发动机取额定转速。

有负荷热磨合负荷的确定，取决于磨合转速和磨合后摩擦副的承载能力要求。通常起始负荷为0.1～0.2倍的发动机额定功率，终止负荷为0.8～1.0倍的发动机额定功率。

(四)发动机总装后的调整

热磨合结束后，应检查气缸壁和活塞环、曲轴主轴颈和主轴承、连杆轴颈和连杆轴承等处的磨合情况。如果在冷磨合后未进行发动机拆检，那么必须在热磨合后拆检发动机，检查磨合情况。拆检过程中发现的缺陷应及时修复。热磨合后，还应检查和调整各螺栓、螺母的紧固和锁止情况，更换润滑油和滤清器，重要的调整部位(如气门间隙、点火提前角、供油提前角等)应重新调整一次。

三、发动机大修竣工验收

(一)发动机外观检查

(1)发动机的外观应整洁、无油污。发动机外表应按规定喷漆，漆层应牢固，不得有起泡、剥落和漏喷现象。

(2)汽油发动机点火、柴油发动机的辅助起动，燃料供给、润滑、冷却和进排气等系统的附件应齐全，安装正确、牢固。

(3)发动机各部分应密封良好，不得有漏油、漏水、漏气现象；电器部分应安装正确、绝缘良好。

(二)发动机装备检查

(1)外购的零、部件和附件均应符合其制造或修理技术要求。

(2)修复的零、部件装配前应经检验，其性能达到规定的技术要求。主要零部件如气缸体和气缸盖、曲轴、凸轮轴等修理后，应满足原制造厂维修技术要求。

(3)发动机应按装配工艺要求装配齐全；装配过程中应按要求进行过程检验。过程检验合格后再进行下一步装配。

(4)装配后的发动机应按原设计规定加注润滑油、润滑脂、冷却液。

(5)带有增压或中冷增压的发动机，增压装置应按原厂规定进行装配和检验，增压器工作应正常，转速应达到原设计规定。具有增压器旁通管道控制的发动机，旁通管道的开启与关闭应灵活可靠，开启及关闭的转速应符合原设计规定。

(6)对原设计规定需加装限速装置的发动机，维修人员应对限速装置作相应调整并加铅封。限速装置宜在发动机磨合期满进行首次维护后拆除。

(7)电子控制燃油喷射系统装置应齐全有效。

(8)装配后的发动机如需进行冷磨、热试，应按工艺要求和技术条件进行冷磨、热试、清洗，并更换润滑油、润滑油滤清器或滤芯。原设计有特殊规定的按相应规定进行。

(三)发动机性能检查

1. 发动机运转状况及检查

(1)汽油发动机在各种工况下运转应稳定，不得有过热现象；不应有异常响声；突然改变工况时，应过渡圆滑，不得有突爆、回火、“放炮”等异常现象。

(2)柴油发动机在各种工况下运转应稳定，不得有过热和异常燃烧、粗暴等现象，不应有异常响声；改变工况时应过渡平稳。当发动机转速超过额定转速时，断油控制装置正常有效。紧急停机装置在发动机整个运转过程中可靠有效，不得出现失控现象。

2. 起动性能

汽油发动机在正常环境温度和低温(−18℃)时，柴油发动机在正常环境温度和低温(−10℃)时都能顺利起动，允许起动3次。

3. 怠速运转性能

在正常工作温度下，发动机怠速运转稳定，其怠速转速应符合原设计规定，并能保证向其他工况圆滑过渡。

4. 进气支管真空度

在正常工作温度和标准状态下，汽油发动机怠速运转时，进气支管真空度符合原设计规定，其波动范围为：6 缸汽油发动机一般不超过 3kPa，4 缸汽油发动机一般不超过 5kPa。

5. 增压发动机的增压压力及温度

增压发动机的增压压力及温度应符合原设计规定。

6. 调速率

柴油发动机稳定调速率应符合原设计规定。

7. 润滑油压力

在规定转速下，发动机润滑系统工作正常，润滑油压力和润滑油温度应符合原制造厂维修技术要求，警示装置可靠有效。

8. 额定功率和最大转矩

在标准状态下，发动机额定功率和最大转矩不得低于原设计标定值的 90%。

9. 最低燃料消耗率和润滑油消耗量

最低燃料消耗率不得大于原设计标定值的 105%；润滑油消耗量符合原设计规定。

10. 排放性能

发动机排放装置应齐全有效，排放污染物限值应符合国家有关标准的规定。

11. 噪声

发动机的噪声应符合国家有关标准的规定。

12. 电子控制燃油喷射系统

电子控制燃油喷射系统技术参数与性能应符合原制造厂维修技术要求。

(四)质量验收

(1)承修单位应按要求对修竣发动机的额定功率、最大转矩、燃料经济性进行检验，并达到规定的要求。

(2)发动机的装配过程中，要根据工艺要求进行过程检验并保持记录，过程检验合格的发动机进行下一步装配，装配完成后进行竣工检验，经竣工检验合格的发动机应签发合格证，并提供必要的技术文件。

(3)发动机维修技术资料应归档管理，包括发动机型号、编号、送修单位及送修人、维修过程中的更换件、维修部位、工时、人员、检验结果、判定依据和维修日期等。

(4)承修单位对大修竣工出厂的发动机应给予质量保证，质量保证期自竣工之日起，不少于半年或行驶里程为 2 万 km(以先到者为准)。送修方应按技术文件要求进行使用和维护。

四、备考要点

(1)了解发动机装配的基本顺序和基本工艺要求。

(2)掌握发动机热磨合的起始转速、终止转速、负荷的加载量、磨合时间等要求。

(3)掌握发动机验收检查项目。

(4)掌握质量验收的基本要求和保修期。

(5)能完成发动机大修后的热磨合操作。

(6)能按规定要求，完成发动机大修后的验收操作。

第二专题　变速器、驱动桥台架试验与竣工验收

一、变速器的台架磨合试验

(1)变速器装配后，应在试验台上磨合，并进行无负荷和有负荷试验。所加负荷为传递最大转矩的 30%左右。运转前，选用并按规定容量加注清洁的汽油机润滑油。各挡运转时间的总和通常不少于 1h。

(2)在运转中，第一轴转速在 1000～2000r/min，油温在 15℃～65℃时，不允许有自动脱挡和跳挡现象。操纵机构和同步器换挡应轻便、灵活、迅速、可靠。运转和换挡时均不得有异常响声。变速杆不允许有明显的抖动现象。所有密封装置不得有漏油现象。

(3)磨合与试验结束后，应进行清洗，其清洁度应符合原设计规定。非接合外露表面应涂漆或银粉。按原设计规定加注润滑油。

(4)变速器最大噪声及测试方法应符合国家有关规定。

(5)变速器经检验合格签发出厂合格证后，才能交付使用或存放。

(6)变速器应存放在通风、干燥、清洁之处，并防止锈蚀。

二、分动器的修理工艺过程检验

(1)分动器的清洗与换油方法与变速器相同。

(2)凸缘螺母应按规定力矩拧紧，拧紧后应锁止。

(3)检查各轴的轴向间隙。用手推拉齿轮轴时，应无轴向间隙感觉，转动齿轮轴时，应转动灵活，否则，应进行调整。调整方法是通过调整轴承盖与壳体的垫片厚度。

(4)检查调整分动器操纵机构。操纵杆在各挡位时，变速叉轴应能进入

定位槽，否则应调整。

(5)润滑里程表软轴。软轴弯曲半径不得小于 150mm。

三、驱动桥大修后的磨合试验

当更换驱动桥齿轮后，有条件的应在专门的试验台上进行磨合试验。试验前驱动桥应加够齿轮油，试验时应检查减速器总成和轮毂轴承部位的温升情况，如有过热现象，应拆开检查并重新调整。

(1)驱动桥总成装配后，为改善各运动配合副工作面的质量应进行磨合。磨合时应进行正转、反转、无负荷和有负荷运转。有负荷运转有两种形式：一种是将驱动桥装在汽车上进行，另一种是将驱动桥装在试验台上进行。在车上进行有负荷运转时，应将驱动桥顶起，将变速器挂入适应于传动轴转速为 1400～1500r/min 的挡位，并将一边车轮的制动间隙适当调小，使各齿轮与轴承都具有一定的工作负荷，以比较有负荷和无负荷运转的情况。这种试验形式适用于规模不大的修理单位。

(2)在试验台上进行有负荷运转时，主动轴的转速应为 1400～1500r/min。

(3)驱动桥磨合试验前，应按规定油量加注比正常使用黏度低的润滑油。试验时主动轴运转 5min 后应用手摸外壳各轴承处不应有过热的感觉(约 60℃)，并查听有无不正常的响声(允许有均匀的齿轮啮合声)或高低变化的敲击声；观察各密封处，不得有漏油现象。

(4)驱动桥磨合试验的总时间应根据试验中发现的问题而定，但最短一般不少于 1.5h，带负荷运转一般不超过 15min。

四、备考要点

(1)了解变速器、分动器、驱动桥台架试验的基本要求。

(2)掌握变速器、分动器验收的主要检查项目。

(3)能按规定要求，完成变速器和分动器大修后的验收操作。

第三专题 自动变速器性能检测

一、自动变速器失速试验

在前进挡或倒挡中，踩住制动踏板并完全踩下加速踏板时，发动机处于最大转矩工况，而此时自动变速器的输出轴和输入轴均静止不动，变矩器的蜗轮不动，只有变矩器壳及泵轮随发动机一同转动，此工况称为失速工况，此时发动机的转速称为失速转速。

(一)准备工作

(1)让汽车行驶至发动机和自动变速器均达到正常工作温度。

(2)检查汽车的行车制动和驻车制动,确认其性能良好。

(3)检查自动变速器液压油,油面高度应正常,油质良好。

(二)试验步骤

(1)如图 1-3-1 所示,将汽车停放在宽阔的水平路面上,前后车轮用三角木塞住。

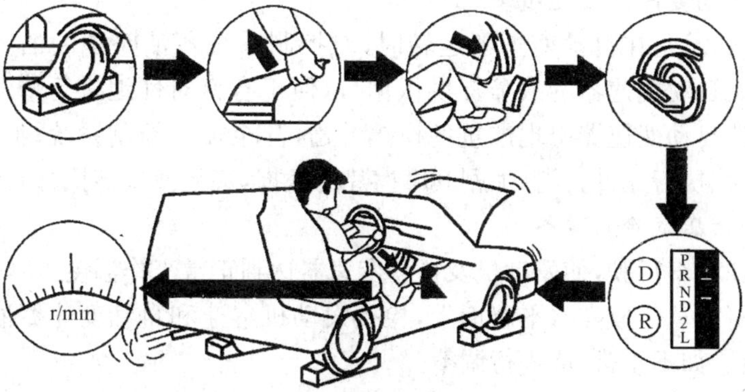

图 1-3-1　自动变速器失速试验

(2)拉紧驻车制动,左脚用力踩住制动踏板。

(3)起动发动机。

(4)将操纵手柄拨入 D 位。

(5)在左脚踩紧制动踏板的同时,用右脚将加速踏板踩到底,在发动机转速不再升高时,迅速读取此时发动机的转速。

(6)读取发动机转速后,立即松开加速踏板。

(7)将操纵手柄拨入 P 或 N 位置,让发动机怠速运转 1min,以防止液压油因温度过高而变质。

(8)将操纵手柄拨至其他挡位(R、L 或 2、1),做同样试验。

(三)试验注意事项

在失速工况下,发动机的动力全部消耗在变矩器内液压油的内部摩擦损失上,液压油的温度急剧上升;因此,在失速试验中,从加速踏板踩下到松开的整个过程的时间不得超过 5s,否则会使液压油温度过高而变质,甚至损坏密封圈等零件。在每一个挡位试验完成之后,不要立即进行下一个挡位的试验,要等油温下降之后再进行。试验结束后不要立即熄火,应将操纵手柄拨至空挡或停车挡,让发动机怠速运转几分钟,以便让液压油温度降至正常。如果在试验中发现驱动轮因制动力不足而转动,应立即松开加速踏板停止试验。

不同车型的自动变速器都有其失速转速标准。大部分自动变速器的失速转速标准值为2300r/min左右，若失速转速与标准值相符，说明自动变速器的油泵、主油路油压及各个换挡执行元件工作基本正常；若失速转速高于标准值，说明主油路油压过低或换挡执行元件打滑；若失速转速低于标准值，则可能是发动机动力不足或液力变矩器有故障。

二、自动变速器油压试验

油压试验是在自动变速器运转时，对控制系统各油路中的油压进行测量，为分析自动变速器的故障提供依据，以便于有针对性地进行修复。油压过高，会使自动变速器出现严重的换挡冲击，甚至损坏控制系统；油压过低，会造成换挡执行元件打滑，加剧其摩擦片的磨损，甚至使换挡执行元件烧毁。

（一）油压试验的准备

(1)让汽车行驶，使发动机及自动变速器达到正常工作温度。

(2)将汽车停放在水平路面上，检查发动机怠速和自动变速器液压油的油面高度。如不正常，应进行调整。

(3)准备一个量程为2MPa的压力表。

(4)找出自动变速器各个油路测压孔的位置。通常在自动变速器外壳上有几个用方头螺塞堵住的用于测量不同油路油压的测压孔。如果没有资料确定各油路的测压孔时，可用举升器将汽车升起，在发动机运转时分别将各个测压孔螺塞松开少许，观察各测压孔在操纵手柄位于不同挡位时是否有压力油流出，以此判断各油路测压孔的位置。

（二）前进挡油压试验步骤

下面以丰田自动变速器主油路油压测试为例说明油压试验步骤及前进挡主油路油压的测试。

(1)拆下自动变速器壳体上主油路测压孔或前进挡油路测压孔螺塞，接上油压表。

(2)用三角木将车固定住，起动发动机，将操纵手柄拨至前进挡位置，读出发动机怠速运转时的油压。该油压即为怠速工况下前进挡主油路油压。

(3)用左脚踩紧制动踏板，同时用右脚将加速踏板完全踩下，在失速工况下读取油压。该油压即为失速工况下的前进挡主油路油压。

将操纵手柄拨至空挡或停车挡，让发动机怠速运转1min以上。将操纵手柄拨至各个前进低挡位置，重复上述步骤，读出各个前进低挡在怠速工况和失速工况下的主油路油压。

（三）倒挡主油路油压测试

(1)拆下自动变速器壳体上主油路测压孔或倒挡油路测压孔螺塞，接上油压表。

(2)起动发动机,将操纵手柄拨至倒挡位置,读出发动机怠速运转时的油压。该油压即为怠速工况下的倒挡主油路油压。

(3)用左脚踩紧制动踏板,同时用右脚将加速踏板完全踩下,在失速工况下读取油压。该油压即为失速工况下的倒挡主油路油压。

将操纵手柄拨至空挡或停车挡,让发动机怠速运转1min以上,将测得的主油路油压与标准值进行比较。

不同车型自动变速器的主油路油压不完全相同。若主油路油压不正常,说明油泵或控制系统有故障。主油路油压不正常的可能原因分析见表1-3-1。

表 1-3-1　主油路油压不正常的可能原因

工况	测试结果	故障原因
怠速	所有挡位的主油压均太低	1. 油泵故障 2. 主油路调压阀卡死 3. 主油路调压阀弹簧太软 4. 节气门拉索或节气门位置传感器调整不当 5. 主油路泄漏
	前进挡和前进低挡主油路油压太低	1. 前进挡离合器活塞漏油 2. 前进挡油路泄漏
	前进挡主油路油压正常,前进低挡主油路油压太低	1. 一挡强制离合器或三挡强制离合器活塞泄漏 2. 前进低挡油路泄漏
失速	前进挡主油路油压正常,倒挡主油路油压太低	1. 倒挡及高挡离合器活塞漏油 2. 倒挡油路泄漏
	所有挡位的主油压均太高	1. 节气门拉索或节气门位置传感器调整不当 2. 主油路调压阀卡死 3. 主油路调压阀弹簧太硬 4. 油压电磁阀损坏或线路故障
	低于标准油压	1. 节气门拉索或节气门位置传感器调整不当 2. 油压电磁阀损坏或线路故障 3. 主油路调压阀弹簧太软
	明显低于标准油压	1. 油泵故障 2. 油路泄漏

三、自动变速器时滞试验

在发动机怠速运转时将操纵手柄从N挡拨至前进挡或倒挡后,需要有一段时间的迟滞或延时才能使自动变速器完成换挡工作,这一时间称为自动变速器换挡迟滞时间。时滞试验就是测出自动变速器换挡迟滞时间,根据迟滞时间的长短来判断主油路油压及换挡执行元件工作是否正常。

（一）试验方法

(1)如图 1-3-2 所示，行驶汽车，使发动机和自动变速器达到正常工作温度(50℃～80℃)。

(2)将汽车停放在水平路面上，拉紧驻车制动。

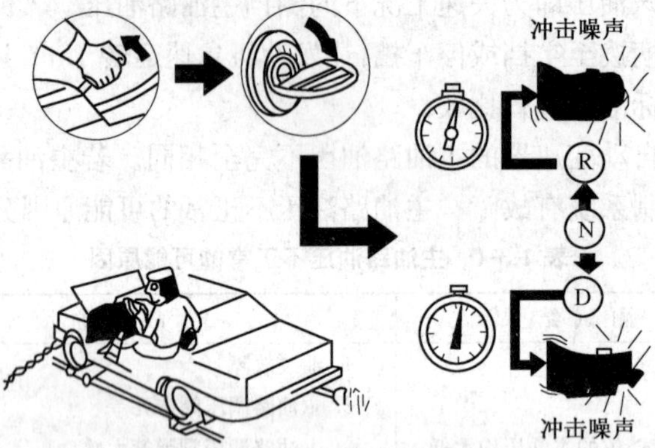

图 1-3-2 自动变速器时滞试验

(3)将选挡杆分别置于“N”位和“D”位，检查其怠速，“D”位怠速低于“N”位怠速约 50r/min，如不正常，应按规定予以调整。

(4)将自动变速器选挡杆从“N”位拨至“D”位，用秒表测量从拨动选挡杆开始到感觉汽车振动为止所需的时间，该时间称为 N—D 迟滞时间。

(5)将选挡杆拨至 N 位，使发动机怠速运转 1min 后，再做一次同样的试验。

(6)共做 3 次试验，取平均值作为 N—D 迟滞时间。

(7)按上述方法，将选挡杆由“N”位拨至“R”位，测量 N-R 迟滞时间。

（二）试验分析

(1)大部分自动变速器 N—D 迟滞时间小于 1.0s，N-R 迟滞时间小于 1.2s。

(2)N—D 迟滞时间过长，则说明主油路油压过低、前进离合器磨损过大或超速排单向离合器工作不良。

(3)若 N—R 迟滞时间过长，则说明倒挡油路油压过低、倒挡离合器或倒挡制动器磨损过大，或超速排单向离合器工作不良。

（三）注意事项

(1)时滞试验时，使发动机和自动变速器达到正常工作温度。

(2)进行完一个挡位的试验后，使发动机怠速运转 1min 后，再做另一个试验。

(3)共做 3 次试验，取其平均值。

四、备考要点

(1)了解失速试验、油压试验、时滞试验的目的。

(2)掌握失速试验、油压试验、时滞试验的正确方法。

(3)能按规定要求，完成失速试验、油压试验、时滞试验的操作。

(4)能对试验结果作出正确的分析与判断。

第四专题　制动性能测试与调整

行车制动、驻车制动和应急制动系统的技术性能的测试作业，主要是指对车辆的制动距离、制动时方向的稳定性、驻车能力等项目的测试。制动性能的检查主要有两种方式，一是道路试验，二是利用台试检测设备。条件允许时，尽可能地利用设备检查，条件不允许时，应通过路试检查，对台试检测或空载检查结果有争议时，可用路试进行复检，并以满载时路试结果为准。本专题以道路测试为主。路试时，检测不同的参数，需要使用不同的仪器，根据国家车辆制动性能道路检测的有关要求，路试中主要使用五轮仪或非接触式速度计、制动减速度仪等。传统的以轮胎拖印长度判断制动性能的方法，只能作为简易判断制动性能的一种参考，不能作为最终判断依据。国标中规定，制动距离、制动减速度、制动力三项中有一项符合国标，被检车辆的制动性能即为合格。

一、基本技术标准

(1)行车制动系统在规定初速度下的制动距离和制动跑偏量符合表1-3-2(国标 GB7258—2004)的规定；充分发出的平均减速度和制动稳定性符合表1-3-3(国标 GB7258—2004)的规定。

表 1-3-2　制动距离和稳定性要求

车辆类型	制动初速度(km/h)	满载时制动距离(m)	空载时制动距离(m)	制动时车辆任何部位不得超出的试车道宽度(m)
座位数≤9 的乘用车	50	≤20	≤19	2.5
总质量≤3.5t 低速货车	30	≤9	≤8	2.5
其他总质量≤4.5t 汽车	50	≤22	≤21	2.5
其他汽车、汽车列车	30	≤10	≤9	3.0

表 1-3-3 制动减速度和稳定性要求

车辆类型	制动初速度(km/h)	满载时充分发出的平均减速度(m/s^2)	空载时充分发出的平均减速度(m/s^2)	制动时车辆任何部位不得超出的试车道宽度(m)
座位数≤9 的乘用车	50	≥5.9	≥6.2	2.5
总质量≤3.5t 低速货车	30	≥5.2	≥5.6	2.5
其他总质量≤4.5t 汽车	50	≥5.4	≥5.8	2.5
其他汽车、汽车列车	30	≥5.0	≥5.4	3.0

(2)驻车制动系统在空载状态下,坡面附着系数大于 0.7 时,总质量为整备质量 1.2 倍以下的车辆,其驻车应保持在坡度为 15%的坡道上,其他车辆保持在坡度为 20%,固定不动的时间为 5min,且正反两个方向均能满足要求。

(3)应急制动系统在空载和满载状态下,应满足表 1-3-4(国标 GB7258—2004)的规定。

表 1-3-4 应急制动性能要求

车辆类型	制动初速度(km/h)	制动距离(m)	空载时充分发出的平均减速度(m/s^2)	允许的操纵力(N)	
				手操纵	脚操纵
座位数≤9 的乘用车	50	≤38	≥2.9	400	500
其他客车	30	≤18	≥2.5	600	700
其他汽车(三轮车除外)	30	≤20	≥2.2	600	700

(4)制动时,制动力应随踏板行程的增加而平稳增加,放松踏板时,制动应能迅速消失,无拖滞现象;在汽车运行中,无自动制动现象;抗热衰退和水湿恢复能力符合原厂规定。

二、基本技术规范

(一)检查前的准备工作

(1)检查制动系统应无漏气、漏油、卡滞或松动现象。

(2)轮胎气压符合标准,胎压偏差不超过±10kPa;花纹间无异物,花纹深度不小于原深度的 20%。

(3)踏板力和踏板自由行程符合 GB7258 中的规定。

(4)按规定要求装载,满载检测时,所有货物装载应均匀布置在车厢内,不能超高、超宽、超长、超重,制动时,货物不得移动,质量不能有损失。

(5)检测仪器、设备检校正确;选择干燥、清洁、平直的水泥或沥青路面,路面与轮胎间的摩擦系数为0.7,路面纵向坡度不大于1%,并标记试车检查通道宽度。

(二)行车制动性能的路试检查

(1)检查制动距离和制动跑偏量。检查制动距离时,应按国家规定使用速度计、五轮仪或其他检测方法测量;路偏量用目视检查的方法。无检测仪器时,可用测量紧急制动时轮胎拖印长度的方法作概略判断,其试验条件与仪器检查时一致,没有装备制动力调节装置的汽车,可采用此方法,但对装备有ABS等制动力调节装置的汽车,在路试检查制动距离时,无法使用拖印的简易检查方法,应按国家规定的检测方法和仪器进行检查。

(2)检查充分发出的平均减速度、制动协调时间和制动跑偏量。检查充分发出的平均减速度和制动协调时间,应按国家规定使用速度计、减速度计或其他检测方法测量;制动系统协调时间,在踏板开始动作至规定的车辆充分发出的平均速度75%时所需的时间,应符合原车规定;路偏量用目视检查的方法。

(3)路试过程中,车辆应行驶到正常热状态;在达到试验初速度、踩制动踏板前,应挂入空挡。

(4)以上两种行车制动性能的检查方式,都必须达到GB7258中规定的路试条件,且只要符合其中之一,即为合格。

(三)驻车制动性能的检查

(1)根据被检车辆的总质量和整备质量大小,选择检查坡度。

(2)被检车辆需空载。

(3)拉紧驻车制动操纵杆后,车辆在坡道上停稳、人员下车后,才能开始计时。

(4)在规定的时间内,车辆不得有任何移动。

(四)应急制动性能的检查

(1)首先应检查车辆是否具有有效的应急制动装置,如受检车辆具有有效的应急制动装置,则不必再检查其应急制动性能;如受检车辆没有应急制动装置或对其应急制动装置有质疑时,可按规定进行检查。

(2)检查应急制动性能时,应在被检车辆的行车制动系统一处管路失效的情况下进行。

(3)检查结果应满足表1-3-4的规定。

(五)其他性能的检查

其他性能应符合基本技术标准中(4)的要求。

路试后，检查各车轮制动鼓是否过热，如果四轮都过热，则说明制动控制系统有故障，如果某一轮过热，则可能是该轮的制动器有故障。对盘式制动器，由于其蹄片间隙很小，且具有自动调整功能，车辆运行一段时间后，制动盘温度很高，不可用手直接触摸，以防烫伤。

三、制动蹄片间隙的检查调整

1. 制动蹄片间隙的检查

检查制动蹄片间隙前，应首先检查制动器摩擦片的厚度。摩擦片的厚度可通过制动底板上的检视孔检查。检查时，将检视孔上的防尘塞取下，测量摩擦片的厚度，当厚度小于 6mm 时，说明摩擦片已达到磨损极限，应更换摩擦片。其次，检查蹄片工作表面至铆钉孔中铆钉头的距离，如小于 0.6mm，应更换新摩擦片。更换摩擦片后再检查制动蹄片间隙。

制动蹄片间隙检查方法如下：

(1)支起车桥，使车轮能自由转动。

(2)取下检视孔(EQ1118GA 检视孔在车轮内测，CA1121J 检视孔在车轮外测)防尘塞。

(3)用塞尺在检视孔处测量，检查间隙是否符合要求。

2. 制动蹄片间隙的调整

(1)支起车桥，取下检视孔防尘塞，压下锁止套。

(2)转动蜗杆轴，使制动摩擦片与制动鼓接触，前轮顺时针后轮逆时针制动蹄片间隙变小，调整部位如图 1-3-3 所示。

(3)反向转动蜗杆轴，使制动鼓能自由转动。

(4)用塞尺在检视孔处测量，直到制动蹄片间隙符合要求为止。

(5)锁紧调整螺栓，戴上防尘塞，松下锁止套。

(6)制动蹄片间隙调整好后，用手扳动制动摇臂，凸轮轴应能够转动自如，放松制动摇臂后，凸轮轴应能自动回位，不得有卡滞现象。

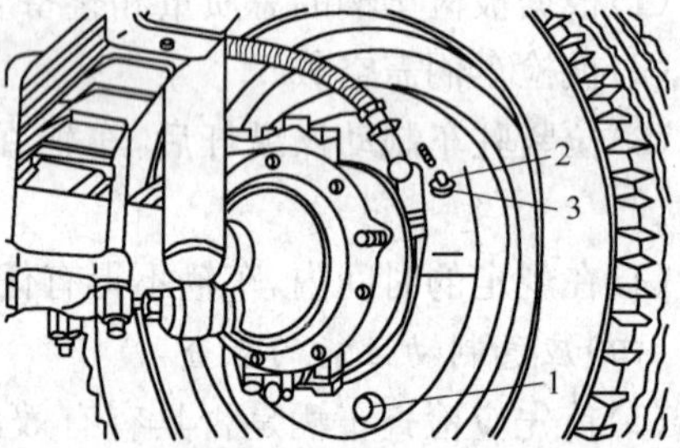

图 1-3-3　制动蹄片和制动鼓间隙的调整部位

1. 偏心轮螺栓　2. 支撑销　3. 锁紧螺母

3. 检查制动效果

在平直道路上检验制动效果，根据各轮制动拖印对各车轮制动器的蹄片间隙进行微调，直到各车轮制动效果趋于一致为止。

四、备考要点

(1)了解制动性能道路试验的基本技术要求。

(2)能完成行车制动系统和驻车制动系统的道路试验操作。

(3)能完成制动蹄片间隙的调整作业。

第五专题　整车大修竣工验收

一、整车大修竣工出厂规定

根据交通部第13号令《汽车运输业车辆技术管理规定》,汽车修竣出厂应符合下列规定:

(1)送修汽车或总成修竣检验合格后,承修单位应签发出厂合格证,并将技术档案、维修技术资料和合格证一并移交托修方。

(2)汽车或总成修竣出厂时,不论送修时的装备(附件)状况如何,均应按照有关规定配备齐全。发动机应安装限速装置。

(3)接车人员应根据合同规定,就汽车或总成的技术状况和装备情况等进行验收,如发现有不符合竣工要求的情况时,承修单位应立即查明,及时处理。

(4)托修方必须严格执行汽车磨合期规定,在质量保证期内因维修质量发生故障或提前损坏时,承修方应及时排除,免费维修。

汽车大修竣工检验包括路试前的外部检视,路试及台架检验,路试后的检查(并清除故障)以及全车综合性能的检测四个阶段。

汽车修竣后必须按照《汽车大修竣工出厂技术条件》以及其他现行相关标准进行严格检验。首先进行外部检视,然后进行汽车的路试和台架检验。汽车经路试后的检查并排除故障后,送交汽车综合性能检测站进行检测。检测合格的车辆由维修企业签发汽车大修出厂合格证后,车辆准予出厂。

二、整车大修竣工检验

(一)外部检视

修竣车辆在静态下,通过外部检视,检查汽车外部技术状况、装备完整情况、各总成和仪表的工作情况。

外部检视的主要内容包括油漆补修涂装质量,各总成装备完整齐全,车轮定位,车轮轮距,前后轴距,转向盘游动量,离合器、制动踏板自由行程,驻车制动,灯光信号标志、有效光照,喇叭音质,仪表及指示值,后视镜,电器线路、各管路、接头连接与牢靠状况,全车润滑油脂、冷却液、制动液、电解液加注与密封状况,轮胎换位与充气,发动机、散热器、驾驶室、车厢、底盘、各部的密封、紧固、锁止技术状况。外部检视结果要逐一填表登记。

(二)路试和台架检验

车辆外部检视完成后,应按照技术标准,采用台架检验和路试检验的方法对汽车修理质量进行全面检验。目的是检查发动机与底盘的工作情况,并消除检验中未发现的缺陷,以保证汽车的修理质量。

汽车路试检验应在平坦、干燥、清洁的高级或次高级路面,长度和宽度适应测试要求,纵向坡度不大于1%的直线道路上往返进行,测试数据取平均值。汽车路试检验主要包括以下内容:

(1)起步性能检查。

(2)转向性能的检查。

(3)变速器换挡的检查。

(4)驻车制动性能和车轮制动性能检查。

(5)传动轴、驱动桥工作情况检查。

(6)滑行性能试验。

(7)动力性检查。

(8)燃料经济性检查。

(9)加速性能检查。

(10)冷却液、发动机等部油液的液面高度、温度与压力检查。

(11)异响、最大噪声的检查。

(12)排气污染的检查。

(13)灯光、信号、仪表指示值的检查。

(14)发动机各工作状况的检查。

(三)路试后的检查

(1)制动盘鼓、轮毂、变速器壳体、驱动桥壳体、传动轴中间轴承、齿轮轴、机油、冷却液等温度是否正常。

(2)全车各部位的密封状况。

(3)再次检查各重要部位螺栓、螺母的紧固锁止状况(如转向、传动、悬架、中间传动轴、轮毂等)。

(4)检查轮胎气压。

(四)全车综合性能检测

汽车大修竣工,经外部检视合格后,维修企业可利用不解体检测诊断设备在路试中和路试后对车辆进行检查调整并消除故障,然后对车辆进行综合性能检测。若维修企业不具备综合检测能力,可委托相应级别的综合性能检测站进行检测。《汽车运输业车辆综合性能检测站管理办法》规定A级站和

B级站出具的检测结果证明,可以作为维修单位维修质量的证明。维修企业可据检测站出具的检测合格报告签发汽车大修竣工出厂合格证。

三、备考要点

(1)了解大修后车辆的出厂规定。

(2)掌握道路试验的项目和方法。

(3)能按规定要求完成道路试验项目,并能根据试验结果,作出是否符合出厂规定的初步结论。

模块四　汽车常见故障诊断与排除

第一专题　电控汽油发动机常见故障的诊断

一、电控汽油发动机起动困难

(一)故障现象

起动时曲轴转速正常,但发动机起动困难,无法进入怠速状态。

(二)故障原因

(1)空气供给装置有漏气部位。

(2)燃油供给系统供油压力不足。

(3)冷却液温度传感器工作不良。

(4)空气流量计有故障。

(5)怠速控制阀工作不良。

(6)喷油器漏油或雾化不良。

(7)气缸压力过低。

(8)冷起动喷油器不工作(如果安装冷起动喷油器的发动机)。

(9)点火正时失准。

(三)故障诊断

发动机起动困难故障诊断与排除流程如图 1-4-1 所示。

二、电控汽油发动机怠速不良

(一)故障现象

发动机怠速运转不稳定、转速忽高忽低,发动机机体抖动。

(二)故障原因

(1)怠速调整过低。

(2)发动机电子控制系统故障。

(3)怠速控制阀工作不良。

(4)点火、供油系统工作不良。

(5)废气再循环控制阀故障。

(6)发动机机械故障。

(三)故障诊断

(1)检查发动机怠速转速,若不正常应按规定调整发动机怠速。检查快怠速装置是否有效,否则应予以排除。

(2)用解码器检测发动机电控系统工作状况,包括点火提前角、空燃比、

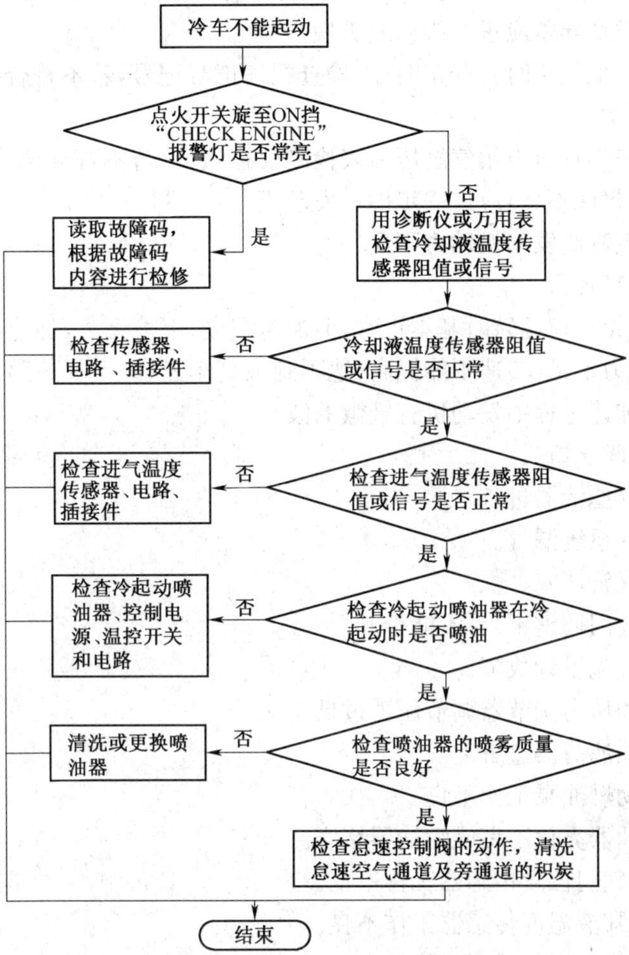

图 1-4-1　发动机起动困难故障诊断与排除流程图

进气压力传感器或空气流量计信号、喷油脉宽、冷却液温度传感器信号、氧传感器信号等，若发现异常应予以排除。若有故障码，则按故障码含义查找故障原因和故障部位。

(3)使用燃油压力表检测燃油压力，如燃油压力低于标准，则检查燃油泵、燃油滤清器和燃油压力调节器是否正常，若发现异常应予以排除。

(4)用断缸法检查发动机各气缸工作是否正常，若某气缸断缸后发动机转速无明显下降，则可判断该气缸工作不良或不工作。应检查喷油器以及火花塞工作情况，若发现异常应予以排除。

(5)检查气门间隙是否正确，若不正确应进行调整。

(6)对装有废气再循环控制阀的车辆,应检查废气再循环控制阀是否关闭不良,若发现异常应进行维修或更换。

(7)检查配气正时打开正时盖,检查配气正时记号,若不符合技术标准应予以重新装配。

(8)检查气缸压力用气缸压力表检测气缸压力,若不符合技术标准,则发动机气缸密封性不良,应进一步拆检发动机。

三、电控汽油发动机动力不足

(一)故障现象

发动机无负荷运转时基本正常,但加速缓慢,上坡无力,加速踏板踩到底时仍感到动力不足,转速不能提高,达不到最高车速;踩下加速踏板后发动机加速迟缓,加速过程中发动机有轻微的波动。

(二)故障原因

(1)空气滤清器过脏。

(2)进气系统漏气。

(3)排气管堵塞。

(4)节气门调整不当,不能全开。

(5)空气流量计故障。

(6)燃油压力调节器调节压力过低。

(7)燃油滤清器过脏。

(8)电动燃油泵工作不良。

(9)喷油器雾化不良或喷油器堵塞。

(10)节气门位置传感器工作不良。

(11)冷却液温度传感器工作不良。

(12)曲轴位置传感器工作不良。

(13)点火控制器工作不良。

(14)点火正时失准。

(15)高压火花太弱。

(16)机械故障。由于气门密封性变差、活塞环漏气、气缸垫漏气以及配气相位失准等原因而导致缸压过低。

(三)故障诊断与排除

发动机动力不足的故障诊断与排除流程如图 1-4-2 所示。

四、电控汽油发动机加速不良

(一)故障现象

汽车行驶过程中,加速不畅或加速无力。

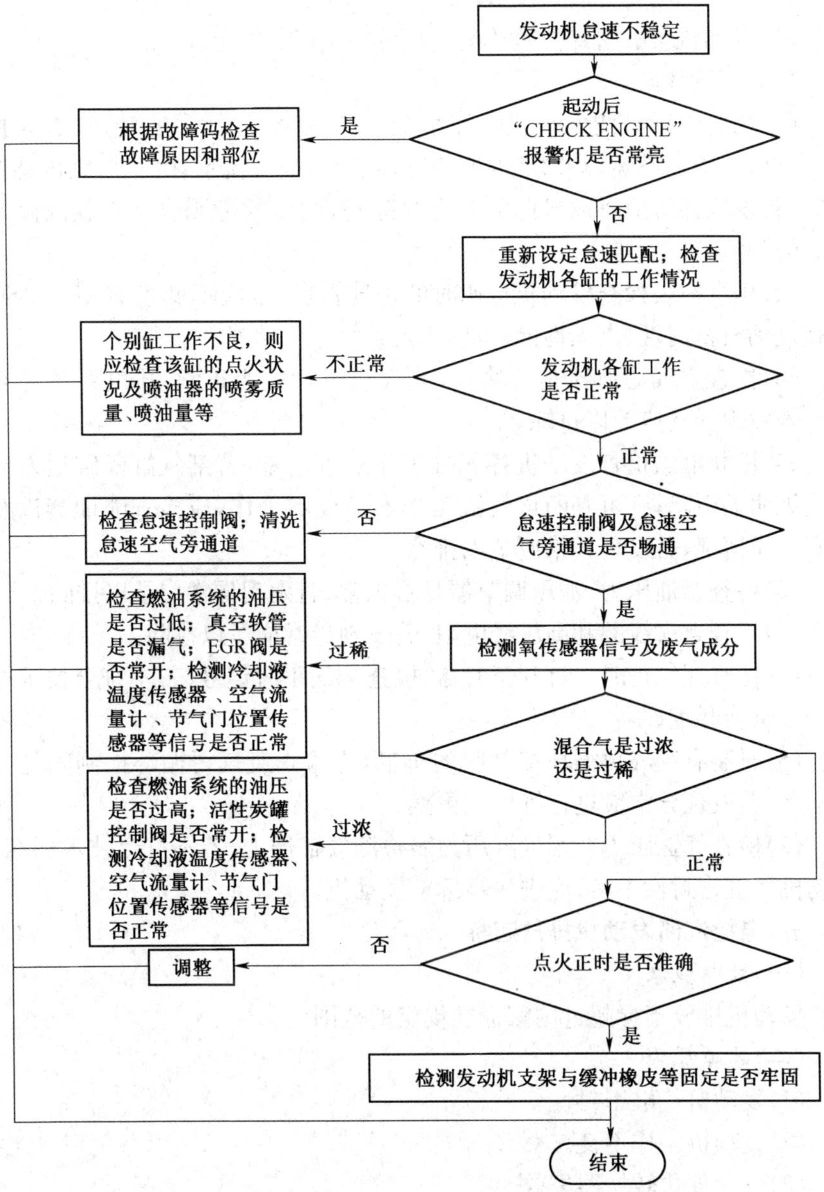

图 1-4-2　发动机动力不足的故障诊断与排除流程

（二）故障原因

（1）进、排气系统不畅通。

（2）燃油系统故障。

（3）点火系统故障。

(4)发动机电子控制系统故障。

(5)发动机气缸密封性差或配气相位不正确。

(三)故障诊断

(1)用解码器检测发动机电控系统工作状况,包括怠速转速、点火提前角、空燃比、喷油脉宽、冷却液温度传感器信号、空气流量计信号、氧传感器信号等,若发现异常应予以排除。若有故障码,则按故障码含义查找故障原因和故障部位。

(2)用真空表检查发动机怠速时的进气管负压,应不低于60kPa,否则应检查发动机密封性、点火性能、空燃比及各缸工作情况。

(3)检查空气滤清器是否堵塞,节气门位置是否正常,排气系统是否堵塞。若发现异常应予以排除。

(4)用断缸法检查发动机各气缸工作是否正常,若某气缸断缸后发动机转速无明显下降,则可判断该气缸工作不良或不工作,应检查喷油器以及火花塞工作情况,若发现异常应予以排除。

(5)检查燃油压力、油压调节器是否正常,若发现异常应予以排除。

(6)检查点火线圈和高压线电阻,若发现异常应予以排除。

(7)检查配气正时。打开正时盖,检查配气正时记号,若不符合技术标准应予以重新装配。

(8)对装有废气再循环控制阀的车辆,应检查废气再循环控制阀是否工作不良,若发现异常应进行维修或更换。

(9)检查气缸压力。用气缸压力表检测气缸压力,若不符合技术标准,则发动机气缸密封性不良,应进一步拆检发动机。

五、电控汽油发动机排放超标

(一)故障现象

发动机排放指标超过国家标准规定的范围。

(二)故障原因

(1)发动机气缸密封性变差。

(2)发动机工作不良。

(3)三元催化转换器失效。

(三)故障诊断

(1)用真空表检查发动机怠速时的进气管负压,应不低于60kPa,否则应检测气缸压力。若压力过低,则需检查气缸密封性;如气缸磨损严重,需进行发动机大修。

(2)用解码器检测发动机电控系统工作状况,包括怠速转速、点火提前角、空燃比、喷油脉宽、进气压力传感器或空气流量计信号、冷却液温度传感器信号、氧传感器信号等。若发现异常应予以排除。

(3)检查燃油压力、喷油器、油压调节器是否正常，若发现异常应予以排除。

(4)检查点火性能以及各气缸的工作情况，若发现异常应予以排除。

(5)检查三元催化转换器，若发现异常应予以排除。

六、备考要点

(1)能准确的判断出故障现象。

(2)能正确的分析故障原因。

(3)能通过正确的程序和方法找出故障点。

第二专题　柴油发动机常见故障的诊断

一、柴油发动机起动困难

(一)起动时，柴油发动机转速过低的故障原因及排除方法

1. 蓄电池存电不足或接头松动

当蓄电池存电不足时，因起动机的转速不够，柴油发动机便因达不到起动转速而难以着火。此时应将蓄电池充足电后再行使用。若接线松动应及时拧紧，否则起动时松动的接头处会冒火花。

2. 起动机电刷与换向器接触不良或电路早通以致顶齿

电刷接触不良时会跳火花，此时应检查换向器是否松脱或凹凸不平，若有则应修磨并更换电刷。

电磁开关电路早通时，起动机会空转，因齿轮不啮合，无法带动柴油发动机转动。这时应检修线路，必要时更换起动机。

顶齿是指起动机齿轮与飞轮齿圈的距离不当，可通过调整起动机电磁开关下面的偏心轴来解决。

3. 机油黏度大，起动阻力大

天气冷时机油黏度大，导致发动机转速慢，以致难以着火。此时可向散热器加热水以及对机油加温。

(二)燃油供给系统的故障与排除方法

若按下起动按钮，排气管不冒烟，说明气缸无柴油进入。此时首先应检查油箱燃油是否充足；若油箱内有油，可按下述方法逐一查找。

1. 燃油系统中有空气

如果管路因连接不好有渗漏，修复后应排除燃油系统中的空气。即松开燃油滤清器和高压油泵的放气螺钉，扳动输油泵排出空气，直到放气螺钉处

没有气泡冒出为止，再把放气螺钉拧紧。

2. 柴油中有水

若起动时排气管冒白烟，表明燃油中有水混入，其原因可能是燃油滤清器使用时间过久，底部积存的水太多，此时可取下柴油滤清器排除底部积水。

3. 输油泵进油管接头滤网堵塞

该滤网堵塞后便没有足够的燃油输送给喷油泵，也会使气缸断油而不能起动。应清除堵塞物，使油路畅通。

(三)高压油泵或喷油器工作不良

1. 起动(加浓)油量过小

若加速踏板踩到底时仍然不能起动柴油发动机，应在油泵试验台上检查调整起动油量。

2. 喷油泵不泵油

原因可能是调节齿圈松脱使柱塞斜槽与回位油孔相通，也可能是柱塞弹簧断裂或柱塞开裂，可打开喷油泵侧盖进行观察、判断。故障排除后，应在油泵试验台上重新调整起动及其他工况的供油量。

3. 出油阀密封不严或弹簧断裂

可根据情况研磨出油阀或更换出油阀弹簧，修复后再上试验台调整供油量。

4. 输油泵活塞磨损或止回阀变形

出现这种故障时，输油泵输油量将明显下降。检查的方法是先把出油管接头松开，检查输油泵是否有油压出。如果按动手油泵泵油时，油有节奏地被压出，表明止回阀没有故障，输油量少是因输油泵活塞损坏所致；如果按动手油泵时出油不正常，说明输油泵止回阀有故障，如有必要，应进行输油试验，检查输油泵是否恢复正常。

(1)在输油泵进油口连接直径为8～10mm、长2m的胶管，并放到相距1m、有燃油的油箱里。

(2)转动高压油泵带动输油泵工作：在高压油泵60r/min内的转速能使输油泵吸进并泵出燃油者为合格；当高压油泵的转速在120r/min以上时，输油泵仍未供油则为不合格。

5. 喷油器偶件工作不正常

其原因：柴油不干净，或者喷油器冷却不良而使喷油嘴变形；喷油压力过低，柴油雾化、燃烧不良，积炭过多，导致喷油嘴堵塞。

处理方法：清洗柴油滤清器，清除积炭；若喷油嘴无卡滞，再将喷油器上试验台调整其喷油压力到(23±0.5)MPa。

喷油器的故障可采用“停缸法”检查：分别把各缸喷油器油管接头螺母松开，逐一使各缸喷油器停止喷油，如哪一缸喷油器停止供油后柴油发动机转速没有变化，即可判定该缸喷油器有故障。

6. 供油提前角调整不当

CA6110A 型柴油发动机供油提前角应为 12°～14°。

供油提前角过大会出现敲缸及冒黑烟现象，影响柴油发动机性能；供油提前角太小，则燃烧不良致使柴油机排气管冒白烟。

（四）气缸压缩压力不足

气缸压缩压力不足是柴油机起动困难的重要原因之一。

气门漏气、气缸垫烧损、活塞和活塞环过度磨损，以及活塞环粘接或端口重叠等都可能造成气缸压缩压力不足。

气门漏气时，可在排气管处听到“嚓、嚓”的异响。如果是由于气门间隙调整不当（过小）应按标准值调整气门间隙。此外，气门密封不良时也会漏气，这时就需研磨气门和气门座。

气缸套、活塞和活塞环过度磨损或活塞环端口重叠时，将会有大量废气窜入曲轴箱并带着机油从呼吸器排出，同时也会有大量机油窜入气缸，使排气略呈蓝色。在这种情况下必使机油消耗量猛增。对此，应按 CA6110、BF6M1013EC 型柴油发动机说明书的规定，检查这些零件韵磨损是否超标，必要时予以更换。

（五）配气定时不准

气门间隙过大会使得进气量不足，降低充气效率（或者排气不彻底，也影响进气量），最终会影响柴油发动机的性能，同时可能产生较大的噪声。如果气门间隙过小，除了造成气门关闭不严、降低压缩压力等问题之外，还可能使排气门烧损，甚至引起气门撞击活塞顶的现象。所以，气门间隙即配气定时必须调准。

1. 气门间隙不正常

具体调整方法是顺时针方向转动曲轴，使第 11、12 气门（由柴油发动机前端数）处于“交换”状态，此时机体前端的指针正对 V 带轮刻度盘零位，第一缸活塞正处于压缩上止点。在冷态的情况下，此时可依次调整第 1、2、3、6、7、10 气门的间隙；接着顺时针方向转动曲轴 1 周（360°），再调整其余气门的间隙。

2. 齿轮系统正时标记装错

齿轮系统正时标记装错会使配气相位不对而引起不良后果。配气正时必须在齿轮安装位置正确时才能进行调整，所以正时齿轮安装时必须使正时标记正确对位。

正时齿轮的安装位置是否可用如下的方法来检查：调整好气门间隙后，转动曲轴使第一缸活塞处于排气上止点（此时进、排气门叠开）。用手轻轻捻动第一缸进气门推杆，缓慢地逆时针方向转动曲轴，在进气门推杆由不动到动的瞬间立即停止转动曲轴。此时进气门正处在开与闭的过渡点，齿轮室盖上的指针应指在（V带轮刻度）上止点前15°；如果指针提示的位置相差太大即表明正时齿轮安装时标记没有对正，必须打开齿轮室盖进行检查、调整。

二、柴油发动机运转不稳

柴油机转速不稳大多数与调速器有关，这需要在喷油泵测试台上由专业维修人员进行全面的检测和调试。但也有部分故障可以由驾驶员自己处理。

柴油发动机车速不稳且无规律时，应先检查燃油中是否含有空气和水分。拧松油箱底部的放油螺塞，看放出来的油是否含水；若柴油已成为白色泡沫状，说明过量的水已与柴油混在一起，此时应将油箱内的柴油全部换掉。若柴油发动机转速虽不稳，但却很有规律时，则与油中含空气或水无关，可主要检查喷油泵和调速器。

1. 检查油量调节齿杆

若油路中没有空气和水分，可以打开喷油泵边盖，向后推动供油拉杆（齿圈或拨叉），检查供油拉杆（或齿杆）移动是否灵活；若不够灵活；可向供油拉杆（或齿杆）多处加注少量新机油，并用手反复拨动供油拉杆（齿圈或拨叉）。

若齿杆移动仍不灵活，可将全部出油阀座上的高压油管接头松开，逐个拧松出油阀座压紧螺栓，若某缸出油阀座压紧螺栓拧松后供油拉杆（或齿杆）的移动即灵活了，说明供油拉杆（或齿杆）移动不灵活是由于该缸的油量调节机构安装不良所致。这时可将该缸出油阀座螺栓重新拧紧，并且边慢拧边拨动齿圈或拨叉，直至供油拉杆（或齿杆）移动不灵活的临界点后拧紧。

然后，将各缸的高压油管装回，使其既不随着转动，以保证供油量和间隙角不变化，并且使供油拉杆（或齿杆）移动灵活。经以上处理后，必须在重新起动柴油发动机后，仔细观察各出油阀座处有无漏油现象，若漏油，说明拧紧力矩不足，应再对出油阀座紧固螺栓加一点力矩（可在柴油发动机运转的同时，边拧紧边观察柴油发动机转速不稳程度的变化及漏油情况）。如果柴油发动机稳速和不漏油两者怎样调节也不兼得，就说明此喷油泵需要拆卸送修了。

2. 检查喷油器

若供油拉杆（或齿杆）移动灵活，可继续检查喷油器。用断油比较法、触摸法(用手指捏住高压油管,感觉油管的脉动情况)或听声法(喷油器卡死或完全堵塞会出现一种类似手枪撞针冲击的声音)找出故障点,然后对故障缸的喷油器进行喷射质量就车检查,若有问题就应更换喷油器。

3. 检查供油是否平衡和各缸供油间隔时间是否一致

特别是对螺栓调节式挺杆的锁紧螺母,要逐个仔细检查,因为该锁紧螺母松动后,容易使供油时间大大推迟。如所有挺杆的锁紧螺母都已松动,就应拆下喷油泵进行修理。

4. 检查调速器

调速器不良引起的故障驾驶员难以处理,但情况较急时也可试试。调整前必须记下各部位原来的位置,以便一旦调整无效,可以恢复原来位置。

调试应在怠速运转时进行,用手轻触油门操纵臂上端,若有颤动感,说明调速器内部飞块或杆系磨损严重,这种故障只能送修。若怠速太低,可调节怠速止动螺钉,让怠速稍微提高,这样,转速一般会变稳一些;但也不能把怠速提得太高,以免造成换挡困难、耗油增加,特别是容易造成高速行驶时减速性能不良,影响行车安全。若怠速正常可试调稳速弹簧,它大多位于调速器后盖正对供油拉杆(齿杆)处,一般应向里拧,拧进时动作要慢,边拧边观察转速的变化;当转速开始上升时就应停止拧进,反向拧一圈后加以紧固。若怠速止动螺钉和稳速弹簧都调整后转速不稳的故障仍然存在,就得调怠速弹簧了。不过,怠速弹簧的安装比较复杂,不同类型的调速器有不同的安装位置,有些是装在调速器内部,必须打开调速器后侧小盖才能安装,因此一般应由专门修理人员调整。

三、柴油发动机排烟不正常

1. 排气管冒蓝烟

排气管冒蓝烟主要是烧机油造成的。

(1)活塞环装反,端口重叠、卡死或过度磨损,活塞环槽过度磨损(与活塞环的间隙过大)以及活塞破裂等都会造成机油窜入气缸燃烧,使排气管冒蓝烟。应对上述零件进行检查,损坏或磨损超过使用极限者应予更换。

(2)气门与其导管因磨损造成间隙过大,使机油从间隙窜入气缸燃烧。应拆出气门,检查气门及导管的磨损情况。磨损超过使用极限者应予以更换。

(3)空负荷低速运行时间过长,容易因气缸套与活塞环磨损而使机油窜入气缸。因此,应尽量减少低速空载运行。

2. 排气管冒白烟

(1)喷油雾化不良,有滴漏现象;或者供油时间过迟,使未燃烧的混合气随排气排出。应检查、调整喷油压力,检查偶件密封是否良好。

(2)气缸内或柴油里有水,受热变成蒸汽也会使排气呈白烟状。应先排除柴油中的水,然后检查气缸盖等零件是否有裂纹或砂眼等损坏而引起渗水。如有损坏应修复或更换。

(3)在冷天因柴油温度过低而不能起动时,排气为白烟。

为便于起动应关闭百叶窗或启动前在机外加温预热。

3. 排气管冒黑烟

排气管冒黑烟主要原因是燃油燃烧不彻底。

(1)空气滤清器及进、排气道堵塞,使进入气缸的新鲜空气减少,燃油不能充分燃烧。对此,应清洗空气滤清器,检查、清除进、排气道堵塞物。

(2)喷油量过大;供油提前角过大;喷油压力过低。以上情况会造成燃油燃烧不尽都是造成排气管冒黑烟的重要原因。排除这些故障时,应根据具体情况做针对性处理。

(3)气缸压缩压力过低,使气缸内的可燃混合气不能正时着火燃烧、燃烧时间延长、后燃增加或燃烧不完全而使排气管冒黑烟,应查找气缸密封不严的原因,逐项加以排除。

四、柴油发动机动力不足

柴油发动机动力不足表现为汽车行驶中车速提升慢或爬坡无力,说明柴油发动机功率不足,可按下述方法查找故障原因并予以排除。

1. 未拆除二级油门限位、踏板行程不对

经过 2500km 的磨合期磨合后,即可拆除二级油门限位,然后检查在加速踏板的行程内能否将油门控制杆拉到最大供油量位置,以保证达到规定的供油量,否则应予调整。

2. 供油提前角不对

检查供油提前角是否与规定值相符,若不符应调整到规定值。

3. 空气滤清器堵塞

检查空气滤清器是否堵塞,必要时清洗滤芯。

4. 喷油雾化不良

检查喷油器是否有卡、堵现象;喷油压力是否达到规定值。当喷油压力已经达到规定值雾化仍然不良时,说明喷油器偶件有问题,应换新件。

5. 高压油泵工作不良

(1)输油泵供油量不足。应清除进油口处滤网的堵塞物,然后检查止回阀是否变形,若已变形应更换。

(2)高压油泵出油阀弹簧是否断裂,若有断裂应换新件。

(3)高压油泵柱塞磨损。若出现过度磨损时,在泵油过程中会有燃油下漏到高压油泵底部，并混入机油中，使高压油泵底部的机油存量明显增加。检查柱塞是否有过度磨损，最简单的方法是用左手食指按住柱塞偶件顶部，右手向外拉动柱塞，如感觉很费力且一旦放开右手时柱塞立即被吸回，说明柱塞磨损不大，偶件还可以正常工作；如果可以随意将柱塞抽出，且不能自行回位则表明磨损过度，应更换偶件。

(4)供油量过小使柴油发动机功率下降。输油泵、高压油泵均工作正常而供油量仍然不够时，可在试验台上检查、调整供油量。

(5)汽车行驶无力。若在平路上车跑不起来，可适当调整调速器高速弹簧预紧力，使最大限速值略为升高；若爬坡时无力，应稍稍增加校正弹簧的预紧力，使转速稍稍提高一些。

6. 配气机构故障

气门与气门座不密封应予以研磨，气门间隙不符合标准应予以调整。

7. 气缸密封不好

气缸垫烧损会使气缸不密封。烧气缸垫的主要原因是气缸盖螺母拧紧力矩不足或不均匀。

8. 燃油供给系统有故障

若有漏油或堵塞时，应予适当处理。

9. 冷却系统有故障

发动机过热时，应检查水箱是否缺水，水套里水垢是否太多，水泵传动皮带是否过松，以及水泵叶轮是否损坏等。

检查水泵传动皮带松紧度时，可在两皮带轮之间加 40～50N 的力，以皮带被压下 10～15mm 为宜。

10. 高压油管装错

交叉装错高压油管时，必将破坏高压油泵与气缸的对应关系，使各气缸的燃烧不能正常进行，一经发现必须立即纠正。

五、柴油发动机工作粗暴

1. 故障现象

柴油发动机工作粗暴是指柴油发动机活塞位于上止点附近的速燃期内，由于柴油燃烧量较多、压力升高较高造成的清脆的金属敲击声，并产生振抖；急加速时无节奏的敲击声加剧，同时排黑烟；高速时这种敲击声减弱或消失。此现象将极大地影响柴油发动机的使用寿命。

2. 故障原因

(1)柴油质量差，十六烷值过低。

(2)供油提前角过大。

(3)喷油器不密封，燃油滴漏，喷油雾化不良。

(4)各缸供油不均，个别缸供油量过大。

(5)进气量不足。

3. 故障诊断

(1)如敲击声不均匀，有时伴有振抖现象，说明个别缸工作不良。在热车时可用单缸减油法，冷起动时则可用感温法找出工作不良的气缸。比如，在起动初期某缸排气管热得快，说明该缸的供油量大；反之，可能是该缸供油量小或喷油器工作不良。

(2)拆下故障缸的喷油器，检查其密封性和喷雾质量，必要时进行调整、检修；确认喷油器故障时，也可用标准喷油器替代原喷油器试车，响声消失，说明故障就在该喷油器上。

(3)若使用标准喷油器后该缸的敲击声仍未消失，则可能是由于供油量过大，可用减油法判断检查。即稍拧松该缸喷油器进油管接头，使少量柴油喷于缸外，减少进入缸内的燃油。若用此法后敲击声消除，可确认为该缸供油量过大，应对喷油泵的供油均匀性进行检查。

(4)若敲击声比较均匀，说明各缸的工作情况比较接近，其故障原因与柴油质量、进气状况、喷油正时等有关。可先检查进气状况：取下空气滤清器，注意柴油发动机响声有无变化。若敲击声减弱或消失，表明是进气不足引起的柴油发动机排黑烟和敲击声；若响声和排气烟色无明显变化，说明空气滤清器良好，应检查进气软管有无凹瘪或脱层堵塞。

(5)柴油牌号不合适或喷油不正时，应先适当减小供油提前角，观察柴油发动机的排烟和响声有无变化。如果减小供油提前角后，排气烟色正常，敲击声消失，说明是喷油不正时引起的；如果故障仍未消除，则可能是柴油牌号不对所致。

六、备考要点

(1)能准确的判断出故障现象。

(2)能正确的分析故障原因。

(3)能通过正确的程序和方法找出故障点。

第三专题 底盘常见故障的诊断

一、离合器常见故障的诊断

(一)离合器打滑

1. 故障现象

发动机动力充足，车辆起步缓慢，行驶无力，特别是在重载上坡时更加明显，严重时，驾驶室内能闻到烧焦的煳味，有烟雾冒出。

2. 故障原因

(1)离合器踏板无自由行程。

(2)从动盘擦片表面有油污、烧蚀硬化，磨损过薄、铆钉外露等现象。

(3)压盘过薄或压盘、飞轮变形。

(4)装有螺旋弹簧的离合器，螺旋弹簧弯曲、折断、受热后弹力下降，装有膜片弹簧的离合器，膜片弹力不足或膜片破裂。

(5)离合器盖、飞轮螺栓松动。

3. 故障诊断

离合器是否存在打滑故障，可依据故障现象进行判断，也可利用挂挡起步的方法进行验证，拉紧驻车制动，挂入低速挡，缓慢抬起离合器踏板，平衡加油，如车辆原地不动，发动机也不熄火，则说明离合器有打滑故障。

(二)离合器分离不彻底

1. 故障现象

发动机怠速运转时，离合器踏板踩到底，挂挡困难或挂挡时间明显延长，无同步器的挡位，在挂挡时伴有齿轮撞击声；勉强挂上挡后，在踏板尚未完全放松时，车辆向前窜动或发动机熄火。

2. 故障原因

(1)离合器踏板自由行程过大。

(2)液压操纵机构中有空气。

(3)从动盘或压盘严重翘曲不平。

(4)从动盘花键毂与变速器一轴键齿卡滞。

(5)新更换的从动盘，摩擦片过厚或从动盘安装方向错误。

3. 故障诊断

离合器是否存在分离不彻底故障，依据故障现象即可进行判断。在发动机前置，后轮驱动的车辆上，飞轮壳上通常设计有离合器的检视孔，通过检视孔，可以观察离合器盖的螺栓是否松动、从动盘是否有油污、分离轴承与分离杠杆之间是否有间隙等，为验证离合器的分离情况，此时，可拆下检视孔盖板，将变速器挂入空挡，离合器踏板踩到底，用旋具拨动从动盘外缘，如从动盘不能转动，可证明离合器分离不彻底。

二、变速器常见故障的诊断

(一)变速器跳挡

1. 故障现象

车辆在某一挡位运行中，当受到冲击载荷作用时，变速操纵杆自动跳回空挡。

2. 故障原因

跳挡故障多发生在常用挡位上，主要原因在于跳挡挡位的换挡叉轴上轴向力的产生和定位力的下降，当换挡叉轴上受到的轴向力大于叉轴定位力时，就会产生跳挡现象。

(1)齿轮、换挡齿套或同步器锥盘轮齿磨损严重，沿齿长方向面锥形。

(2)变速器一轴、二轴或中间轴的轴承松旷；一轴与二轴的同线度超差、二轴与中间轴的平行度超差；二轴后端凸缘固定螺母松动。

(3)换挡叉轴定位销(球)磨损严重或定位弹簧过软或折断。

(4)换挡拔叉弯曲或磨损过度、换挡叉固定螺钉松动；

(5)同步器损坏。

3. 故障诊断

变速器是否存在换挡困难故障，可根据行程里程、变速器的使用情况，以及故障现象进行综合分析判断。为防止误判，应先排除离合器分离不彻底故障，然后进行以下检查：先检查变速操纵杆及远距离操纵机构杆件系统，察看杆件有无变形、运动是否有干涉或卡滞现象，连接杆件是否有松脱现象；检查杆件连接处的间隙是否过大，如连接处的球头与球碗间隙过大，应更换新品。严格按被检车辆的规定要求，调整各杆件长度。

在调整正常的情况下，故障仍不能排除时，应拆下变速器盖，检查换挡叉轴、换挡叉、自锁和互锁装置的技术状况。

在上述检查正常的情况下，检查同步器是否损坏，如同步器散架、锥面螺旋槽磨损严重，应更换同步器总成。

(二)变速器乱挡

1. 故障现象

车辆在起步挂挡或行驶换挡过程中，所挂挡位与所需挡位不符，或虽然挂入挡位但不能退回空挡。

2. 故障原因

跳挡故障多发生在常用挡位上，主要原因在于跳挡挡位的换挡叉轴上轴向力的产生和定位力的下降，当换挡叉轴上受到的轴向力大于叉轴定位力时，就会产生跳挡现象。

(1)换挡叉轴、互锁销及钢球磨损严重，失去了互锁作用。

(2)变速操纵杆定位装置磨损松旷或折断，失去了控制作用。

(3)变速操纵杆脱出换挡导块凹槽。

3. 检查与判断方法

变速器是否存在乱挡故障，根据故障现象即可判断。变速操纵杆如能任意摆动，且能转成圆圈，多为操纵杆定位装置折断；如只是摆动量较大，多为定位销磨损或松旷所致。

若是同时挂入两个挡位，则为互锁装置失效。

如果不能挂入所需挡位，或操纵杆位置稍有偏差，就能挂入另一挡，多为操纵杆下端的工作面磨损严重。

三、制动系统常见故障的诊断

（一）液压制动系统的制动不灵故障

1. 故障现象

汽车行驶中，制动踏板踩到底，汽车减速慢，制动距离长。

2. 故障原因

（1）踏自由行程过大。

（2）制动蹄或制动钳摩擦片磨损严重、表面烧蚀硬化或沾有油污、泥沙、水。

（3）制动鼓失圆、磨损严重、表面有沟槽，制动钳磨损减薄、平面度超差、表面烧蚀严重。

（4）蹄片间隙过大或间隙自调整装置失效。

（5）液压系统中，液压油数量少质量差、管路漏油或有空气、管路堵塞、总泵或工作缸密封圈或皮碗损坏、活塞磨损严重。

（6）ABS 制动力调节装置中，电子控制单元或车速传感器损坏或信号不良，电路断路，压力调节器中的电动机、油泵或电磁阀损坏、单向阀关闭不严等。

3. 故障诊断

车辆是否存在制动不灵的故障，应按国家标准 GB7258 中的试验条件和检测标准进行判断，如制动距离、制动力或制动减速度达不到被检车辆的相关标准，即可判断为制动不灵故障，如台检和路试有矛盾时，以路试结果为准。

液压制动的行车制动系统，多数车辆都装备有 ABS 装置，此时，应先调阅故障码，优先排除故障码指示的故障点，然后检查系统有无漏油、液压油的数量和质量、检查排除管路中的空气、检查调整踏板自由行程、检查总泵、制动钳或制动鼓及摩擦片的技术状况，更换所有损坏零件。

（二）制动发咬故障

1. 故障现象

放松制动踏板的情况下，车轮制动力没有完全解除，也称制动拖滞。伴随的故障现象特征：汽车起步困难，发动机易熄火，行驶无力；行驶一段里程后,制动鼓发热;放松制动踏板时,控制阀排气缓慢、不排气、制动灯不灭;有行驶跑偏或制动跑偏现象。

2. 故障原因

(1)制动踏板无自由行程、踏板回位弹簧松脱。

(2)制动鼓与制动蹄摩擦片之间或制动盘与制动钳摩擦片之间的间隙过小,蹄片间隙自动调整装置损坏;鼓式制动器中的凸轮发卡、制动蹄回位弹簧弹力弱或松脱、制动蹄支撑销卡滞或润滑不良等。

(3)气压制动系统中,控制阀、继动阀、感载阀排气不畅;制动气室推杆变形、回位弹簧折断等。

(4)液压制动系统中,总泵或工作缸皮碗发黏,活塞无法回位;油液过脏,总泵回油孔堵塞;总泵推杆与活塞之间无间隙等。

(5)ABS制动力调节装置中,电子控制单元或车速传感器损坏或信号不良,压力调节器中的电动机、油泵或电磁阀损坏,使得回油不畅等。

3. 故障诊断

车辆是否存在制动发咬的故障,根据故障现象和伴随的故障特征即可判断。制动发咬故障可细分为所有车轮均发咬、同一制动管路的车轮发咬(如同轴两侧车轮、左前轮与右后、右前轮与左后轮)、个别车轮发咬三种情况,可根据不同位置的车轮发咬情况,来确定重点或优先检查的范围,前两种发咬现象,应优先检查其公共部分,个别车轮发咬,应优先检查其制动器。

四、行驶跑偏故障的诊断

1. 故障现象

车辆在行驶中,始终自动偏离原行驶方向的现象,称为行驶跑偏。

2. 故障原因

(1)左、右转向轮气压不一致。

(2)一侧车轮制动发咬。

(3)前轴或车架变形。

(4)车辆前轴与后桥平行度超差。

(5)左、右钢板弹簧弹力不等。

(6)转向轮定位失准。

3. 故障诊断

行驶跑偏故障的特点,是在行驶中始终自动偏向某一边。根据这一特点,在检查时,可选择一段平坦的道路,车辆在正反两个方向上,以30~40km/h的车速行驶,行驶中可用手轻扶转向盘,但不修正方向,如果车辆行驶方向始终自动偏向某一边,则可判断为该车存在行驶跑偏故障。如方向偏向左边，说明左侧车轮的行驶半径小于右侧，检查重点应在左侧的车轮和悬架系统。

如方向偏向左边，检查并调整左侧车轮气压至规定值；使左侧车轮悬空，转动车轮，倾听有无摩擦声，如车轮转动困难，且有摩擦声，应检查和调整轮毂轴承紧度、制动蹄片间隙；从前方观察车辆左侧是否明显较右侧低，如左侧低于右侧，说明左侧悬架系统刚度小，应进行修理或更换损坏零件；分别测量左侧和右侧的前后轮距，如左侧轮距小于右侧轮距，说明前轴与后桥不平行，应检查车架是否变形、钢板弹簧U形螺栓是否松动，车架变形，应进行修理作业；排除上述具体原因后，专项检查并调整四轮定位参数到规定值。

五、备考要点

(1)能准确的判断出故障现象。

(2)能正确的分析故障原因。

(3)能根据故障特征，通过正确的程序和方法找出故障点。

第四专题　电气设备常见故障的诊断

一、起动机不运转故障的诊断

1. 故障现象

将点火开关旋到起动挡(ST挡)，起动机不运转。伴随的现象有：听不到发动机起动时的运转声，有时能听到继电器触点的闭合声；装有电流表的仪表盘，电流表不指示放电。

2. 故障原因

(1)电源故障：蓄电池严重亏电或硫化、短路等；极柱导线松脱或接触不良，发动机搭铁线松动或脱落；电源总开关损坏。

(2)起动机故障：换向器与电刷接触不良、绝缘电刷搭铁、磁场绕组或电枢绕组损坏、电磁开关中的吸引线圈、保持线圈断路或开关触盘接触不良等。

(3)控制电路故障：点火开关及起动继电器损坏；控制电路线路断路；熔丝熔断、松脱等。

(4)其他故障：自动变速器的P和N挡开关或离合器开关断路；钥匙识别系统、防盗控制器或车身控制模块(BCM)、动力控制系统控制模块(PCM)的控制起动继电器磁化线圈搭铁点的电路出现断路等。

3. 故障诊断

(1)通过观察仪表、查看大灯亮度、听喇叭声音、观察蓄电池放电程度检视孔、测量蓄电池正负极接柱间的电压等手段，判断蓄电池的技术状况。

(2)在电源电路正常的情况下，将点火钥匙旋至起动位置，用试灯检测继电器磁化线圈搭铁接柱或插座(检测时将搭铁点断开),试灯不亮,故障范围在点火开关至起动继电器线圈搭铁点;试灯亮,说明该电流回路正常。也可应用听声音的方法进行判断,将点火钥匙旋至起动位置时,仔细倾听起动机继电器触点有无闭合声,无闭合声,故障范围在该电流回路;有闭合声,说明该电流回路正常,继续下一步。

(3)用试灯检测继电器触点火线接柱或插座,试灯不亮,故障范围在电池正极至该接柱;试灯亮,继续下一步。

(4)用导线短接继电器两个触点接柱,起动机运转,故障点为继电器的触点损坏,起动机仍不运转,继续下一步。

(5)用导线短接起动机电磁开关上的电源接柱(也称B接柱)和吸保线圈接柱(也称S接柱),起动机运转,故障范围在继电器至起动机间断路;起动机不运转,继续下一步。

(6)用导线短接起动机B接柱和磁场接柱(也称G接柱),起动机空转,故障范围为吸保线圈断路、电磁开关损坏;起动机不空转,故障范围在起动机内部。

二、点火系统常见故障的诊断

(一)高压无火

1. 故障现象

打开点火开关,起动发动机,无着火征候,分缸线无高压火花产生。

2. 故障原因

(1)低压电路有断路、短路或搭铁故障。

(2)点火线圈损坏。

(3)分火头漏电。

(4)分电器盖漏电或中心电极脱落。

(5)中央高压线断路。

(6)火花塞间隙过大、过小或积炭过多。

3. 故障诊断

(1)打开点火开关至ON挡,拆下点火线圈上的低压导线,用试灯检查,灯不亮,故障在低压电路,灯亮,进行下一步检查。

(2)拨出中央高压线,使其距缸体5~7mm,起动发动机时,无火花产生,故障在点火线圈,火花强烈,进行下一步检查。

(3)插回中央高压线,拨出任一高压分线,使其距缸体5~7mm,起动发动机时,无火花产生,故障在分火头、分电器盖、高压分线,火花强烈,进行下一步检查。

(4)拆下火花塞,检查其是否漏电、电极是否潮湿或积炭是否过多、间隙是否符合标准。

(二)点火错乱

1. 故障现象

(1)发动机不易起动,起动时有严重的回火和“放炮”现象。

(2)发动机起动后,有规律的回火和“放炮”现象,加速时更加明显。

(3)怠速不稳,发动机易熄火。

(4)发动机动力性、经济性下降明显,排放超标严重。

2. 故障原因

(1)高压分线排列顺序与发动机点火顺序要求不符。

(2)点火正时严重失准。

(3)分电器盖或高压线严重窜电。

(4)分电器凸轮安装错误。

3. 故障诊断

(1)检查高压分线的排列顺序。

(2)检查分电器是否窜电。

(3)检查点火正时。

三、喇叭不响故障的诊断

1. 故障现象

按下喇叭开关,喇叭不响。

2. 故障原因

(1)喇叭损坏。

(2)喇叭继电器损坏或插接不良。

(3)熔断器断开、熔丝烧断。

(4)喇叭开关损坏或接触不良。

(5)控制线路中有断路、搭铁线脱落等故障。

(6)气喇叭损坏、气压不足、电-气喇叭转换开关损坏、气路电磁阀损坏等。

3. 故障诊断

根据现象,即可确定喇叭不响故障。

(1)外观检查线路连接情况。在喇叭开关接通的情况下,检查喇叭线线束连接器插接是否牢靠、导线有无折断或脱落、烧损现象。如有导线烧损,应视损坏程度,进行修理或更换。

(2)检查喇叭。断开喇叭线束连接器,用万用表测量喇叭线圈的导通情况，如线圈断路，应进行修理或更换新品；如线圈电路正常，给喇叭线圈接通外电源，如喇叭不响，说明喇叭内部触点或膜片可能损坏，应进一步分解进行修理或更换喇叭总成；如喇叭响，说明故障在控制电路。

(3)检查喇叭熔丝。如熔丝插接不牢或脱落，应重新插接牢靠。如熔丝烧断，说明线路中的火线有搭铁现象，应先排查线路中的搭铁点，再更换同型号的熔丝。不能用大容量的熔丝，来替换原熔丝的方法排除故障。

检查熔丝插槽端子有无电压。如果无电压，则检查喇叭继电器。

(4)检查喇叭继电器。拆下喇叭继电器，检查继电器导通性。如果不符合要求，则更换新品。如继电器正常，按下喇叭按钮，测量继电器线圈插座的导通情况，如正常，说明线圈搭铁不良；如不通，应检查喇叭开关。

(5)检查喇叭开关。断开喇叭开关线束连接器，检查开关侧的导通性。如果不通，故障点为喇叭开关，如果导通良好，故障点为喇叭开关至喇叭继电器导线断路。

(6)气喇叭不响的检查方法：起动发动机，使气压表指针在600kPa以上，将电-气喇叭转换开关，切换到气喇叭，拆下气喇叭上的高压气管，按下喇叭开关，如气管出口处有高压气体流出，故障原因为气喇叭损坏；如无高压气体流出，开闭转换开关，倾听气路电磁阀有无动作声音，无动作声音，说明电磁阀损坏；如有动作声音，说明喇叭气压管路有故障。

四、备考要点

(1)能准确的判断出故障现象。

(2)能正确的分析故障原因。

(3)能根据故障特征，通过正确的程序和方法找出故障点。

第五专题 常见汽车异响故障的诊断

一、发动机气门脚响

1. 故障现象

发动机在怠速时，发出有节奏的“嗒嗒”声，转速增高响声增大，中速以上时，声音变得模糊嘈杂。

2. 故障原因

(1)气门脚间隙过大。

(2)凸轮磨损严重。

(3)气门弹簧折断或气门弹簧座脱落。

(4)气门导管积炭过多，使气门卡死。

(5)液压挺杆损坏。

3. 故障诊断

根据异响特征进行诊断，气门脚响在怠速至低速的工况下，响声最为清晰，并不随温度的变化而变化，与机油压力的大小无关，断火试验响声无变化。

二、连杆轴承响

1. 故障现象

发动机在中速时，在曲轴箱中部，发出短促的"当当"声，急加速时，响声明显。

2. 故障原因

(1)连杆轴承与轴颈磨损过多，间隙过大。

(2)连杆轴承盖螺栓松动。

(3)连杆轴承合金烧蚀或脱落。

(4)润滑不良。

3. 故障诊断

根据异响特征进行诊断，连杆轴承响在低速至中速的急加速工况下，响声最为清晰，冷车初发动时，声响明显，增大发动机负荷，响声变大，断火试验时响声减弱。机油压力和温度的变化，对响声的影响不明显。

三、曲轴轴承响

1. 故障现象

发动机在中、高速时，在曲轴箱的下部，发出有节奏的、沉重发闷的"咚咚"声，急加速时，响声明显，机油压力明显较低。

2. 故障原因

(1)曲轴轴承与轴颈配合松旷。

(2)曲轴弯曲。

(3)曲轴轴承盖螺栓松动。

(4)曲轴轴颈磨损严重或失圆。

(5)润滑不良。

(6)曲轴轴承过长或过短、合金烧蚀或脱落。

3. 故障诊断

根据异响特征进行诊断，曲轴轴承响在中速至高速的急加速工况下，响声最为清晰，冷车初发动时，声响明显，增大发动机负荷，响声变大，相邻两缸同时断火时，响声减弱或消失。机油压力下降明显，发动机抖动明显。

四、活塞敲缸响

1. 故障现象

发动机在稍高怠速运转时，在气缸体上部两侧发出清脆有节奏的金属撞击声。

2. 故障原因

(1)气缸的配缸间隙过大。

(2)连杆弯扭变形。

(3)活塞销与衬套、连杆轴承与轴颈配合过紧。

(4)连杆衬套与活塞销座孔铰偏。

(5)活塞反椭圆、活塞连杆组装配质量差。

3. 故障诊断

根据异响特征进行诊断,活塞敲缸响在稍高于怠速的工况下,响声最为清晰,冷车初发动时,声响明显,有时声响会随温度的升高而减弱或消失,在发动机上部两侧实听时,有振动感,断火试验时,响声减弱或消失。向可疑气缸加入 20～25ml 的浓机油,响声减弱或消失,机油压力无变化。

五、离合器响

1. 故障现象

在踩下或抬起离合器踏板时,有不正常的响声。

2. 故障原因

(1)离合器分离轴承润滑不良、损坏。

(2)离合器分离轴承回位弹簧过软、折断或脱落。

(3)分离杠杆支撑孔磨损严重。

(4)从动盘钢片铆钉松动、钢片破裂或减振弹簧折断。

(5)传动销与承孔磨损严重或传动钢片松动。

(6)从动盘毂与变速器一轴花键磨损严重。

(7)踏板回位弹簧松脱、折断。

3. 故障诊断

通过反复踩抬离合器踏板,仔细倾听响声发出的时机、变化情况,结合外部检查进行诊断确定。

六、变速器响

1. 故障现象

(1)发动机在怠速运转时,变速器在空挡有异响,踩下离合器踏板,响声消失。

(2)挂入任意一个挡后,变速器有异响。

(3)当车辆以 40km/h 以上的速度运行时,发出异常响声,且车速越高,响声越大,当车辆滑行或低速运行时,响声减弱或消失。

2. 故障原因

(1)空挡有异响的原因。

①发动机曲轴与变速器一轴同心度超差、变速器壳体变形。

②变速器二轴前轴承损坏或润滑不良。

③变速器内部常啮齿轮磨损严重、侧隙过大、个别齿轮牙齿折断、在更换齿轮时没有成对更换,导致啮合不良。

④支撑轴承损坏、润滑不良、轴承松旷、齿轮轴向间隙过大。

⑤拨叉定位不准、拨叉弯曲或与接合套间隙过大。

(2)挂挡后有异响的原因。

①主从动齿轮的配合间隙过大。

②齿轮轴弯曲、轴上的花键与齿毂磨损松旷。

③齿轮啮合不当或轴承松旷。

④操纵机构各连接处松旷、变形等。

3. 故障诊断

变速器的异响主要来自齿轮和轴承,在诊断时应根据响声与挡位的关系进行判断,通过倾听响声发出的时机、变化情况,结合外部检查进行诊断确定。

七、传动轴响

1. 故障现象

在一定车速下或车速变换的瞬间,汽车底部发出周期性的“嗡嗡”声,车速越高响声越大。

2. 故障原因

(1)万向传动装置松旷。

(2)传动轴弯曲。

(3)传动轴上的平衡片丢失。

(4)中间支撑偏移、传动轴万向节安装错误。

3. 故障诊断

将驱动轮悬空,起动发动机,挂上高速挡,做运行试验,在车辆一侧倾听响声,同时观察传动轴的运转情况,如传动轴运转过程中出现较大的虚影,可判断为传动轴不平衡摆振。停机后,静态检查万向传动装置是否松旷、中间支撑是否偏移、平衡片是否丢失、安装是否符合要求。

八、驱动桥响

1. 故障现象

汽车在直线行驶时无异响,转弯行驶时,有异响;汽车不论是直线行驶或转弯行驶时,均有异响。

2. 故障原因

(1)锥齿轮、行星齿轮、半轴齿轮磨损严重。

(2)减速器轴承、差速器轴承磨损松旷。

(3)主、从动锥齿轮啮合间隙调整不当。

(4)半轴齿轮与半轴花键磨损严重,间隙过大。

(5)行星齿轮与轴颈磨损严重、行星齿轮与半轴齿轮垫片磨损减薄,使其啮合间隙过大。

(6)减速器从动齿轮与差速器壳固定螺栓松动、差速器轴承盖固定螺栓松动。

(7)后轮轮毂轴承损坏。

3. 故障诊断

根据异响出现的时机,进行判断,路试时如果汽车在直线行驶时无异响,转弯行驶时,有异响,说明故障在差速器;如直线行驶时有异响,空挡滑行时,异响减弱或消失,应重点检查减速器;如直线行驶或空挡滑行时均有异响,应重点检查润滑油、主从动锥齿轮间隙、差速器轴承;如是后轮出现的异响,应着重检查后轮轮毂轴承等。

九、备考要点

(1)能准确显示异响现象。

(2)能正确分析各种异响现象的特征。

(3)利用正确的方法分析诊断异响产生的可能原因。

(4)了解排除异响的方法。

模块五　运用仪器仪表对车辆进行检测

第一专题　电控汽油发动机点火提前角的检测

一、正时灯检测法

正时灯是一种频率闪光灯，每闪光一次表示第 1 缸的火花塞发火一次，因此，闪光与第 1 缸点火同步。它一般由闪光灯、传感器、中间处理环节和指示装置等组成，如图 1-5-1 所示。

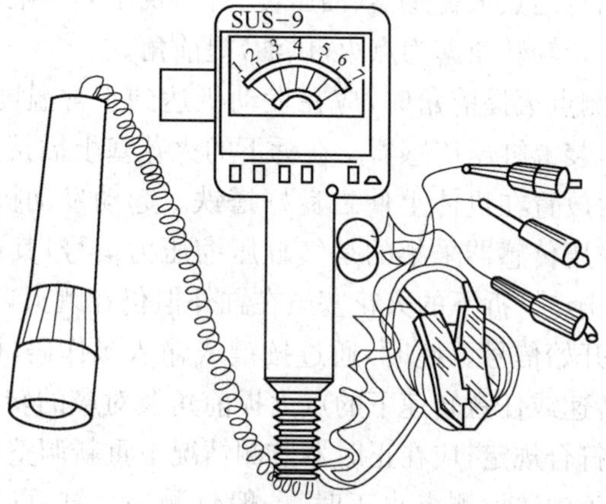

图 1-5-1　发动机测试仪上的正时灯

当正时灯对准发动机第 1 缸压缩终了上止点标记，并按实际跳火时间进行闪光时，若飞轮或曲轴传动带盘上的标记还未到达固定指针，即第 1 缸活塞还未到达压缩终了上止点，此时，可调整正时灯电位器，使闪光时间推迟至转动部分上的标记正好对准固定指针之时，那么推迟闪光的时间就是点火提前的时间，将其显示到表头上，便可读出要测的点火提前角。需要说明的是，有些表头指针显示的角度是分电器凸轮轴转角，对于四冲程发动机来说，换算成曲轴转角则要乘以 2。

测量时，将正时灯的电源线接到蓄电池的正负极接线柱上，再将传感器夹在第 1 缸高压分线上，并事先擦拭飞轮或曲轴带轮上第 1 缸压缩终了上止点标记，最好用粉笔或油漆将标记涂白。发动机在怠速下稳定运转，打开正时灯，对准飞轮壳或机体前端面上的固定指针。

调整正时灯电位器，使飞轮或曲轴传动带盘上的标记逐渐与固定指针对齐，此时表头的读数即为发动机怠速运转时的点火提前角。

测出的点火提前角应与规定值进行对照。测完后，注意将正时灯及时关闭。

正时灯仪器为发动机测试仪上的正时灯，它不仅能用闪光法测出发动机的点火提前角，而且能测出发动机转速、触点闭合角以及电压、电阻等参数。

二、点火正时器检测法

点火正时器，由缸压传感器、点火传感器、中间处理环节和指示装置等组成。如果仪器带有油压传感器，还可以检测柴油机供油提前角。国产QFC-5型和 WFJ-1 型等发动机综合测试仪，都带有缸压法检测点火（供油）正时的装置，其测量的基本原理是采用缸压传感器找出某一缸压缩压力的最大点作为活塞上止点，同时用点火传感器（油压传感器）找出同一缸的点火（供油）时刻，两者之间的凸轮轴转角即为点火（供油）提前角。

用该仪器检测点火提前角时，应在发动机达到正常温度后进行，拆下任意一缸的火花塞，装上缸压传感器。在拆下的火花塞上插接点火传感器并接上原高压线，然后放置在机体上使之良好搭铁。起动发动机运转，由于被测缸不工作，因而缸压传感器采集的是气缸压缩压力信号，其压力最大点就是活塞压缩终了上止点。拆下的火花塞虽在缸外但仍在跳火，其上的点火传感器可采集到点火开始信号。此时，通过按键或输入操作码，即可从指示装置得到怠速、规定转速或任意转速下的点火提前角及对应的转速数值。测得的点火提前角如不符合规定，应在正时器监测情况下重新调整，直到符合要求。

用缸压法和闪光法检测点火正时，一般仅测一个缸，可以认为各缸间的点火间隔是相等的，此时被测缸的点火提前角可认为是整台发动机的点火提前角。

三、备考要点

(1)了解正时灯、点火正时器的基本组成、基本结构和基本工作原理。

(2)知道仪器校零的方法。

(3)能正确使用正时灯或点火正时器，对被检车辆进行检测。

(4)能对检测结果进行分析，了解点火正时调整的方法。

第二专题 电控汽油发动机燃油压力的检测

汽油喷射压力是由电动燃油泵将汽油从油箱中泵出，经过燃油滤清器过滤杂质后再经压力调节器调压，送至燃油分配管（导轨内）供给喷油器的油压，如图 1-5-2 所示。燃油导轨内的油压与进气管压力之差约 250kPa。燃油分配管的油压是随着发动机转速的变化而变化，怠速时油压低；大负荷时，油压高。汽油喷射系统压力的测试是维修电控汽油喷射发动机常见的操作过程，通过测试燃油喷射系统的压力，可诊断燃油系统是否有故障。

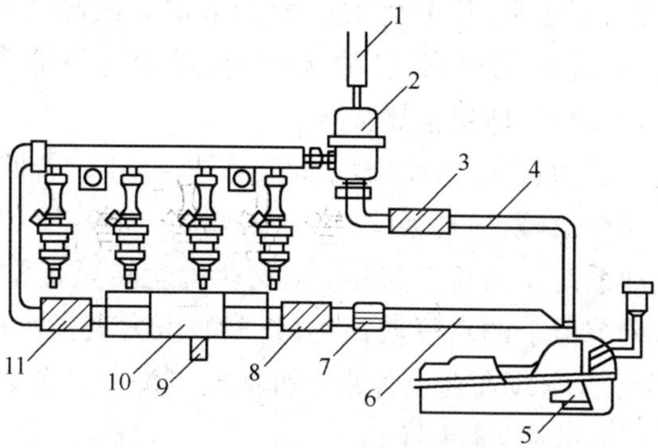

图 1-5-2　燃油油压表的连接

1. 真空软管　2. 燃油压力调节器　3. 软管　4. 回油管
5. 燃油泵　6. 压力油管　7. 燃油滤清器　8. 软管
9. 油压表　10. 三通管接头　11. 软管

电控汽油喷射系统压力的测试内容主要有检查燃油压力及系统保持压力，其标准见表 1-5-1。

表 1-5-1　汽油喷射系统压力标准

序号	项目	规格	备注
1	喷射系统压力	0.25～0.35MPa	
2	系统保持压力	不低于 0.20MPa	

一、测试前的准备工作

(1)检查油箱内燃油应足够，释放燃油系统压力，方法为：在发动机运转的情况下，采用拔下电动油泵继电器或电动燃油泵电源线，使发动机自动熄火。

(2)检查蓄电池电压应在 12V 左右(电压的高低直接影响向燃油泵的供油压力)，拆下蓄电池负极电缆线。

(3)将专用油压表连接到燃油系统中，一般采用专用接头将油压表连接在输油管的进油管接头处，见图 1-5-2 所示。

(4)将溅出的汽油擦净，重新接好蓄电池负极电缆线。起动发动机并维持怠速运转。

二、系统油压测试

拆开燃油压力调节器上的真空软管，并用手指堵住进气管一侧的管口。

检查油压表指示压力应符合标准：一般喷射系统压力应为 0.25～0.35MPa。

若燃油系统压力过低，可夹住回油软管以切断回油管路，再检查油压表指示压力，若压力恢复正常，说明燃油压力调节器有故障，应更换；若仍压力过低，应检查燃油系统有无泄漏，燃油泵滤网、燃油滤清器和油管路是否堵塞，若无泄漏和堵塞故障，应更换燃油泵。

若油压表指示压力过高，应检查回油管路是否堵塞；若回油管路正常，说明燃油压力调节器有故障，应更换。

如果测试燃油系统压力符合标准，使发动机运转至正常工作温度后，重新接上燃油压力调节器上的真空软管，检查燃油压力表指示压力应略有下降（约 0.05MPa）；否则，应检查真空管路是否堵塞或漏气。若真空管路正常，说明燃油压力调节器有故障，应更换。

三、油压保持测试

使发动机熄火，燃油泵停止工作，等待 10min 后，观察燃油压力表的压力（即燃油系统残余压力）；喷射系统压力应不低于 0.20MPa。若压力过低，应检查燃油系统是否有泄漏；若无泄漏；说明燃油泵出油阀、燃油压力调节器回油阀或喷油器密封不良。

检查完毕后，释放燃油系统压力，并拆下油压表，装复燃油系统。然后，预置燃油系统压力，并起动发动机，检查有无泄漏。

四、备考要点

（1）了解系统油压测试的内容和标准。

（2）知道测试前应做好的准备工作。

（3）能正确的连接测试管路，对被检车辆进行检测。

（4）能对检测结果进行分析，了解压力不正常的原因。

第三专题　电控汽油发动机燃油泵工作电流检测

一、燃油泵控制电路的检查

（1）用专用导线将诊断插座上的燃油泵测试端子跨接到 12V 电源上。

（2）将点火开关转至“ON”位置，但不要起动发动机。

（3）旋开油箱盖应能听到燃油泵工作的声音，或用手捏紧进油软管，应感觉有压力。

（4）若听不到燃油泵的工作声音或进油管无压力感，应检查燃油泵继电器、易熔线或熔断器、导线等有无断路。若电路正常，应检查或更换燃油泵。

二、燃油泵工作电流的检测

拆下电动燃油泵的线束连接器，选择万用表的直流电流挡，万用表串联在电路中，将线速与燃油泵连接好，打开点火开关，使油泵运转，读出用表上的读数，应符合被检车辆的技术要求，如低于标准值，说明电路中的电阻大，如高于标准值，说明电路中的电阻小。

三、备考要点

(1)万用表的正确使用。

(2)了解电流、电压、电阻三者之间的关系。

(3)知道油泵控制电路的组成，了解电路电阻过大、过小的具体原因。

第四专题　柴油发动机供油提前角的检查与调整

不同型号的柴油发动机，其供油提前角不同，测试前应查阅被检发动机的技术手册，了解供油提前角的技术标准。国产 CA1121J 型载重车装备的 CA6110/125ZA1 型发动机，为直列泵，供油提前角为 12°～14°。以该机型为例介绍柴油发动机供油提前角的检查与调整。

一、供油提前角检查

(1)打开点火开关，使断油电磁阀处于吸合位置，将供油拉索拉到最大供油位置。

(2)拆下喷油泵上的一缸高压油管，通过飞轮壳上的检视孔，按发动机工作时的旋转方向撬动曲轴，同时观察喷油泵上的一缸高压油管接头油面波动情况，当油面刚一波动时，停止撬动曲轴，此时，调速器外壳上的正时刻线与指针对正。

(3)通过飞轮壳上的检视孔，查看指针对正飞轮上的刻线，应在 12°～14°，或查看发动机前端曲轴皮带轮处，指针应指向 l2°～14°，否则，说明供油提前角不正确，应进行调整。

采用 VE 泵的柴油发动机，在 VE 泵上设有正时销，检查时，拆下一缸的高压油管，边转动曲轴，边下压正时销，当油面波动时，正时销应进入销孔。当油平面波动时，如正时销没有进入销孔，或下时销已进入销孔，但油增面没有波动，均说明供油提前角不正确。

二、供油提前角的调整

CA6110/125ZA2 型发动机，供油正时的检查与调整基本步骤如下：

(1)将供油正时测时器装在第一分泵的高压油管接头上。

(2)拧松喷油泵联轴器的两只调整螺栓。

(3)转动曲轴，使指针指向 13°。

(4)转动调速器外壳，调整到玻璃管中的油面刚刚微动时为止。

(5)拧紧调整螺栓后，再复查一次，直到符合要求为止。

(6)起动发动机试验，发动机起动顺利，加速有力，过渡圆滑，无爆燃声。

(7)检查与调整作业完成后，收拾工具，清理场地。

采用VE泵的柴油发动机，供油正时的调整应结合装配调试同时进行。

三、备考要点

(1)柴油发动机供油提前角的含义，供油提前角过大、过小的现象。

(2)检查和调整供油提前角的方法。

(3)能完成供油提前角的检查与调整作业。

第五专题 柴油发动机喷油泵调试

柴油机喷油泵调试使用DB2000-ⅡA型泵油泵试验台，以A型四缸直列式喷油泵为例进行操作。4A451-9.5左1600喷油泵调试标准见表1-5-2。

表1-5-2 4A451-9.5左1600喷油泵调整数据及标准

4A451—9.5左1600	无锡威孚股份有限公司		
配套发动机	朝阳柴油机4102BQ/车用		
工况	用途	规格	备注
标定工况	转速/齿杆行程[(r/min)/mm]	1600/11±0.1	
	油量(ml/200次)	15.75±0.32	
校正工况	转速/齿杆行程[(r/min)/mm]	1100/11±0.1	
	油量(ml/200次)	14.5±0.15	
	转速/行程/油量[(r/min)/mm/(ml/200次)]	700/10.55/10.2±0.5	
	负校正起作用转速r/min	1050	
怠速工况	转速/齿杆行程[(r/min)/mm]	335/8.5	
	油量(ml/200次)	2.5±0.2	
	怠速极限转速/齿杆行程[(r/min)/mm]	500±50/3.9±0.2	
调速工况	调速起作用转速r/min	1615～1625	
	停油转速/齿杆行程[(r/min)/mm]	≤1800/4.5	
	大油门转速/齿杆行程[(r/min)/mm]	380/1～3.5	
	极限转速/齿杆行程[(r/min)/mm]	1880/1～3.5	
起动工况	转速/齿杆行程[(r/min)/mm]	150/14±0.1	
	油量(ml/200次)	16～19	
供油顺序	1-3-4-2		
供油预行程	(mm)	3.6±0.05	

一、调试条件

(1)试验台标准喷油器喷油压力:1.75MPa。

(2)试验台供油压力:12Pa。

(3)高压油管规格:$\Phi6\times\Phi2\times\Phi600$(外径×内径×长度,mm)。

(4)试验油温:<40℃。

二、调试工艺

1. 预行程调整

喷油泵装配结束后,要进行预行程调整。一般预行程的调整在第一缸进行。

(1)将喷油泵装于试验台上,接通油路,放尽空气,用孔径为2mm的玻璃管接头装在出油阀接头上,同时使柱塞处于最大供油量供油位置(油门控制手柄按到底)。

(2)按规定方向缓慢地转动凸轮轴,当玻璃管中燃油液面刚开始移动时,立即停止转动凸轮轴,拆下出油阀接头及出油阀偶件,把百分表的测头顶住柱塞顶部,再转动凸轮轴至下止点时,百分表上反映出的距离为预行程。

预行程的大小可通过正时螺钉来调整(当喷油泵转速达到1600r/min时,通过调整垫片调整),调整结束后,必须用专用工具拧紧正时螺母。

2. 第一缸供油开始时刻及供油间隔角度的检查与调整

(1)将试验台上工控机停机按钮按下,试验台驱动盘处于停机状态。拆下第一缸高压油管,再在该缸高压油管接头上装一个测时器,其玻璃管内径为1.5~2mm。

(2)起动试验台输油泵,用手柄转动喷油泵凸轮轴,将燃油泵入玻璃管,使油面位于中间位置。然后用手柄慢慢转动喷油泵凸轮轴,并观察油面,当玻璃管内油面微动,立即停止转动,此位置即是第一缸柱塞开始供油,在此情况下,喷油泵从动盘上的刻线应与泵体上的刻线对齐。为了使喷油泵调试维修后在装回发动机时能顺利起动,卸下和装回喷油泵时都应将此刻线对正。

(3)若刻线不对正,喷油泵装到柴油机上以后,柴油机将不能起动,需要重新安装喷油泵。这两个刻线对齐时就是一缸开始供油的正时记号。同时,将试验台上指针对正刻度盘上"0"度或某一刻度,而后按1-3-4-2的顺序,依次将高压油管接头上装上测时器,以第一缸为基准,检查各缸供油间隔角为90°±1°,否则应调整滚轮式挺杆上的调整螺钉进行调整,以保证各缸供油间隔均匀。

3. 起动油量的调整

此供油量为保证发动机起动时所需的供油量。测试时,先将操纵臂向加油方向扳到底，然后将试验台转速定在 100～150r/min，测量各缸喷油量，应为 16～19ml/200 次，如不符合规定，可通过操纵臂的全负荷油量螺钉进行调整。使操纵臂移向驱动盘方向，油量增大；移向相反方向，油量减少。

4. 全负荷油量的调整

全负荷油量的调整是保证发动机发出最大功率时所需要的供油量。将操纵臂向加油方向扳到底，供油量应为 16ml/200 次。油量不合适，可通过调整全负荷油量螺钉进行调整，向驱动盘方向旋进螺钉，油量减小；反之，油量增大。

5. 全负荷各柱塞供油量均匀度的调整

喷油泵在全负荷时要求各柱塞供油不均匀度应$\not>$3%。超出该范围必须进行调整，各柱塞供油量不均匀度 B 可用下列公式计算：

$$B=2(B\text{ 最大}-B\text{ 最小})/(B\text{ 最大}+B\text{ 最小})\times100\%$$

式中：B_{max}——供油量最大的分泵的油量

B_{min}——供油量最小的分泵的油量

当某一缸柱塞供油量偏多需要调整时，首先将齿圈及齿杆推动，让齿圈上的锁紧螺钉尽量面对操作者，然后将齿杆、齿圈位置固定；用旋具松开齿圈上的锁紧螺钉，适当向联轴节方向转动调节套，使齿圈和调节套相对位置改变，即可减少供油量。如供油量偏少，则按相反方向转动调节套，调节后应将锁紧螺钉可靠锁紧。

6. 调速器高速的检查与调整

操纵臂向加油方向推到底，提高试验台转速，检查在调速器作用下，喷油泵开始断油转速与断油终了转速，应符合下列要求。

开始断油转速：1615～1625r/min

断油终了转速：<1850r/min

如不符合上述要求，应通过高速调整螺钉 4 进行调整，如图 1-5-3 所示。向驱动盘方向旋入螺钉，断油转速升高，反之降低。与此同时要检查调整，在断油终了转速时，油量调节齿杆尾端应与齿杆限位螺钉保持1～2mm 间隙。

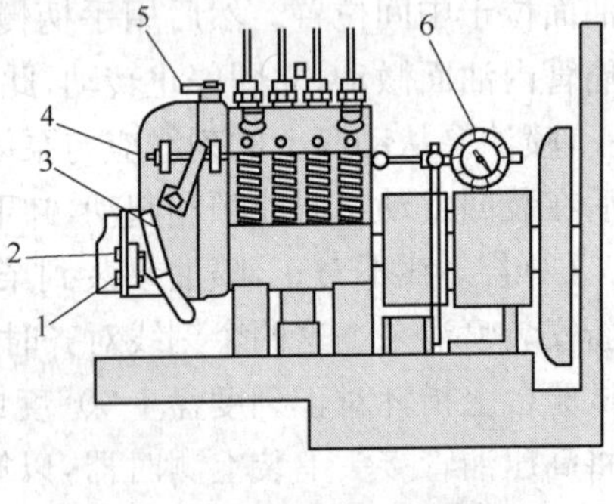

图 1-5-3　调速器调整部位

1. 全负荷油量调整螺钉　2. 怠速油量调整螺钉　3. 操纵臂　4. 高速调整螺钉　5. 停油机构　6. 齿杆行程测量装置

7. 调速器怠速工况的检查与调整

为保证发动机有稳定的怠速，必

须对怠速供油量进行检查与调整。其方法如下：将试验台怠速转速设定在335r/min左右，操纵臂在与怠速油量调整螺钉相抵的位置，测量其各缸柱塞的供油量应为2.5ml/200次，否则应通过怠速调整螺钉来进行调整。然后检查其怠速断油转速应＜500r/min。怠速供油量不均匀度≯35％。

4A451-9.5左1600型喷油泵在调试过程中要求：

(1)局部过热温度≯70％～80％。

(2)活动零件不得有卡滞、卡死现象。

(3)不应有不正常碰撞声及噪声。

(4)密封面处不应有渗油现象。

三、备考要点

(1)了解泵油泵试验台的基本功能、操作时的注意事项。

(2)知道柴油发动机喷油泵调试的项目和测试标准。

(3)能完成喷油泵的检查与调试作业。

第六专题　柴油发动机喷油器的调试

一、分解、清洗喷油器

(1)用铜丝刷清除喷油器外部积垢，再用毛刷蘸煤油清洗干净，然后按气缸排列次序放置在零件盘内。

(2)将喷油器夹在垫有铜皮的台虎钳上，使喷油嘴朝下，拧下回油管螺栓及锁紧螺母，拧下调压螺钉，取出弹簧座、调压弹簧和顶杆，收存各密封垫，并将各零件放在清洁的油盘内。

(3)拆下喷油嘴的紧固螺套，取出针阀体和防护罩，如针阀体外部有积炭不易从螺套内取出，不允许硬敲，应将其放在清洁的柴油中浸泡后再取出。

(4)从针阀体内拔出针阀，如不能拔出，可用鲤鱼钳垫布块夹住针阀拧出。将分解后的零件按缸次摆好，各喷油器的针阀和针阀体应成对放置。切勿错乱；进油管内的滤芯除需要更换时拆出外，一般不拆出。

(5)将针阀和针阀体放在清洁的柴油中浸泡后，用铜丝刷或硬木片清除阀体外部积炭，如喷孔堵塞可用钢丝通针疏通，针阀锥面及针阀体内圆锥面积炭用锥面清除器清理。积炭清除后，再用清洁的柴油彻底冲洗干净，再在没有清洗过零件的清洁柴油中将针阀装入针阀体内，并放在清洁的零件盘中用干净布盖好。

二、检查、装复喷油器

(1)检查调压弹簧，如有变形、裂纹应更换。顶杆不得有弯曲和裂纹。

(2)装复前，将各零件用清洁柴油再次清洗，然后将喷油器体夹在垫有铜皮的台虎钳上(装针阀体的一端朝上),针阀和针阀体应在清洁柴油中装复,然后装于喷油器体上,使定位销对正,放上防护罩,拧上紧固螺套,用扳手将其拧紧。取下喷油器,上下翻转时可听到针阀活动的撞击声,若无撞击声应检查针阀是否卡住,否则应重新清洗安装。

(3)使喷油器喷嘴朝下,将顶杆、弹簧、弹簧座依次装入喷油器体内,拧上调压螺钉(可先不装锁紧螺母)。

(4)以同样的方法,依次清洗,检查,装配其余各喷油器。

三、调试喷油器

将喷油器安装在专用试验器的高压油管上,如图 1-5-4 所示。

1. 检查喷油器的密封性

连续压动喷油器试验器上的泵油手柄 5,同时用旋具拧动喷油器上的调压螺钉 8,使喷油压力调整到 20MPa 以上;然后测量油压从 20MPa 下降到 18MPa 所需的时间。应为 9～12s,否则,说明针阀与针阀体圆柱面配合间隙过大;再拧动喷油器调压螺钉 8,并连续压动泵油手柄 5,将喷油压力调整到比规定的标准喷油压力低 2MPa,喷油器在 10s 内不能有渗油甚至滴油现象,否则说明针阀与针阀体密封锥面密封不良。

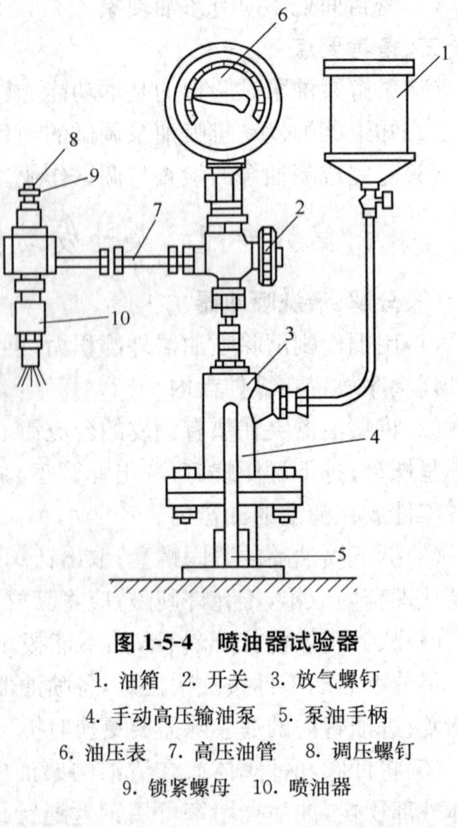

图 1-5-4　喷油器试验器

1. 油箱　2. 开关　3. 放气螺钉　4. 手动高压输油泵　5. 泵油手柄　6. 油压表　7. 高压油管　8. 调压螺钉　9. 锁紧螺母　10. 喷油器

2. 调整喷油压力

在喷油器试验器上,以 60 次/min 的频率压动泵油手柄 5,当喷油器 10 开始喷油时,油压表上的指示压力即为喷油器的喷油压力。喷油压力若不符合规定标准,应予调整。调整时,用旋具拧进喷油器调压螺钉 8,可使喷油压力增大;反之,喷油压力降低。表 1-5-3 所示为几种柴油机的喷油器特点和开启压力。

表 1-5-3　几种柴油机的喷油器特点和开启压力

柴油机	特点	喷油压力(MPa)	柴油机	特点	喷油压力(MPa)
康明斯 6BT	4 孔闭式	25.3	斯太尔 WD615	4 孔闭式	22.5+0.5
CA6110	5 孔闭式	17.2	黄河 JN6135	4 孔闭式	17.2
NJD433	轴针式	11.8+0.98	五十铃 6QAl	4 孔闭式	22
YZ495Q	轴针式	11.7+0.5	奔驰 OM402	4 孔闭式	17.2
YZ4l02	4 孔闭式	19+0.5	黄河 JN6120	双孔闭式	17.2

3. 喷雾试验

在喷油器试验器上，按规定喷油压力并以 60～80 次/min 的频率压动泵油手柄 5，使喷油器 10 喷油。要求：喷出的柴油呈雾状，且分布均匀，没有喷柱分支、油滴飞溅等现象；喷柱平直，不能有弯曲；断油干脆，并伴有清脆的声响；在多次喷油后，喷孔周围应干燥或少许湿润。若不符合上述任何一项要求，应更换喷油器针阀与针阀体偶件。

四、备考要点

(1)了解泵油器试验台的基本功能、操作时的注意事项。

(2)知道柴油发动机喷油器调试的项目和测试标准。

(3)能完成喷油器的分解、检查与调试作业。

第七专题　发动机排放性能检测

一、汽油机尾气排放检测

(一)检测设备

汽油车尾气排放检测设备为尾气分析仪。尾气分析仪有两气体、四气体、五气体之分。两气体分析仪只检测汽车排气中 CO 和 HC 两种气体；四气体分析仪能检测汽车排气中 CO、HC、CO_2、O_2 四种气体；五气体分析仪可检 CO、HC、CO_2、O_2 和 NO_x 五种气体。

目前广泛采用不分光红外线气体分析仪。这种气体分析仪，是一种能从汽车排气管中采集气样，并对其中所含 CO 和 HC 的浓度进行连续测量的仪器。它由废气取样装置、废气浓度指示装置和校准装置等组成，如图 1-5-5 所示。

1. 废气取样装置

废气取样装置由取样探头、滤清器、导管、水分离器和泵等组成。它通过取样探头、导管和泵从车辆排气管里采集废气，再用滤清器和水分离器把废气中的炭渣、灰尘和水分等除掉，只把废气送入分析装置。

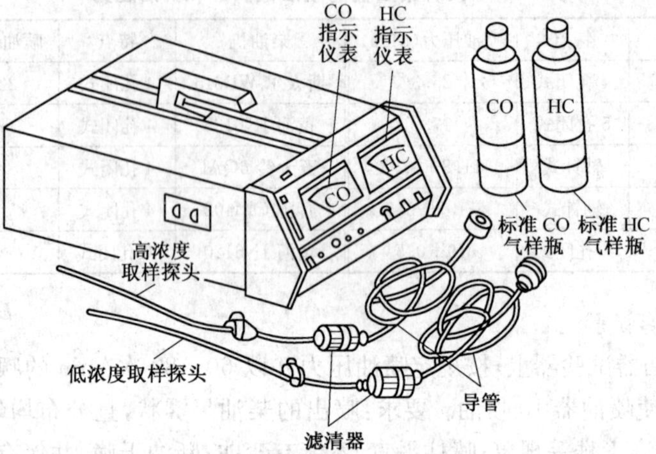

图 1-5-5　不分光红外线气体分析仪

2. 废气分析装置

废气分析装置由红外线光源、气样室、旋转扇轮、测量室和传感器等组成。该装置按照不分光红外线分析法，从来自取样装置的混有多种成分的废气中，测量出 CO 和 HC 的浓度，并以电信号形式输送给废气浓度指示装置。

3. 浓度指示装置

综合式气体分析仪的浓度指示装置，主要由 CO 指示装置和 HC 指示装置组成，有指针式仪表和数字式显示器两种类型。从废气分析装置送来的电信号，在 CO 指示仪表上 CO 的浓度以体积百分数(%)表示；在 HC 指示仪表上 HC 浓度以正己烷当量体积的百万分数(10^{-6})表示。

不分光红外线指针式气体分析仪如图 1-5-6 所示，可利用零点调整旋钮、标准调整旋钮和读数挡位转换开关等进行控制。此外，还可以通过气流通道一端设置的流量计，得知废气通道滤清器是否有脏污等异常情况。

4. 校准装置

校准装置是一种为了保持分析仪的指示精度，使之能准确指示测量值的装置。在此装置中，往往既设有用加入标准气样进行校准的装置，也设有用机械方式简易校准的装置。

标准气样校准装置是把分析仪生产厂附带的供校准用的标准气样(CO 和 HC)，从分析仪上专设的标准气样注入口直接送到废气分析装置，再通过比较标准气样浓度值和仪表指示值的方法来进行校准的一种装置。

简易校准装置通常是用遮光板把废气分析装置中通过测量气样室的红外线遮挡住一部分，用减少一定量红外线能量的方法进行简单校准的装置。

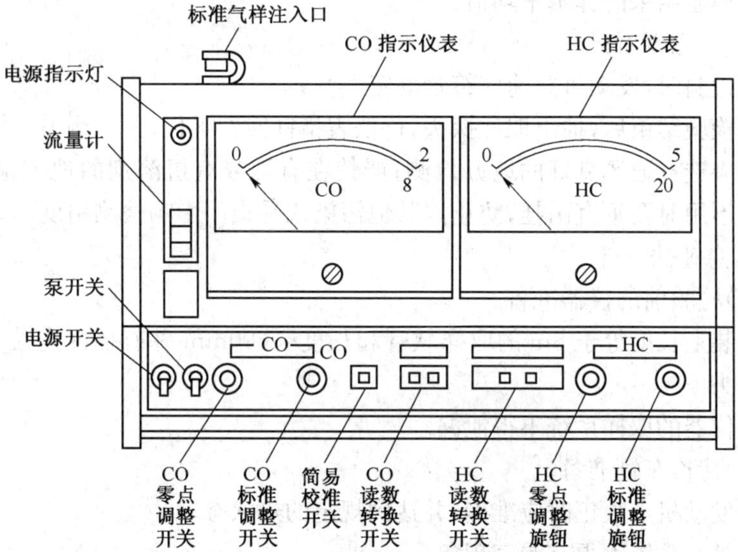

图 1-5-6 不分光红外线指针式气体分析仪面板图

(二)检测方法

1. 双怠速法

(1)检验前的仪器准备。

①装上长度等于 5m 的取样软管和长度不小于 600mm、并有插深定位装置的取样探头，取样软管和取样探头内残留 HC 体积分数不得大于20×10^{-6}。

②仪器的取样系统不得泄漏。

(2)待检车辆准备。

①发动机点火正时应准确，并达到规定的热状态。

②排气系统不得有漏气现象。

(3)检验程序。

①发动机由怠速工况加速至 0.7 倍的额定转速，维持 60s 后降至高怠速(即 0.5 倍的额定转速)，必要时在发动机上安装转速计。

②将取样探头插入排气管中，深度等于 400mm，并固定于排气管上。

③在高怠速状态下维持 15s 后读数，读取 30s 内排放的 CO 和 HC 的最高值和最低值，取其平均值即为高怠速排放检验结果。

④发动机从高怠速状态降至怠速状态，在怠速状态维持 15s 后开始读数，读取 30s 内排放的 CO 和 HC 的最高值和最低值，取其平均值即为怠速排放检验结果。若为多排气管时，分别取各排气管高怠速检验结果平均值和怠

速排放检验结果的算术平均值。

(4)注意事项：

①检验时，发动机怠速应符合规定。

②检验结束后，抽出取样探头，待仪表指针回到零位，再检测另一辆车。

③应选择通风良好的地方检测；严禁在有油或有机溶剂的地方检测；取样探头不用时要垂直吊挂，防止因其他污染或受损而影响检测精度。

2. 怠速法

(1)检验前的仪器准备。

①装上长度等于5m的取样软管和长度≮600mm并有插深定位装置的取样探头。

②仪器的取样系统不得泄漏。

(2)待检车辆准备。

①发动机点火正时应准确，并达到规定的热状态。

②排气系统不得有漏气现象。

(3)检验程序。

①必要时在发动机上安装转速计。

②发动机由怠速工况加速至0.7倍额定转速，维持60s后降至怠速状。

③发动机降至怠速状态后，将取样探头插入排气管中，深度等于400mm，并固定于排气管上。

④发动机在怠速状态下维持15s后开始读数，读取30s内CO和HC的最高值和最低值，其平均值即为测量结果。若为多排气管时，取各排气管测量结果的算术平均值。

二、柴油机尾气的检测

(一)检测仪器

柴油车尾气烟度检测时，应采用滤纸式烟度计。滤纸式烟度计的测量原理是：用一个活塞式抽气泵，从柴油机排气管中抽取一定容积的废气，使它通过一张一定面积的白色滤纸，废气中的炭烟存留在滤纸上，将其染黑。用检测装置测定滤纸的染黑度，再由指示装置指示出来。该染黑度即代表柴油车的排气烟度。

滤纸式烟度计是应用最广的烟度计之一，有手动、半自动和全自动三种形式。其结构都是由废气取样装置、染黑度检测与指示装置和控制装置等组成，如图1-5-7所示。

(二)检测方法

柴油车自由加速烟度的检测应在自由加速工况下，采用滤纸式烟度计，

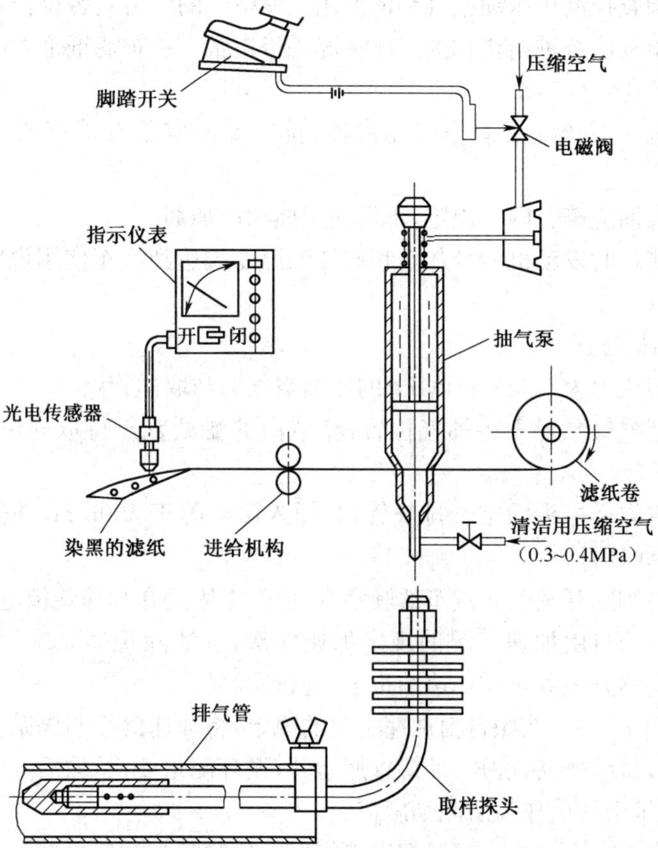

图 1-5-7　滤纸式烟度计结构示意图

按测量规程进行。

自由加速工况是指柴油发动机在怠速工况下，将加速踏板迅速踩到底，维持 4s 后松开。

1. 仪器准备

（1）通电前，检查指示仪表指针是否在机械零点上，否则用零点调整螺钉使指针与"0"刻度线重合。

（2）接通电源，仪器进行预热。打开测量开关，在检测装置上垫 10 张全白色滤纸，调节粗调及微调电位器，使表头指针与"0"刻度线重合。

（3）在 10 张全白色滤纸上放上标准烟样，并对准检测装置，仪表指针应指在标准烟样的染黑度数值上，否则应进行调节。

（4）检查取样装置和控制装置中各零部件的工作情况，特别要检查脚踏开关与活塞抽气泵动作是否同步。

(5)检查控制用压缩空气和清洗用压缩空气的压力是否符合要求。

(6)检查滤纸进给机构的工作情况是否正常。检查滤纸是否洁白无污。

2. 受检车辆准备

(1)进气系统应装有空气滤清器,排气系统应装有消声器并且不得有泄漏。

(2)柴油应符合国家规定,不得使用燃油添加剂。

(3)测量时发动机的冷却水和润滑油温度应达到汽车使用说明书所规定的热状态。

3. 测量程序

(1)用压力为0.3～0.4MPa的压缩空气清洁取样管路。

(2)把抽气泵置于待抽气位置,将洁白的滤纸置于待取样位置,并将其夹紧。

(3)将取样探头固定于排气管内,插入深度等于300mm,并使其轴线与排气管轴线平行。

(4)将脚踏开关引入汽车驾驶室内,但暂不固定在加速踏板上。

(5)按照自由加速工况的规定加速3次,以清除排气系统中的积存物。然后,把脚踏开关固定在加速踏板上,进行实测。

(6)测量取样,按照自由加速工况的规定,将加速踏板与脚踏开关一并迅速踩到底,持续4s后松开,维持怠速运转,循环测量4次,取后3个循环烟度读数的算术平均值作为所测烟度值。

(7)当汽车发动机出现黑烟冒出排气管的时间与抽气泵开始抽气的时间不同步现象时,应取最大烟度值作为所测烟度值。

(8)在被染黑的滤纸上记下试验序号、试验工况和试验日期等,以便保存。

(9)检测结束,及时关闭电源和气源。

三、备考要点

(1)了解发动机尾气排放的相关法规和标准。

(2)知道发动机尾气排放检测仪器的使用方法和要求。

(3)知道发动机尾气排放检测的项目、测试条件和操作要求。

(4)知道尾气排入超标的原因。

(5)能完成发动机尾气排放的测试作业。

第八专题　前轮定位参数的检测与调整

为使转向轮具有转向轻便、准确和行驶稳定的性能,在转向车轮上设计有主销后倾角、主销内倾角、车轮外倾角和车轮前束四项参数，统称为前轮定位，它是评价机动车的操纵性和直线行驶稳定性的重要参数，前轮定位值正确能使汽车的操纵性保持稳定。如果前定位不正确，不仅会引起转向沉重，增加驾驶人的劳动强度，汽车的行驶不稳定，不能保持直线行驶、车轮失去自动回正作用，而且会造成汽车操纵失准，因此应定时进行前轮定位参数的检测。

一、四轮定位仪

（一）四轮定位仪组成

汽车四轮定位仪主要由主机（计算机主机、显示屏、打印机）、测试光学机头、传感器连接线、机头固定夹具、四柱举升机等组成，如图 1-5-8 所示。该仪器可以记录有关测试信息，并存储于本机内，以便下次查询，可以提供有关帮助信息，便于调整和操作；还可以提供原厂资料，帮助使用者作出正确判断。

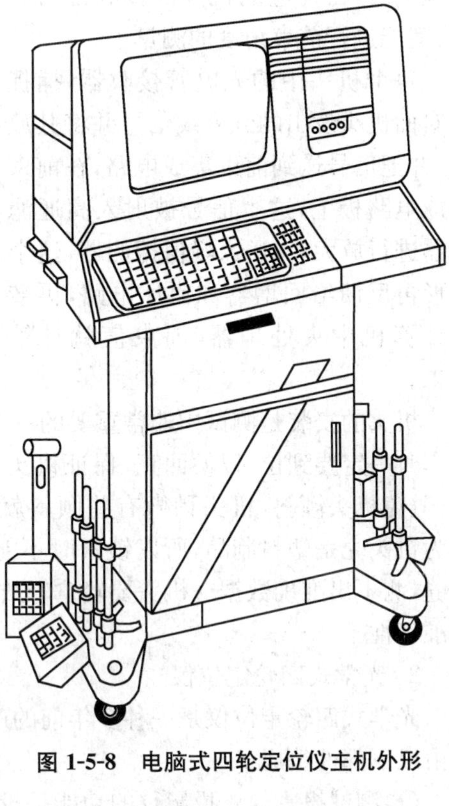

图 1-5-8　电脑式四轮定位仪主机外形

（二）四轮定位仪类型

1. 电脑式四轮定位仪

电脑式四轮定位仪由主机、前后车轮检测传感器、传感器支架、转盘、刹车锁、转向盘锁及导线等零部件构成。

四轮定位仪的主要检测机件是四个光学机头，每个机头里都有一套红外线发射和接收的电光学系统。光学机头在车上的安装位置如图 1-5-9 所示。每个机头里都有一个外倾角传感器和一个内倾角传感器，传感器把采集到的前束和倾斜度的信号通过电缆传给微机进行处理。机头里的两个上倾斜度传感器成 90°放置，分别测量机头在互相垂直的两个平面内的倾斜度。这种电子倾斜角度传感器的主要元件是两个光测器和一个转矩计，转矩计像一个钟摆，在摆转时发出脉冲。在垂直的情况下，它的臂处于两个光测器中间，没有电流输出；当机头倾斜时，光测器随机头倾斜而产生高度差。机头转过一定角度，但它仍保持垂直，就靠在底侧的光测器上，机头倾斜度越大，转矩计臂摆转的角度也越大。它每偏转一度，就会输出0.5V电压。这样，两个倾斜度传感器就能分别测出外倾角和主销内倾的角度。

每个机头里还设有一个发光二极管的印刷电路板。它们能发出一组圆柱形的红外线光束，它们的前面有一个瞄准镜头，可以把圆柱形光束转换成箭头状，变成一个个扇形光，经过聚焦后射出。在检测时，由对应的机头的接收镜头收到，就能进行前束角度的测量了。

每个机头中的光电管接收器，捕捉到对面机头发出的红外线信号并将其放大，并把信号送到前束集成电路，在前束集成电路板上，这个信号被射入高通滤波器进行放大，又送入峰值探测器，这个波形再反馈给回增器和钳压电路，再转到计算机中央处理器，前束值就计算出来。

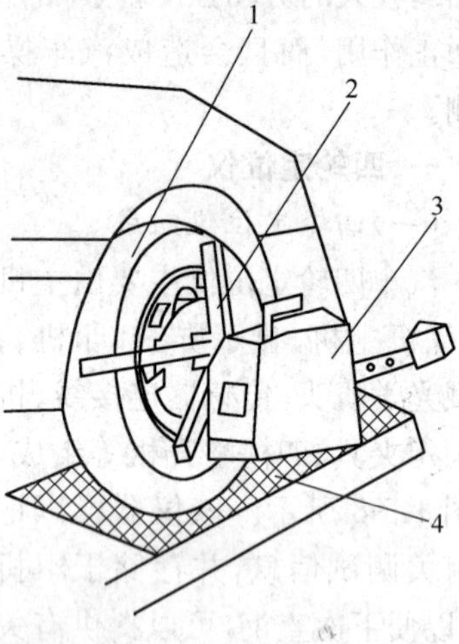

图 1-5-9　光学机头安装示意

1. 车轮　2. 固定爪　3. CCD电荷耦合传感器　4. 举升器

机头的安装是测试中非常重要的一个环节，机头上的孔往夹板上的轴销插套时一定要到位，以便回正，保证机头与夹板垂直；要注意锁紧螺栓，不能松，避免机头倾斜，机头稍微有些倾斜就会造成外倾角和内倾角数据失准。因为机头壳是塑料制品，所以锁紧时不能过度用力，以免使机壳上螺孔出现裂缝，测不出准确数据。机头要轻拿轻放，千万不能摔在地上，否则仪器将失去准确性。

2. 光学式四轮定位仪

光学式四轮定位仪是一种多年前的产品，目前，许多单位仍在使用，它主要由以下部件组成：

(1)测试投影仪。投影仪的功能是投射十字刻度线和作为屏幕接收从轮镜上反射回来的十字刻度线，根据基准线与十字刻度线相交的刻度可读出车轮前束角、外倾角、主销后倾角等。

(2)导轨。导轨的功用是用来支承测试投影仪，位于后轮处的导轨较长，以保证投影仪能在其上来回滑动，以适应不同轴距车辆的检测要求。

(3)转盘。转盘置于前轮下，以确保车轮在其上能灵活轻便地转动。

转盘下面为一固定盘，上面为一活动盘，两盘之间有滚珠或滚柱及其保持架，以确保上面的转盘可以转动自如，在下转盘里装有十字导轨以支撑指示车轮转角的刻度指针。

（4）万能轮镜安装架。安装架的三个卡爪分别固定在轮辋边沿，卡爪可依据轮辋尺寸大小进行调节，并可通过其上的偏心手柄锁紧。

（5）轮镜。轮镜有三个镜面，左右两镜面与中间镜面间夹角为20°用于接收并反射由投影仪投射出来的光线，轮镜通过锁紧套夹紧在调整盘上，调整盘又通过三角形布置的螺栓固定在万能轮镜安装架上。

（6）定位测量卷尺。定位测量卷尺包括一把卷尺和一个磁性座，其功能是用来测量汽车的摆正情况。

（7）后轮摆正滑板。后轮摆正滑板置于后轮下面，可以左右摆正汽车。

（8）主销内倾角测试仪。它安装在轮镜调整盘上，是专门用来测试主销内倾角的。

二、前轮定位的测量

（一）操作方法

（1）将待测车辆置于四柱举升机上，停放平直，车轮位置合适。

（2）在4只轮胎上分别装上四轮定位机头并接通传感器连接线。

（3）接通仪器电源，开机进入SUN汽车四轮定位仪主界面，选择四轮定位测试，系统开始自检。

（4）自检完成后，发出提示音，显示屏出现“SUN”字样。

（5）按动键盘上的向下光标箭头，仪器进入基本功能选择，显示屏显示如下：

开始定位操作

设定

定位机操作说明

保养定位机

档案库管理

以上功能都可通过上、下光标键进行选择。

（6）选择设定功能，按回车键确认，进入定位机设定选项，此时显示屏显示如下：

工作台设定

系统配置设定

修改设定

文字及车辆规格数据库设定

测量单位设定

日期/时间设定。

以上功能可通过上、下光标键进行选择，按“F6”键返回基本功能选择界面。

(7)选择文字及车辆规格数据库设定，按回车键确认，显示屏出现“荧屏文字”和“车辆规格”选项。

(8)选择车辆规格，按回车键确认，进入汽车规格资料库。

(9)选择正确车辆制造商，按回车键确认返回上一界面。

(10)按“F6”键返回基本功能选项，并选择“开始定位机操作”，显示屏出现清机指令：

开始新定位(归零)

所有定位数值归零

继续现行定位

保存现有数值

(11)选择开始新定位，进入定位功能，显示屏出现下列选项：

高级四轮定位

前轮定位(转向盘可能不正)

快速测读

车轮定位故障诊断

(12)选择高级四轮定位，进入系统设定界面，并进入顾客登记。

(13)输入顾客相关资料，按回车键确认，进入车辆详细资料界面。

(14)选择相应车辆制造商，按回车键进入汽车年款选项，按回车键确认后，车辆有关技术资料出现于显示屏上。记录这些数据，按回车键，进入项目检查选项。

(15)依次进行定位预备检查、轮胎检查、制动踏板检查、底盘检查、发动机盖下检查后，按回车键进入钢圈补偿。

(16)按“F9”键，进入SAI(内倾角)及后倾角等界面。

(17)按提示安装制动踏板固定器，调平锁紧机头，按回车键进入调平机头。

(18)依次将4只轮胎的机头调至水平，自动进入测量后倾角及内倾角。

(19)按提示依次向左、向右转动转向盘至仪器自动进入转正前轮。

(20)按提示将转向盘转正，并将所有机头调至水平，自动进入目前工作试验台位置。

(21)按回车键进入下一操作，调平机头；调整完毕后，自动进入下一操作，转正前轮。

（22）将转向盘再次转正并将机头调平，进入后轮测读状态。

（23）按回车键，进入前轮测量准备，调平并锁紧转向盘，调平并锁紧机头。

（24）按“F9”键进入前轮测读状态。

（25）根据前、后轮测读数据分析四轮定位参数的情况，与车辆技术资料进行比较，判断是否需要调整。

（26）调整完毕后，再次进行测试，直至符合要求为止。

（27）关闭所有设备电源，拆下所有连接测试件，清理场地。

（二）注意事项

（1）待测车辆要停放可靠，严格遵守安全操作规范。

（2）操作过程要严格按照仪器提示进行，不得随意更改项目进程。

（3）机头的装夹应牢固可靠，以免损伤。

（4）测试过程中，不得在机头之间走动或放置杂物，以免影响机头测试质量。

（5）不得随意起动发动机，以免发生危险。

（6）车辆升起后，锁好举升机安全保险杠，以免发生危险。

（7）车辆升起后的测试过程中，不得随意接近举升机。

（8）连接机头感应线时，尽量避免交叉，以免影响测试质量。

三、备考要点

（1）了解四轮定位参数的含义。

（2）知道四轮定位仪的使用方法和要求。

（3）知道四轮定位检测的项目、测试条件和操作要求。

（4）能完成四轮定位的测试作业。

第九专题　汽车制动性能台式检测

汽车制动性能直接关系到交通安全，评价制动性能的指标主要是制动效能（包括制动距离、制动时间、制动减速度和制动力等），可以应用检测仪器进行道路检测和室内台式检测，来评价机动车的制动性能。下面主要介绍单轴反力滚筒式制动试验台进行检测的过程。

一、单轴反力滚筒式制动试验台基本结构

单轴反力滚筒式制动试验台结构如图 1-5-10 所示，主要由下述装置组成：

1. 滚筒装置

共有两对（4 个）滚筒，每对滚筒单独设置，每对滚筒中有一个是主动滚

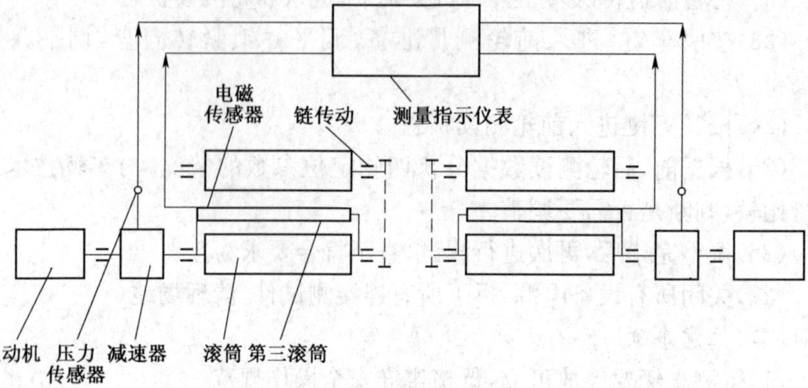

图 1-5-10 单轴反力滚筒式制动试验台结构

筒，由驱动置驱动。各滚筒两端通过滚动轴承支撑于框架上。为了增大滚筒与车轮之间的摩擦力，使之接近轮胎与地面之间的附着系数，在滚筒的外表面上沿轴向开有间隔均匀，有一定深度的沟槽。或者在滚筒表面喷涂黏砂，代替沟槽，附着系数可达 0.7～0.8。

2. 驱动装置

由电动机、减速器和链传动组成。减速器位于电动机输出轴和主动滚筒轴之间，由蜗杆传动或齿轮传动将电动机转速减速后传给主动滚筒。主动滚筒通过链传动，将动力传给从动滚筒。

3. 测量装置

测量装置用来测量车轮制动力，由测力杠杆、测力弹簧和传感器等组成。

4. 举升装置

为了便于汽车出入制动试验台，在主动和从动滚筒之间设置举升装置。该装置通常由举升器、举升平板和控制开关等组成。举升器常用的有气压式、液压式和电动螺旋式三种类型。

5. 指示与控制装置

制动试验台控制装置都采用电子式。为提高自动化与智能化程度，有的控制装置中配置计算机。指示装置有指针式和数字显示式两种，带计算机的控制装置多配置数字显示器，但也有配置指针式指示仪表的。

二、测量原理

机动车的某一轴车轮开上试验台后，由驱动装置驱动滚筒，并使车轮旋转。当达到某一转速时，踩下制动踏板，车轮产生一个作用于滚筒上的与滚筒转动方向相反的制动力，迫使减速器壳体与测力杠杆一起朝滚筒转动的相反方向摆动。测力杠杆一端的位移（或力）转换成与制动力大小成正比的电信号，经放大滤波后送往 A/D 转换成数字信号；经计算机采集、存储和处理后，在屏幕上显示或由打印机输出。

三、测量方法

1. 试验台的准备

(1)检查试验台滚筒上有无泥、水、油等杂物，如有则应清除干净。

(2)使滚筒在无负荷状态下运转，检查并调整仪表指针零位。

(3)检查举升器动作是否灵活，如动作阻滞或有漏气部位应进行检修；检查举升器是否在升起位置，否则应使举升器升起到位。

(4)检查各指示灯工作是否正常。

(5)检查各种导线有无因损伤造成接触不良现象。

2. 被测车辆的准备

(1)核实汽车各轴轴荷，确保被测汽车车轴轴荷在试验台允许载荷范围内。

(2)检查轮胎是否沾有泥、水、油等杂物，要特别注意检查轮胎花纹内或后轴双轮胎间是否有嵌入的小石子与石块，如有应清除干净。

(3)检查轮胎气压，使其符合出厂规定值。

3. 测试步骤

(1)接通试验台总电源，按说明书要求预热至规定时间。

(2)汽车从其纵向中心线与滚筒轴线垂直的方向驶入试验台，先前轴，再后轴，使车轮处于两滚筒之间的举升平板上。

(3)汽车停稳后，变速器置于空挡位置，行车制动、驻车制动处于放松状态，能测制动协调时间的试验台还应将脚踏开关套装在制动踏板上。

(4)降下举升平板，至轮胎与举升平板完全脱离为止。

(5)起动电动机，使滚筒带动车轮旋转，待转速稳定后，从仪表上读取车轮阻滞力数值。

(6)踩下制动踏板，从指示仪表上读取最大制动力值，并打印检测结果，一般试验台在 1.5～3.0s 后或第三滚筒发出车轮即将抱死的信号后滚筒自动停转。

(7)升起举升平板，驶出已测车轴，按上述相同方法继续进行下一个车轴的检测。

(8)所有车轴的脚制动及驻车制动性能检测完毕后，升起举升平板，汽车驶出试验台。

(9)切断试验台总电源。

四、备考要点

(1)了解单轴反力滚筒式制动试验台基本结构和测量原理。

(2)能完成制动力的测试作业。

(3)知道制动力不足的原因。

下　篇
中级晋升高级备考须知

模块一　编制零件修理工艺卡

第一专题　编制汽车修理工艺卡的基础知识

一、汽车修理工艺和工艺流程

1. 汽车修理工艺

汽车修理工艺是指按一定的技术要求，利用工具、量具、设备等恢复零部件技术性能的过程，是人们在长期的汽车修理工作实践中，逐渐积累起来的经验总结。

2. 汽车修理工艺流程

汽车修理工艺流程是指待修汽车从进厂到出厂的整个生产过程，根据生产需要，有整车大修工艺流程、总成修理工艺流程、零件修理工艺流程。工艺流程与工艺的组织方式有关，我国汽车修理的基本工艺组织方式有就车修理方式、总成互换方式、组合件互换方式、就车与互换相结合的方式等，不同的工艺组织方式，有不同的工艺流程。

整车大修工艺流程一般应包括进厂检验、外部清洗、总成拆卸、零件清洗、检验与分类、零件修理、总成装配、总成试验、汽车总装、出厂检验等。

3. 汽车修理工序

修理工序是汽车修理作业的最小单元，也是汽车修理工艺流程的基本组成部分。在一个地点由一个或一组工人，对一个或一组零件连续完成的工艺作业，就称为一个工序。

4. 汽车修理工艺规范

对选定的汽车修理工艺流程，将其内容用文字、图表等形式确定下来，并写成的技术文件，为汽车修理工艺规范。通常情况下，工艺规范只提出总的目标要求，并不具体标明各工序的技术操作，它是汽车修理质量管理的重要技术文件。

5. 汽车修理工艺卡

汽车修理工艺卡是按不同的作业范围(如清洗、检验、加工、装配),根据工艺规范所规定的内容,用简明的文字、表格或工作图等形式表达出来的技术文件。它是工艺规范的具体体现;是具体安排和指导生产的依据;是工艺规范进入修理作业的执行部分。工艺卡片上较详细地写明了各工序的技术要求、操作要点及步骤,以便送达车间,用其组织和指导生产。

二、汽车修理工艺卡的类型

汽车修理工艺卡的种类繁多,内容繁杂,目前尚无统一的格式,企业或个人根据具体情况自行设计。按照工种或作业性质的不同,汽车修理工艺卡通常分为拆卸工艺卡、技术检验工艺卡、零件修复工艺卡、零件检验工艺卡、装配工艺卡、调试工艺卡、综合工艺卡(将零件或总成的检、修、装、调、试编制到一个工艺卡上)等。

1. 零件修复工艺卡

零件修复工艺卡通常是一个零件一张卡,其参考格式和内容见表 2-1-1。对于简单零件的制配,也可将其作为零件机械加工工艺卡。

表 2-1-1　零件修复工艺卡的格式和内容

<table>
<tr><td colspan="3">单位名称</td><td></td><td colspan="6">零件修复工艺卡片</td><td>卡片编号</td></tr>
<tr><td colspan="4" rowspan="4">(工艺图)</td><td colspan="6">零　件</td><td></td></tr>
<tr><td>名称</td><td>厂牌</td><td>编号</td><td>材质</td><td colspan="2">机械性能</td><td>第　页</td></tr>
<tr><td></td><td></td><td></td><td></td><td colspan="2"></td><td>共　页</td></tr>
<tr><td colspan="7">说明</td></tr>
<tr><td>图上号码</td><td>工序编号</td><td>工序名称</td><td>操作要点及技术要求</td><td>设备</td><td colspan="2">工具、模具夹具、刀具</td><td>量具</td><td>焊条牌号</td><td>工序时间</td><td>备注</td></tr>
<tr><td></td><td></td><td></td><td></td><td></td><td colspan="2"></td><td></td><td></td><td></td><td></td></tr>
<tr><td></td><td></td><td></td><td></td><td></td><td colspan="2"></td><td></td><td></td><td></td><td></td></tr>
<tr><td rowspan="2">编制时间</td><td rowspan="2"></td><td rowspan="2">编制人</td><td rowspan="2"></td><td>审核人</td><td colspan="3"></td><td colspan="2">批准人</td><td></td></tr>
<tr><td>时　间</td><td colspan="3"></td><td colspan="2">时　间</td><td></td></tr>
</table>

2. 零件技术检验工艺卡

零件技术检验工艺卡通常是一个零件一张卡,其参考格式和内容见表 2-1-2。适用于零件修复前的检验分类和零件修复过程的检验。零件修复前的技术检验工艺卡可以不填写卡片的“工序号”,而零件修复过程的技术检验工艺卡必须按修理工艺过程顺序填写“工序号”。

3. 装配工艺卡

装配工艺卡的格式和主要内容见表 2-1-3。通常将其分为汽车装配、总成装配和组合件装配工艺卡等。

表 2-1-2　零件技术检验工艺卡的格式和内容

<table>
<tr><td>单位名称</td><td colspan="3"></td><td colspan="5">零件技术检验工艺卡</td><td>卡片编号</td></tr>
<tr><td colspan="4" rowspan="4">（检验部位图）</td><td colspan="5">零　件</td><td></td></tr>
<tr><td>名称</td><td>厂牌</td><td>编号</td><td>材质</td><td>机械性能</td><td>第　页</td></tr>
<tr><td></td><td></td><td></td><td></td><td></td><td>共　页</td></tr>
<tr><td colspan="6">说明</td></tr>
<tr><td rowspan="2">工序号</td><td rowspan="2">工种</td><td rowspan="2">图上号码</td><td rowspan="2">技术要求</td><td rowspan="2">检验方法</td><td colspan="2">检　验</td><td rowspan="2">检验结论</td><td rowspan="2">工序时间</td><td rowspan="2">备　注</td></tr>
<tr><td>量具</td><td>仪器</td></tr>
<tr><td></td><td></td><td></td><td></td><td></td><td></td><td></td><td></td><td></td><td></td></tr>
<tr><td></td><td></td><td></td><td></td><td></td><td></td><td></td><td></td><td></td><td></td></tr>
<tr><td rowspan="2">编制时间</td><td rowspan="2"></td><td rowspan="2">编制人</td><td rowspan="2"></td><td>审核人</td><td colspan="3"></td><td>批准人</td><td></td></tr>
<tr><td>时　间</td><td colspan="3"></td><td>时　间</td><td></td></tr>
</table>

表 2-1-3　装配工艺卡的格式和内容

<table>
<tr><td>单位名称</td><td colspan="3"></td><td colspan="3">装配工艺卡</td><td>卡号</td><td></td></tr>
<tr><td colspan="4" rowspan="3">（装配图）</td><td colspan="2">装配名称</td><td>厂牌</td><td colspan="2">第　页</td></tr>
<tr><td colspan="2"></td><td></td><td colspan="2">共　页</td></tr>
<tr><td colspan="5">说明</td></tr>
<tr><td>工序号</td><td>工种</td><td>作业名称</td><td>操作要点及技术要求</td><td>设备</td><td>工具</td><td>量具</td><td>工序时间</td><td>备注</td></tr>
<tr><td></td><td></td><td></td><td></td><td></td><td></td><td></td><td></td><td></td></tr>
<tr><td></td><td></td><td></td><td></td><td></td><td></td><td></td><td></td><td></td></tr>
<tr><td rowspan="2">编制时间</td><td rowspan="2"></td><td rowspan="2">编制人</td><td rowspan="2"></td><td>审核人</td><td colspan="2"></td><td>批准人</td><td></td></tr>
<tr><td>时　间</td><td colspan="2"></td><td>时　间</td><td></td></tr>
</table>

4. 综合工艺卡

技术检验的综合工艺卡，适用于总成、组合件、结构系统等的综合性技术检验。在卡片的“检验项目”栏内，应逐项注明检验技术名称（如曲轴主轴承径向间隙、连杆轴承轴向间隙、飞轮端面跳动、气缸压缩压力等）。其参考格式和内容见表 2-1-4。

汽车修理工艺卡的格式多种多样，以上几种形式仅供参考，也可以将以上工艺卡的名称和内容作适当改变，做成其他类型的工艺卡。例如，装配工艺卡修改后可用作拆卸、调试工艺卡，零件修复工艺卡修改后，可用做孔形零件的镗削、修磨工艺卡等。

表 2-1-4 综合技术检验工艺卡的格式和内容

单位名称				卡号			
检验名称		车型		修别		第 页	共 页
检验项目	技术要求	检验方法	检验		检验结论	作业时间	备注
			量具	仪器			
编制时间		编制人		审核人		批准人	
				时间		时间	

三、汽车修理工艺卡的主要内容

工艺卡的内容应根据工艺特点而定，通常包括工序号、工位图和技术要求几个主要方面。

(1)工序号是按作业顺序编排的序号，在修理工艺卡片中，此序号还包含工艺过程程序。

(2)工位图用于指明零件或总成的作业部位，以便按照指明的部位工作。如检验图和装配图，应在图上用引线注明其损伤部位或配合副的公差、间距、角度及方位等的相互位置。对操作方法，应用简图表明工件对设备、夹具、工具、量具及仪器等在操作中的相互位置或操作方法。

(3)技术要求主要包括以下内容：

①工艺规范。主要是指用于工艺方面的数据，如切削加工的切削量，零件清洗溶液的成分，热处理的温度及机械性能等有关数据。

②技术要求。主要指零件的尺寸(如公称尺寸、允许磨损尺寸、极限磨损尺寸等)、表面粗糙度及精度、配合副的公差等。

③性能条件。指装配中某部位承受的压力、转矩和工作性能等。

④报废条件。指零件损伤达到无法修复程度的具体规定。

⑤设备、工具、夹具。应在每一作业项目(工序)中指明所使用的设备、夹具、工具、量具和仪器等的名称及必要的型号。

⑥材质。指工件所用材料的种类、型号及尺寸等。

⑦工序时间。指完成每一工序所需的连续作业时间。根据时间长短，工序时间用“min”或“h”计算。为了便于安排生产计划和考核，最好分定额工时和实际工时。

⑧机械性能。通常指零件的表面硬度。

工艺卡是法定性工艺文件，编好后由检验员签字并报有关单位批准。批准单位盖章(或签字)后在注明的执行日期生效。如要修改,须经有关部门批准。

四、备考要点

(1)了解汽车修理工艺流程、修理工序、工艺规范、工艺卡的概念。

(2)知道汽车零件修理工艺的主要内容,并能自行设计零件修理工艺卡。

第二专题　编制汽车零件修理工艺卡的专业知识

汽车修理工国家职业标准中,要求高级修理工能编制曲轴、气缸体、变速器壳体、差速器壳体等各总成主要零部件的修理工艺卡。编制修理工艺卡,除要了解工艺卡的格式外,还应了解汽车零件的损伤形式和基本的修理方法,在此基础上,结合修理工作实践,才能编制出科学合理的工艺卡。

一、汽车零件的损伤形式

汽车零件的损伤按产生的机理可分为磨损、变形、蚀损、疲劳等失效形式。

(一)磨损

磨损是指零件表面由于相对运动而在承载表面上不断出现材料损失的过程。汽车上多指相互配合的零件因摩擦效应而造成的一种结果。汽车零件的摩擦形式有液体摩擦、半干摩擦和干摩擦三种类型,有的零件在工作中存在多种摩擦形式,不同的摩擦形式其磨损速度不同。汽车零件的磨损类型除正常的摩擦磨损外,还存在粘着磨损、微动磨损、磨料磨损等。磨损是汽车零件损伤的主要因素,正常使用的汽车,零件的磨损又是不可完全避免的。磨损的结果将使零件的外形尺寸、形状等发生变化。

(二)变形

汽车零件的变形可分为弹性变形和塑性变形两种。

1. 弹性变形失效

所谓弹性变形失效是指零件由于发生过大的弹性变形而造成的失效。失效的形式有一般弹性失效和弹性失稳。前者是指零件在外力作用下产生过大的弹性挠曲,如发动机曲轴如果刚度不足,发生过大的弹性变形,结果会使活塞与缸盖产生碰撞,而导致连杆的折断。弹性失稳往往发生在细长杆件或薄壁板状零件受纵向压缩后,产生侧向弹性弯曲,进而以塑性变形或断裂的形式损坏。

2. 塑性变形

塑性变形是指零件在外力或内应力作用下产生变形,当作用力消除后,不能恢复的变形。汽车零件由于塑性变形而不能继续工作的失效称为塑性变形失效，汽车维修作业中最典型的例子，是铝质发动机缸盖在热状态下分解后，因铝材热胀冷缩而导致缸盖的部分塑性变形，装复时无法再与缸体密合而失效。

汽车零件的塑性变形，可能产生弯曲、扭曲、挠曲等，基础件变形是造成轴线不平行度、不垂直度和不同轴度等形位公差过大的主要原因。正常使用的汽车变形主要是由于冲击造成的，汽车在行驶中，由于机件自身的运动和速度的变化，如加减速、上下坡、紧急制动、起步过猛等，在惯性力作用下必然会产生冲击，长期的冲击将导致机件由弹性变形进而变为塑性变形，甚至扭曲、断裂。

（三）蚀损

汽车零件的蚀损可分为腐蚀和穴蚀两种。腐蚀是指金属与周围介质产生化学或电化学反应的现象。不被腐蚀的金属是不存在的，腐蚀速度的快慢除与金属本身的性质有关外，与所接触的介质有着密切的联系。穴蚀是某些与液体接触的零件所特有的一种损伤形式，损伤处呈聚集的孔穴现象，如柴油机湿式缸套外圆柱面的蚀损，是典型穴蚀现象。

（四）疲劳损伤

疲劳损伤是指承受交变载荷的零件，在其应力低于材料许可强度的情况下，突然发生损坏的一种损伤形式。它与静力载荷的损坏有显著的不同，一是材料的损伤在应力远低于材料许可强度极限的情况下就可能发生，二是不论是塑性材料还是脆性材料，疲劳损坏前没有显著的残余变形，均表现为脆性突变。汽车零件的疲劳损坏主要是承受振动、交变载荷的零件如曲轴、气门弹簧、转向节等。

（五）老化

汽车上的非金属材料，如橡胶、塑料、油漆等，随时间的增加，在阳光和空气的作用下，内部的分子会逐渐分解，产生复杂的化学变化，从而使材料的性质发生改变，如变色、变脆、龟裂等，进而失去原有的功能。

二、汽车零件的修理方法

汽车零件的修理主要应考虑两个方面，一是损伤的零件为可修复件，二是修理成本低于市场相同零件的价格。有时，市场购买不到的零件，在不能替换的情况下，不得不原件修复，汽车零件的修理方法主要有机械加工、焊修、电镀、喷涂和粘接等。

（一）机械加工

机械加工修理是指利用机械加工设备或手工加工工艺对零件表面进行的修理，使零件恢复原来的设计和技术要求。主要有修理尺寸法、镶套修复法、局部更换和换位修理法、校正法等。

1. 修理尺寸法

修理尺寸法是修理配合副零件磨损的一种方法，即将零件磨损表面通过机械加工，恢复其正确的几何参数，并与相配合的零件，恢复配合性质的加工方法。加工后的尺寸称为修理尺寸，修理尺寸是根据零件结构和材料机械强度允许的程度来确定，在材料强度允许的范围内，可将修理尺寸分为若干级，每级级差，因零件不同也有区别，但以 0.25mm 为级差的最多。表 2-1-5 为汽车主要零件修理尺寸分级表。

表 2-1-5　汽车主要零件修理尺寸分级　　(mm)

名称	1级	2级	3级	4级	5级	6级	7级	8级
气缸承孔（气缸套外径）	+0.25	+0.50	+0.75	+1.00				
气缸直径（活塞外径）	+0.25	+0.50	+0.75	+1.00	+1.25	+1.50		
活塞环直径	+0.25	+0.50	+0.75	+1.00	+1.25	+1.50	+1.75	
活塞销直径	+0.04	+0.08	+0.12					
曲轴主轴承内径	−0.25	−0.50	−0.75	−1.00	−1.25	−1.50	−1.75	−2.00
转向节主销外径	+0.08	+0.12	+0.16	+0.20				

确定具体零件的修理尺寸时，可按下列公式进行计算：

$$D = 2(\lambda b + C)$$

式中　D——新修理尺寸(mm)

λ——磨损不均匀系数，一般情况下取 0.6～0.9

b——实测零件的最大磨损量(mm)

C——加工余量，通常取 0.10～0.20

如果计算出的 D 值不是标准分级，应选择下一个分级，同一组零件，应同一个修理级别。对磨损较少或尺寸较小的零件，可直接用 b 与 C 的和来确定修理尺寸。

2. 镶套修复法

镶套修复法是先在零件的磨损部位作圆整加工，然后用过盈配合的方法镶套，使零件恢复原来的技术要求。镶套配合的过盈量分为三级，一级为轻度过盈配合，过盈量为 0.02～0.05mm，如 H6/r5、H7/r6，二级为中度过盈配合，过盈量为 0.05～0.15mm，如 H7/s6、H8/s7，三级为重度过盈配合，过盈量超过 0.15mm，如 H7/u6、H8/u7。过盈量的选择应合适，必要时要进行强度计算。

3. 局部更换和换位修理法

当零件的损伤产生在零件的局部，而其余部分无需修理时，只要零件的结构允许，可采用局部更换修理法。即将零件需要修理的部分切除，重制这部分零件，再用焊接等方法与主体零件连接在一起，经加工后恢复原来的和技术要求。

有些零件因使用的原因，往往产生单边磨损，对称的另一边不磨损或磨损量极少，如果零件的结构允许，可利用零件的未磨损边，即将零件 90°或 180°使用的方法。

4. 校正法

(1)冷压校正。冷压校正弯曲或扭曲的零件时，针对金属材料弹性后效的影响，应采取以下的措施：

①校正时零件产生的反变形必须大于原来的变形量。

②保持一定时间的加载量。

③进行时效处理。

(2)敲击校正。用锤子敲击零件，以达到校正的目的。目前，仅用于曲轴的弯曲校正，用专用的球形锤，敲击曲柄臂，使曲轴轴心线产生位移达到校正曲轴弯曲的目的。

(3)火焰校正。用氧-乙炔焰对变形零件进行局部快速加热，靠加热部分冷缩应力的作用来校正零件的一种方法。多用于一些尺寸较大，形状复杂的零件的修复作业。选择火焰校正修理方法时应注意以下事项：

①加热宽度应控制在工件厚度的 0.5～2.0 倍，加热长度不超过工件长度的 70%。

②一般加热温度应控制在 200℃～700℃，最大不得超过 1000℃。

③加热深度一般不超过工件厚度的 50%。

火焰校正对操作者的经验和技术要求较高，其应用受到一定的限制。

(二)焊修

焊接技术应用于汽车零件修理时称为焊修，是汽车零件修理时常用的一种方法，能修复各种情况下损坏的零件，如磨损、破损、断裂、凹坑等。根据热源的不同，焊接分为电焊和气焊。根据熔剂的不同电焊又分为焊条电弧焊和振动堆焊，堆焊又可分为二氧化碳保护焊、埋弧堆焊、电脉冲堆焊、等离子堆焊等。选择焊修方法时，应根据零件的材料性质、大小、形状、损坏形式和程度、后续工序等综合考虑。

(三)电镀

将金属零件浸入到金属盐溶液中，作为阴极通以直流电，在电流作用下，溶液中的金属析出，沉积到零件表面形成金属镀层，这一电化学过程称为电镀。依据金属镀层的作用，电镀修理法可分为：增加尺寸和耐磨性的镀层，如镀铬、镀铁、镀铜等；提高搞腐蚀性的镀层，如镀锌、镀镍、镀铬等；装饰性镀层和特殊用途镀层等。电镀修理法不仅可用来恢复零件的尺寸，而且可以在很大程度上改善零件的性质、改善润滑条件，同时对基体零件的材料性质没有任何影响。

（四）喷涂

以某种形式的热源将粉末或线状材料加热到熔化状态后，用高压高速气流将其雾化成细小颗粒并喷射到零件表面上，形成覆盖层的过程称为喷涂。金属喷涂可分为电喷涂、气体火焰喷涂、高频电喷涂、等离子喷涂等。汽修企业多采用气体火焰喷涂，主要用于轴类零件如曲轴、凸轮轴等的修理。喷涂层的性能与粉末材料、喷涂工具、喷涂工艺等有关。

（五）粘接

用粘接剂将两个零件牢固地粘在一起的修复方法，常用于车身零件、油箱、水箱、壳体上的穿孔和裂纹的修理。粘接剂的种类很多，汽车修理中常用的粘接剂有环氧树脂、酚醛树脂、厌氧胶、高强芳粘接剂等。

三、表面粗糙度

经过修理后的零件，其表面粗糙度应达到原设计要求。是零件检验的重要内容之一，在工艺卡中应详细标明粗糙度的检验标准、评定基准等。

（一）检验标准和参数

以国标 GB/T3505－2009（产品几何技术规范）中规定的相应参数进行检验。

1. 评定轮廓的算术平均偏差 Ra

Ra 是指在一个取样长度内轮廓偏距绝对值的算术平均值。Ra 值的大小能客观反映被测表面微观几何特性。Ra 越小，说明被测表面微小峰谷的幅度越小，表面越光滑。

2. 轮廓的最大高度 Rz

Rz 是指在一个取样长度内，最大轮廓峰高最大轮廓谷深之和的高度。

3. 轮廓单元的平均宽度 Rsm

Rsm 是指在一个取样长度内粗糙度轮廓单元的平均值。对 Rsm 需要辨别高度和间距。如没有另外规定，省略标注的高度分辨率为 R_b 的 10％，省略标注的间距分辨率为取样长度的 1％，上述两个条件均应满足。

4. 轮廓的支撑长度 $Rmr(c)$

$Rmr(c)$ 是指在给定水平位置上轮廓的实体材料长度与评定长度的比率。

以上四个参数,*Ra* 和 *Rz* 是标准中规定必须标注的幅度参数,也称基本参数。*Rsm* 和 *Rmr*(*c*)是幅度参数的附加参数,不能单独在图样上标出,只能作为幅度参数的辅助参数标注。

(二)评定基准

为合理准确地评定被测零件表面的粗糙度,需要确定间距和幅度两个方向的评定基准,即取样长度、评定长度和轮廓中线。

1. 取样长度

用于判别具有表面粗糙度特征的一段基准线长度。取样长度应根据零件实际表面的形成情况及纹理特征,选取能反映表面粗糙度特征的一段长度,量取取样长度时,应根据实际的表面轮廓总的走向进行。

2. 评定长度

评定轮廓所必须的一段长度,可包括一个或几个取样长度。

3. 轮廓中线

具有几何轮廓形状,并划分轮廓的基准线,是用以评定表面粗糙度参考值的给定线,一般有两基准线,一是轮廓最小二乘中线,二是轮廓算术平均中线。前者是在取样长度内,使轮廓线上各点的纵坐标值的平方和为最小的线;后者具有几何轮廓形状,在取样长度内与轮廓走向一致的基准线。

(三)检测方法

检测粗糙度的方法有比较法、触针法、干涉法等,应根据企业的设备情况进行确定。

四、主要零件的热处理规定

1. 曲轴修复的热处理工艺要点

常用的 QT600-2 球墨铸铁曲轴的修理工艺和热处理工艺为:堆焊修复→正火→高温回火→机械加工→高频淬火。

正火的方法是将曲轴加热到 880℃～950℃,保温 1～2h,出炉后空冷。

高温回火的方法是将曲轴加热到 500℃～600℃,保温 1～3h,出炉后空冷。曲轴经机械加工后进行高频淬火,粹火后的曲轴硬度为 240～300HBW,轴颈处的硬度应≮55HRC。

2. 变速器壳体的热处理工艺要点

常用的 HT250 灰铸铁变速器壳体的修复加工与热处理工艺路线为:焊接修补→高温退火→机械加工。

铸件焊接后的表面,由于冷却速度快,表面硬度高,不利于切削加工,为降低硬度、改善切削性能,必须将壳体高温退火,退火的方法是将壳体加热到 840℃～880℃,保温 2～5h,随后冷却至 400℃～600℃,再放置在空气中冷却到常温状态。

五、备考要点

(1)了解汽车零件的主要损坏形式,知道常用的修理方法。

(2)掌握轴类零件、壳体零件的机加工修理工艺过程。

(3)了解轴类零件、壳体零件的表面粗糙度及热处理工艺要求。

模块二　典型零部件的修复方法

第一专题　气缸的修理方法

一、气缸的镗削

(一)修理尺寸的选择

气缸磨损后,选配加大活塞、镗磨加工气缸内孔来恢复气缸与活塞的正常配合及气缸的圆柱度等技术要求,是常用的气缸修理方式。活塞、气缸的修理尺寸通常是在标准直径的基础上,每加大 0.25mm 或 0.50mm 为一级,逐级增大至 1.00mm 或 1.50mm。

确定气缸修理尺寸的方法如下:根据磨损最大气缸的最大直径选取加大活塞,即确定气缸修理尺寸。所选活塞的直径加配缸间隙应稍大于磨损后的气缸直径。

修理尺寸=磨损最大气缸的最大直径+加工余量

加工余量一般取 0.10~0.20mm。

(二)计算镗削量和镗削次数

镗缸前根据活塞和气缸的尺寸,按下式计算镗削量:

镗削量=活塞最大直径-气缸最小直径+配合间隙-磨缸余量

磨缸余量一般应为 0.03~0.05mm,不可过大也不可过小,过大不但浪费工时,还易把气缸磨出失圆或锥体;过小则粗糙度难以达到要求,不能保证质量。

镗削量确定后,再根据镗缸机每次允许的吃刀量确定镗削次数,一般铸铁气缸第一刀和最后一刀吃刀量为 0.05mm。中间几刀可稍大,但不能超过镗缸机所规定的最大吃刀量。东风 TM1 型镗缸机最大吃刀量为 0.40mm,在实际使用中,尽量不要用最大吃刀量,以延长镗缸机的使用寿命。

(三)镗缸工艺

现以东风 TMl 型镗磨缸机为例介绍镗缸工艺。东风 TMl 型镗磨缸机如图 2-2-1 所示。焊补气缸体、镶气缸套会引起气缸变形,这些工作必须在镗缸前进行。镗缸的工艺步骤如下:

1. 清洁和修整平面

清洁气缸体上平面和镗缸机底部,并用细锉刀消除气缸体上平面不平度。

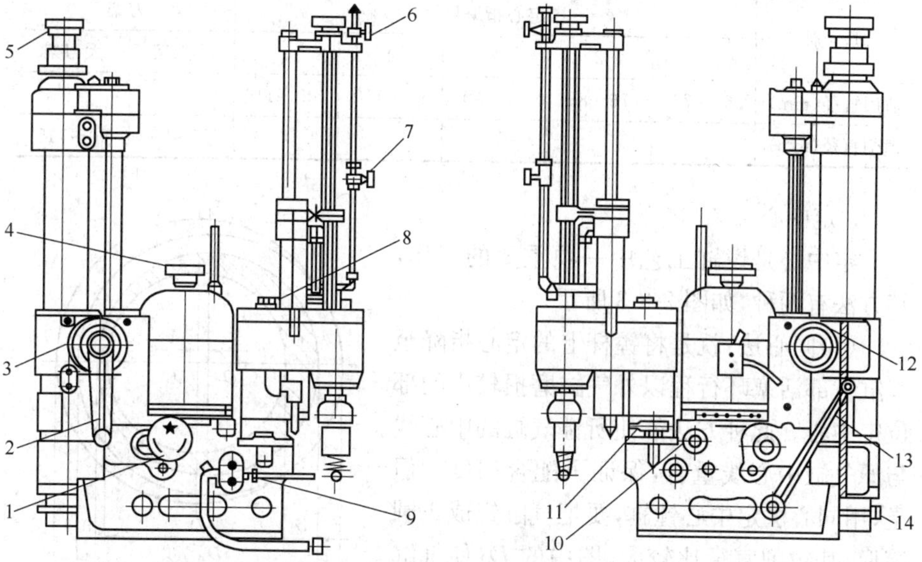

图 2-2-1　东风 TM1 型镗磨缸机

1. 调速盘　2. 刀杆升降手柄　3. 自动走刀离合器　4. 磨刀盘　5. 定中心手轮　6、7. 磨头行程调节螺钉　8. 加油孔螺塞　9. 冷却油泵　10. 磨缸离合手柄　11. 磨头箱锁紧螺钉　12. 镗缸行程刻度盘　13. 机座固定扳手　14. 定心指

2. 初步固定镗缸机

在欲镗气缸相邻的气缸内，安装镗缸机固定装置，使下端钩住气缸的下部，如图 2-2-2 所示。用扳手转动螺钉，使撑爪压紧在气缸壁上，把拉紧螺钉调整到适当高度，以镗缸机能固定紧为合适，把镗缸机压板的 T 形槽对正拉紧螺钉，使镗缸机镗杆对正欲镗气缸。

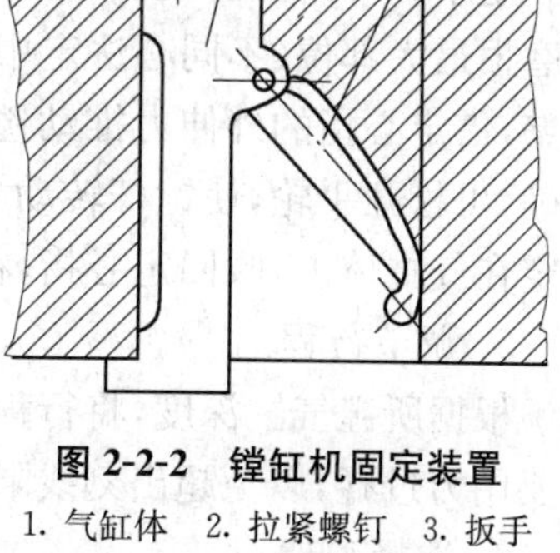

图 2-2-2　镗缸机固定装置

1. 气缸体　2. 拉紧螺钉　3. 扳手　4. 螺钉　5. 撑爪

3. 选择和安装定心指

根据气缸直径选择一套长度相适应的定心指，清洁后插入镗杆的定心指孔内，并用弹簧箍紧，转动定心指旋钮，使定心指收缩。定心指共 5 副，每副 3 只，使用范围见表 2-2-1。

表 2-2-1　定心指与刀架规格

类　别	定心指编号					刀架	
	1	2	3	4	5	小刀架	大刀架
适用缸径(mm)	65～77	76～88	87～99	98～110	109～116		
镗削直径(mm)						65～95	90～115

4. 定中心

定中心是镗缸工艺中一项重要的工作，其方法有两种，如图 2-2-3 所示。

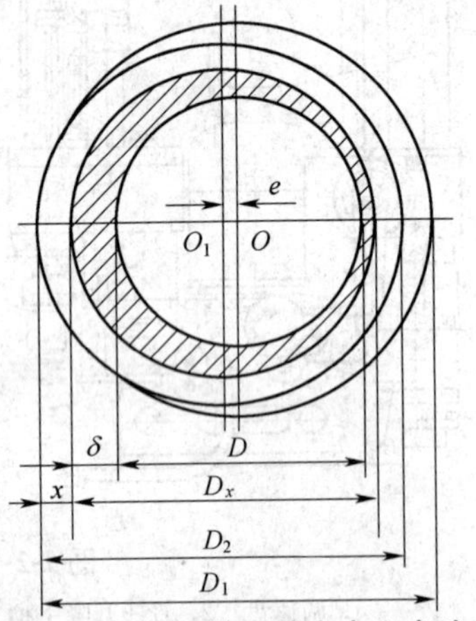

图 2-2-3　镗缸的两种定中心方法

O. 原气缸中心　O_1. 最大磨损处气缸中心　e. 偏移量　D. 原气缸直径　D_x. 最大磨损处气缸直径　D_1. 同心法定中心镗削直径　D_2. 不同心法定中心镗削直径　x. 加工余量　δ. 磨损量

(1)同心法：就是将镗杆上的定心指降至气缸下部活塞环行程以外气缸磨损较小的部位定中心。此种方法能使所镗气缸的中心线与原气缸中心线重合，保证了配合精度。但是，用同心法定中心镗缸，要把气缸镗成正圆筒形，其镗削直径比较大，图中的 D_1 使气缸的镗削次数减少。

(2)不同心法：是在气缸磨损最大部位定中心，这样镗出的气缸中心与原气缸中心略有偏移，如图 2-2-3 所示中 OO_1。这时镗杆的轴心线移到 O_1 处，影响了配合精度，但它可以缩小镗削直径。图中的 D_2 使气缸镗削次数增加。不同心法只适用于镶过套的气缸，没有缸套的气缸镗缸时定中心必须采用同心法，禁止使用不同心法，以免没镶套前使气缸中心偏移，永远得不到纠正。

定中心时，将镗杆上的定心指降至活塞环行程以外(同心法定中心)或气缸磨损最大部位(不同心法定中心)，拧转定中心手轮，使定心指外伸抵紧气缸壁，借定心指的外伸力推动镗缸机，使镗杆处于气缸中心。为了定中心更准确，可松开手轮，使镗杆转动一个角度，再次定中心，然后将镗缸机牢固地固定在气缸体上，收回定心指，将镗杆升起。

5. 调节行程

根据所镗气缸深度，将行程刻度盘转到所需的刻线位置，转动刻度盘时，不要用力过猛，以免超出刻线限位。

6. 选择刀架

镗刀架有两种规格，适用于镗削大小不同的气缸直径，选用范围见表

2-2-1所示，根据所镗气缸直径；选择合适的镗刀架，将镗刀插入刀架上的镗刀孔内，刀头露出 8mm 左右，将镗乃固定紧。镗刀架及镗刀如图 2-2-4 所示。

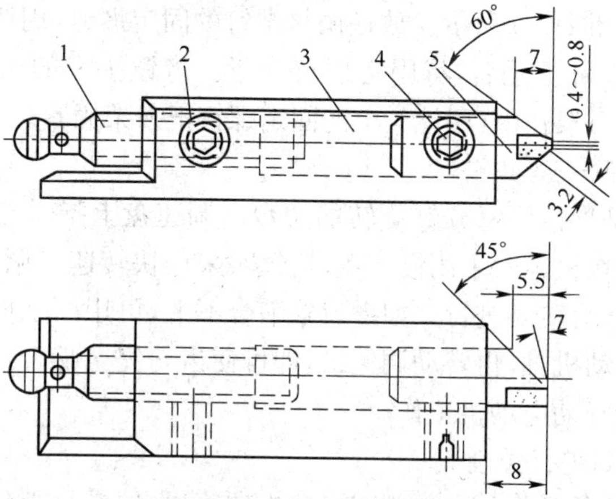

图 2-2-4 镗刀架及镗刀

1. 调整螺钉 2、4. 固定螺钉 3. 镗刀架 5. 镗刀

7. 调整镗刀

镗刀尺寸的调整，是把镗刀架放到专用千分尺上进行的，如图 2-2-5 所示。专用千分尺是用 0.25mm 的外径千分尺改装的。镗刀的安装如图 2-2-6 所示，当把镗刀架放在专用千分尺上使刻度对准“0”时，镗刀架的长度是 55mm，将长度为 55mm 的刀架装镗头的刀架孔内后，可知：

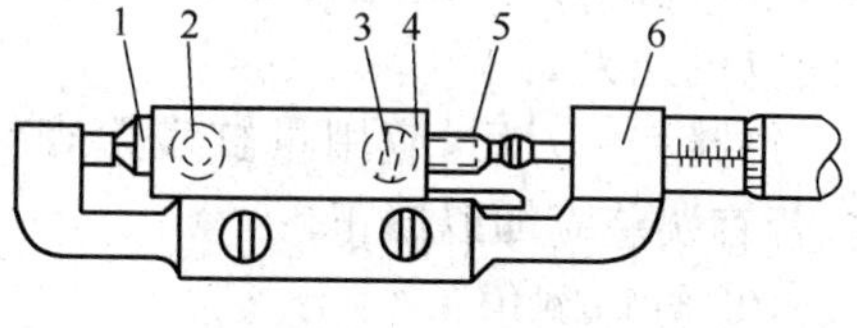

图 2-2-5 镗刀的调整

1. 镗刀 2、3. 固定螺钉 4. 刀架
5. 调整螺钉 6. 千分尺

$$R=A-K$$

式中：A——镗刀架长度，为 55mm；

K——孔壁到镗杆中心的距离，为 22.50mm。

所以，$R=A-K=55-22.50=32.50$mm，即镗削直径为 65mm。

由这种千分尺的结构可知，千分尺上的读数反映的既不是镗削半径，也不是镗削直径，而是当千分尺对准“0”时，减去镗削半径 32.50mm 多余的数。因此，在已知镗削直径时，千分尺的读数按下式计算：

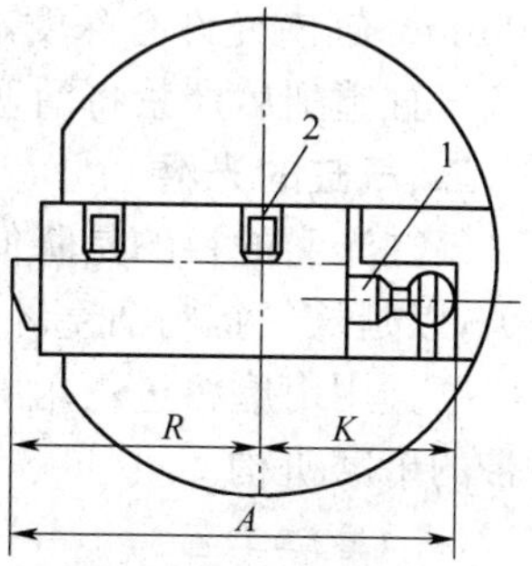

图 2-2-6 镗刀的安装

1. 调整螺钉 2. 固定螺钉

千分尺的读数=(欲镗直径)/2－32.50

镗刀架尺寸的调整方法是将刀架的刀头顶住千分尺的砧，刀架放入千分尺底面槽内，如图 2-2-5 所示。放松调整螺钉的固定螺钉，用调整螺钉把刀架的长度调整到所需尺寸后，将固定螺钉拧紧。将镗头上的刀架孔擦拭干净后，把刀架插入刀架孔内，用镗头上的固定螺钉把刀架固紧。

8. 选择镗头转速

镗头转速是指镗头每分钟旋转的圈数。调速盘上指示有高速和低速的转动方向，一般在粗镗时采用慢转速，精镗时采用快转速。调换转速；必须在电动机完全停止运转时进行。如果齿轮啮合不上，可用两手握住电动机下的砂轮盘，转动电动机轴，再转动调速盘，即可使齿轮完全啮合。只有在齿轮完全啮合后，才能开动电动机工作。

9. 接通电源进行镗削

接通电源前务必将带动磨头的离合手柄拉出，使磨缸部分和冷却油泵脱离运转。把镗刀降至缸口并转动镗刀，检查吃刀量是否合适，圆周各个方向吃刀量是否均匀一致，发现问题及时纠正，然后接通电源，将自动走刀离合器推入，即可自动走刀镗削。镗至预定深度后，镗杆便自动回升，回升完毕后，关闭电机开关。

每镗完一刀后，应用量缸表检查镗削后的气缸直径是否与欲镗尺寸一致，若有误差应加以修正。

10. 缸口倒角

气缸镗好后，应用专用镗刀在气缸上口镗出 1×75°的倒角，以便于安装活塞连杆组。镗缸口倒角时，不易自动走刀，可用手握住镗杆升降手柄，慢慢转动使镗杆下降进行镗削。

气缸镗削后的质量要求：各缸应镗成同一级修理尺寸，气缸壁粗糙度不超过 1.60μm；气缸轴线对气缸两端曲轴轴承孔公共轴线的垂直公差为 0.05mm；缸内允许有深度不大于 0.04mm 的局部凹陷。

气缸镗削后严禁将活塞放入气缸内上下拉动，以防拉伤活塞。

二、气缸的光磨

气缸光磨的目的是降低气缸壁表面粗糙度，获得活塞与气缸的正常配合间隙，以延长气缸与活塞环的使用寿命。

磨缸用珩磨机进行珩磨，如图 2-2-7 所示，一侧为东风 TM1 型镗磨缸机附带的珩磨机构。

(一)磨缸工艺

1. 清洁气缸

用冷却液将气缸壁上的铁屑清洗干净。

2. 选择和安装油石

珩磨铸铁气缸，一般选用磨料为碳化硅（代号为 TL 和 TH 的绿或黑两种颜色），硬度为中软（ZR_1，ZR_2）或软（R_1，R_2、R_3），粒度粗磨时选用 l80 或 240 号油石，细磨时选用 280 或 320 号油石。珩磨时，先粗磨至气缸还有 0.01mm 磨缸余量时再细磨至气缸所需尺寸。油石安装到磨缸头上后，用外径卡钳检查磨头，锥形度应≯0.10mm，否则，应在油石下面垫铜皮调整。

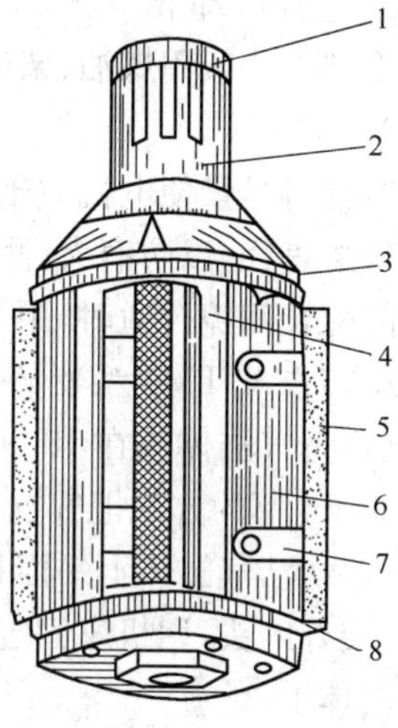

图 2-2-7　珩磨头

1. 连接套　2. 调整盘　3、8. 箍簧　4. 磨头体　5. 油石　6. 油石导板　7. 油石压片

3. 调整磨头行程

磨缸用油石长度应与气缸的深度相适应，一般采用油石长度为 100mm，油石伸出气缸上、下端的长度为 10～15mm。若油石伸出过多，使气缸上、下端修磨时间相对增长，加上油石受离心力的作用，会将气缸上、下端磨成“喇叭口”；若油石伸出过少，油石在气缸中部重叠距离增大，会将气缸磨成“腰鼓形”。磨头的工作行程一般为：气缸的长度加上两端伸出的长度减去油石的长度，如图 2-2-8 所示。

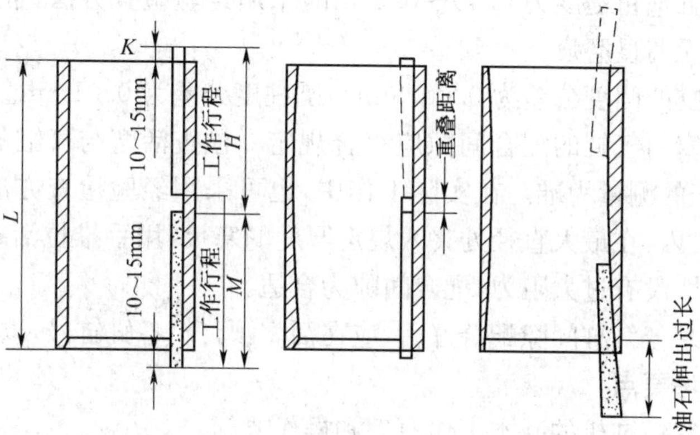

图 2-2-8　油石在气缸中上下运动的位置

L. 缸套深度　*M*. 油石长度　*H*. 珩磨行程

4. 调整油石对气缸壁的压力

将磨缸头放入气缸内，转动调整盘使油石对缸壁有一定压力，即以磨头不能自由下落、上下拉动没有过大阻力为宜。

5. 选择冷却液

冷却液一般用煤油、柴油或在煤油中加入15%～20%的机油。

6. 珩磨

磨缸时尽量使电机主轴、磨头和气缸中心线重合，以免磨偏。还应经常测量气缸直径，以防磨大，测量时发现锥形、失圆应及时消除。当磨至活塞与气缸的配合间隙合适时，用240号砂布包在磨头上，将气缸抛光。

（二）东风TM1型镗磨缸机的磨缸过程

(1)把气缸体放在1000mm×800mm×100mm（长×宽×高）的油盆里，用100mm厚的方木把气缸体垫起，在油盆内放入清洁的冷却液。

(2)清洁气缸体上平面和气缸，放上镗磨缸机，使磨缸杆对准待磨的气缸中心，装好磨头，用机座固定扳手把磨头箱锁紧螺钉拧紧，然后把镗缸机紧固于气缸体上。

(3)拧开加油孔螺塞，检查磨头箱内的油量，不足时应加入机油、机械油各50%的混合油，以保证磨头箱和油缸工作的需要。

(4)推进磨缸离合器手柄，把变速手轮置于空挡位置。按照所磨气缸深度，把两只行程调节螺钉调至所需行程后紧固。

(5)磨缸过程中测量气缸时，要松开磨头箱锁紧螺钉，卸下磨头，把磨头箱体移开，才能进行气缸测量。

（三）气缸光磨后的质量要求

(1)气缸壁粗糙度为0.40～0.20μm，采用经验检查方法，缸壁呈深蓝色或灰白色，无明显磨痕。

(2)气缸的圆度公差为0.0075mm，圆柱度公差为0.01mm。

(3)活塞与气缸的配合间隙应符合规定。检查活塞与气缸的配合间隙，应以量缸表的测量为准。在实际工作中，也可采用经验检查方法，即将活塞倒置于气缸内，在最大直径处夹入规定厚度的塞尺，用手推拉活塞，此时活塞能随手移动，没有过大阻力，配合间隙为合适。

(4)活塞与气缸间隙配合好后，应在活塞顶打上各缸缸号，以防装错。

三、备考要点

(1)了解镗缸机的基本工作原理和操作要领。

(2)会计算修理尺寸、镗削量和进刀次数。

(3)知道镗削和光磨的工艺步骤。

(4)掌握气缸修理后的技术要求。

第二专题　曲轴的修理方法

一、曲轴弯曲的修理方法

曲轴弯曲是曲轴常见的损伤类型，修理前应进行弯曲变形的检验。

（一）曲轴弯曲的检验

如图 2-2-9 所示，将曲轴两端用 V 形铁块支撑在平台上，把百分表的触针垂直地抵在中间主轴颈上，转动曲轴，先记下百分表的最小读数，再旋转曲轴 180°，记下百分表的最大读数，百分表所反映的最大读数与最小读数之差为径向圆跳动，其公差应≯0.15mm。差值的 1/2 即为该曲轴轴心线的弯曲度。被检曲轴主轴颈为双数时，应测中间两道主轴颈，取其最大值作为该曲轴的径向圆跳动误差。当误差小于 0.15mm 时，可结合光磨曲轴加以修正，当误差大于 0.15mm 时，应进行校正。

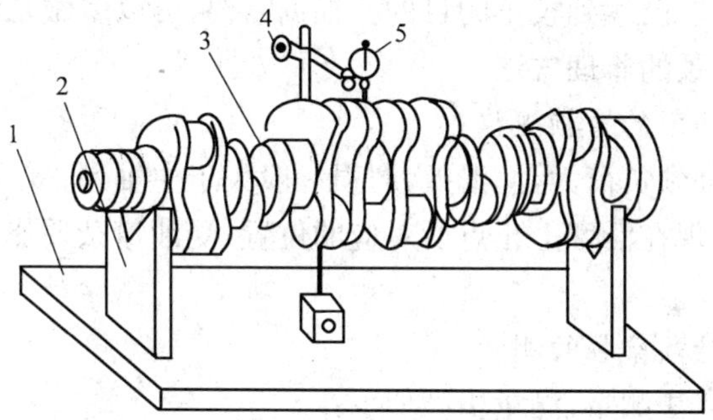

图 2-2-9　曲轴弯曲的检验

1. 检查平台　2. V 形铁块　3. 曲轴
4. 百分表架　5. 百分表

（二）曲轴弯曲的校正

曲轴弯曲的校正通常在压床上进行，如图 2-2-10 所示，用 V 形铁块支撑两端主轴颈，在曲轴弯曲的相反方向对中间主轴颈施加压力，将百分表放置在被压轴颈下面，触针杆与主轴颈下表面接触，调整表盘使表针指“0”。为消除曲轴弹性变形的影响，应根据曲轴的实际情况确定压校量，一般锻制中碳钢曲轴，压校量为曲轴弯曲度的 30～40 倍，球墨铸铁曲轴，压校量为曲轴弯曲度的 10～15 倍即可基本校正。压校时应进行多次反复，直至符合要求为止。为减小曲轴受压变形时产生的内应力，在施压期间应取下百分表，用手锤轻击轴颈两侧曲轴臂。

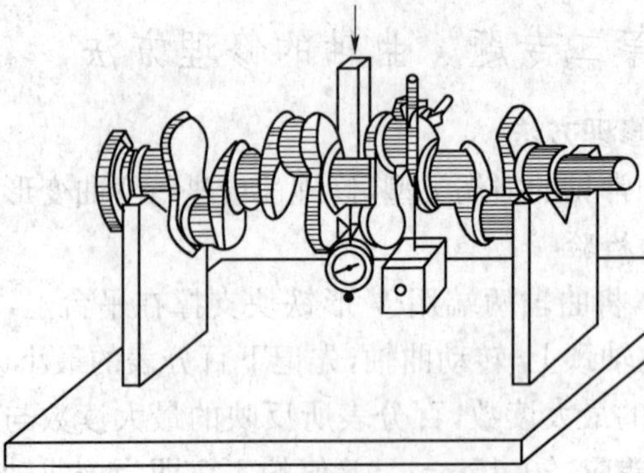

图 2-2-10　曲轴弯曲的校正

在无压床的情况下，也可就缸体进行校正，方法是：将气缸体倒放，在前后两主轴承座上放置旧轴承，抬上曲轴，转动曲轴，用百分表找出中间主轴颈最高点，并做上记号，在中间主轴颈处装上带有旧轴承的轴承盖，根据弯曲程度均匀拧紧螺栓，已达到校正的目的。根据需要，可以多做几次。

二、曲轴轴颈的修理方法

（一）曲轴轴颈的磨损规律

由于连杆轴颈负荷大，润滑差，磨损一般大于主轴颈；受做功行程巨大压力，磨损主要出现在活塞上止点所对应的位置；受油道杂质影响，轴颈还会磨成锥形。

（二）曲轴轴颈磨损的测量

一般用两点法测量，测量步骤如下：

(1)将曲轴清洗干净后，用千分尺分别进行圆度误差和圆柱度误差的检查先在轴颈截面 1 上找到最小直径 $d_{1\min}$，将量具在同截面转 90°，测出第二直径 D_1。

(2)用同样方法在轴颈截面 2 上测出直径 D_2 及 $d_{2\min}$。

(3)将测量结果填入表 2-2-2。

表 2-2-2　曲轴轴颈磨损测量结果

	dmin	D	圆度误差
截面 1			
截面 2			

(4)根据 4 个尺寸计算出轴颈的圆度误差和圆柱度误差：

$$圆度误差=(D_1-d_{1\min})/2 \text{ 或 } 圆度误差=(D_2-d_{2\min})/2$$

$$圆柱度误差=(最大值-最小值)/2$$

(5)确定修理级别。根据测出的圆度和圆柱度误差确定曲轴是否需要修理。当曲轴磨损后的圆度或圆柱度误差大于 0.05mm(轿车大于 0.020～0.025mm)时应进行修复,修复的方法为修磨。修理级差为－0.25mm。

(三)曲轴轴颈的修磨

1. 曲轴轴颈校直

曲轴轴颈修磨前,应进行变形的校直;校直后应重新进行曲轴的定心。定心后再做曲轴轴颈的检验。

2. 曲轴轴颈修磨

曲轴轴颈的修磨在专用曲轴磨床上进行。除了修复轴颈表面尺寸及几何形状精度(圆度及圆柱度)外,还必须注意修复轴颈的同轴度、平行度、曲柄半径以及各连杆轴颈间的夹角等相互位置精度。同时还应保证曲轴原轴线位置不变,以保持曲轴原有的平衡性。

3. 曲轴轴颈修磨注意事项

(1)当轴颈表面完好,无损伤;轴颈的圆度、圆柱度误差小于 0.005mm 时,曲轴可继续使用,不需磨轴。

(2)曲轴主轴颈和连杆轴颈的圆度和圆柱度误差大于 0.005mm,或表面有沟痕、烧伤时,应进行修磨修理。

(3)需要修磨的曲轴,当中间主轴颈的径向圆跳动误差小于 0.12mm 时,可直接进行,并通过磨轴修正其弯曲变形;否则,应先校正弯曲,然后再磨轴。

(4)有些汽车采用软氮化工艺强化的曲轴,表面具有很好的耐磨性,强化层深度可达 0.20mm。这种曲轴不能修磨修理,表面强化层磨尽后,即应更换新轴(俗称一次性曲轴)。

(5)根据轴承内孔尺寸磨轴颈。修磨曲轴轴颈时,确定轴颈修理尺寸后首先选配轴承,然后将各道轴承按规定装入座孔,对轴承内孔尺寸进行测量,根据轴承内孔尺寸确定各道轴颈的尺寸,保证轴承间隙符合标准。

三、备考要点

(1)了解曲轴的损伤形式。

(2)会计算和选择曲轴的修理尺寸。

(3)知道曲轴修理的工艺步骤。

第三专题　驱动桥壳的修理方法

一、修理前的检验

(1)壳体上螺纹孔损坏或定位销孔磨损大于 1.5mm,应清理螺纹或进行焊补。

(2)半轴套管承孔磨损大于 0.04mm,应选择镶套的修理方法。

(3)壳体上的裂纹小于 50mm 且不多于 2 条,可选择焊修的方法。

(4)壳体上的裂纹大于 100mm 或多于 2 条,应选择报废处理。

(5)壳体弯曲,两端内外半轴套管座孔的同轴度偏差超过 0.015mm 时,应进行校正并且更换镶套管。

二、修理工艺路线与方法

清洗及检验→焊补裂纹、填焊螺纹孔及定位销孔→校正弯曲→钳工修整、钻孔、攻丝→镗削壳体最外端的套管承孔、镶套、镗孔→压入轴承预留有加工余量的半轴套管→车削安装制动盘的端面、轴承轴颈及螺纹→成品检验。

如修理前的检验过程中,没有裂纹,可直接进入机钳加工步骤。

1. 壳体的焊补工艺过程

(1)先将高钒钢铸铁焊条在加炉中用 120℃～150℃加热 2h 左右。

(2)在裂纹两端钻 $\phi3$～$\phi4$mm 的止裂孔。

(3)在裂纹处开 60°～90°的 V 形坡口,槽深为薄厚的 2/3,除去周围的锈痕。

(4)将壳体预热 200℃左右,选择 90A 电流进行焊接。

2. 镗削两外端承孔

以两内端承孔定位,在专用镗床或驱动桥镗孔机上进行加工,其标准应符合被修车辆的技术要求。

3. 半轴套管的修复

驱动桥半轴套管多用 45M2 无缝钢管制成,硬度为 HB220～HB270,使用中各轴颈磨损超过 0.04mm 的占绝大多数,一般是采用镀铁的方法进行修理,当管身有裂纹时,可作为报废件处理。半轴套管的修复工艺路线如下:

清洗检验→堆焊键槽及销孔→校直→车掉螺纹→振动堆焊螺纹处→堆焊处正火→修坡口、车螺纹→镀铁→铣键槽→光磨各轴颈→成品检验。

4. 螺纹的振动堆焊规范

振动堆焊工作电压 16～18V,工作电流 150±10A,电感 5 级;工作转速 2.9r/min,堆焊螺距 2.9mm/min,焊丝:$\phi1.6$mm/45 号钢丝。

5. 轴颈的镀铁工艺

一般采用低温不对称交流/直流镀铁。

(1)将各轴颈车小 1mm,然后清洗、除油、绝缘、装挂具。

(2)腐蚀:在 30%的硫酸溶液中,工件挂阳极,尽量多挂铅板作阴极,刻蚀电流 450A,时间不小于 30s。

(3)浸蚀:工件放入镀槽,挂在阴极杠杆上,但不通电,由电解溶中的盐酸将纯化膜溶解掉，时间不小于 30s。

(4)不对称交流镀铁，起镀正向电流 100A，反向电流 76A，时间 1min。以后的 3min 内，每 1min 增大正向电流 50A，减小反向电流 15A。

(5)直流镀铁，电流 260A，时间 1.5～2h。镀件取出冲洗后放在 30%的 NaOH 溶液中浸泡 30min 以上，再次冲洗、烘干，涂油防锈。

半轴套管轴颈除镀铁修复外，也可选择其他的修复方法，如用镀铬、喷涂工具、喷涂或振动堆焊等。

三、修复后的技术标准

(1)壳体无裂纹，钢板弹簧座的定位孔磨损量≯1.5mm。

(2)轮毂内外承孔同桥壳的配合间隙应控制在 0.015～0.06mm，油封轴颈的磨损量≯0.15mm。

(3)桥壳半轴套管承孔的同轴度偏差应≯0.1mm。

(4)焊修后的螺纹表面光洁，没有明显的气孔。

(5)镀铁的轴颈应无裂纹。

(6)其他符合样图尺寸及技术要求。

四、备考要点

(1)了解壳体的常见损坏形式及相应的修复方法。

(2)掌握桥壳的修理工艺与方法。

(3)知道修复后的技术标准。

第四专题　转向节的修理方法

一、转向节的检测

转向节一般用 40MnB 钢锻造后经调质处理，其主要尺寸如图 2-2-11 所示。转向节的检验分类如下：

(1)转向节内、外轴承处轴颈的磨损超过 0.04mm，但小于 0.25mm 的，可用镀铬的方法修复。

(2)转向节内、外轴承处轴颈的磨损大于 0.25mm 的，可选择镀铁修复。

(3)锥形孔磨损、螺纹损伤超过 2 牙的，可选择振动堆焊的方法修复。

(4)转向节经探伤检查有裂纹，应作报废件处理。

(5)转向节轴颈公共轴线与主销孔公共轴线间的夹角、转向节上下主销孔轴线的同轴度公差、转向节内侧两端面对转向节主销孔公共轴线的垂直度公差应符合原设计规定。

二、转向节的修复工艺路线

清洗及检验→振动堆焊→钳工修整→校正形位公差→电镀修复→成品

检验。

修复后的转向节总成，其形位公差和主要尺寸，应符合原车规定。

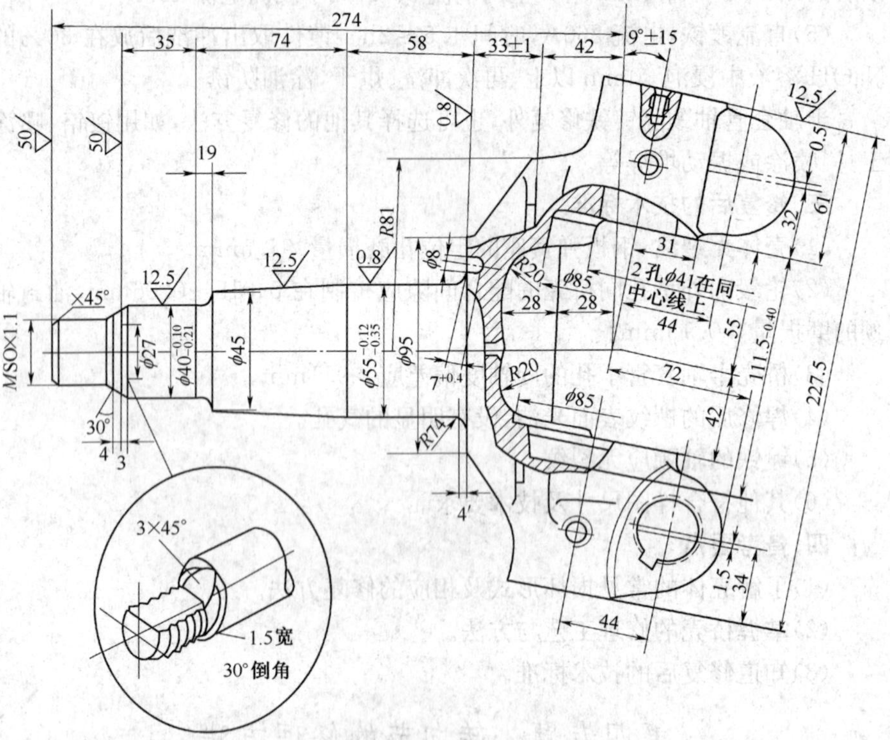

图 2-2-11 转向节的主要尺寸

三、备考要点

(1)了解转向节检验及分类。

(2)知道转向节修复的工艺路线。

模块三　车辆交接与修理质量控制

第一专题　接 车 验 收

汽车接车验收，也称为进场检验，主要是对车辆或总成进行外部测试，必要时进行简单的不解体检测诊断和路试，以准确评价和掌握汽车技术状况，验证报修项目的准确性。送修车辆应先进行技术鉴定，根据鉴定结果，适时安排维修，以避免超前维修或失修。

一、汽车修理分类与送修标志

目前，我国的汽车修理按作业范围分为车辆大修、总成大修、车辆小修和零件修理四种类型。

（一）汽车大修

汽车大修是指新车或经过大修后的车辆，在行驶一定里程（或时间）后，经过检测诊断和技术鉴定，用修理或更换零部件（含基础件）的方法，来恢复车辆完好的技术状况和工作能力，完全或接近恢复车辆使用寿命的恢复性修理。其目的是恢复车辆的动力性、经济性和原装备的固有可靠性，使车辆的技术性能、使用性能达到规定的技术条件。

车辆大修的送修标志是：载货车为发动机附离合器总成和车架总成中，任何一个总成需要大修，同时，前桥附转向器总成、变速器附传动轴总成、后桥（包括中桥）、车身总成等总成中有一个或一个总成以上需要大修，即可确定该车需整车大修。客车大修以车厢为主，附加发动机附离合器等总成中，有一个或一个以上总成需要大修的车辆，即可确定该客车需整车大修。挂车大修的标志为，挂车车架（包括转盘）、前轴、后桥、货厢四个主要总成中，若车架和其他任何一个总成需要大修，即可组织大修。

整车大修送修时，应具备行驶功能，装备齐全，不得拆换原车上的零部件。

汽车大修是一种全面的恢复性修理，需将汽车全部分解，对零件进行清洗、检查分类，然后进行更换、修复、装配、调整等。需严格按汽车修理规范进行作业，以保证修理质量，并遵守修理在前，更换在后的原则，以保证修理的经济性。

（二）总成大修

总成大修是指车辆的总成经过一定使用里程（或时间）后，经过检测诊断和技术鉴定，用修理或更换总成中任何零部件（含基础件）的方法，来恢复其完好的技术状况和工作能力，完全或接近恢复总成使用寿命的恢复性修理。总成大修是车辆大修的基础，总成是否需要大修，间接地决定了整车是否大修。总成基础件变形磨损，必须通过整形、修理工艺恢复其精度，以保证总成的装配质量。

总成送修时，应在装合状态，附件和零件齐全，并不得拆换原总成的零部件。

各总成大修的送修标志是：

1. 发动机附离合器总成

(1)发动机气缸磨损圆柱度误差达到0.175～0.250mm或圆度误差达到0.050～0.063mm(以其中磨损量最大的一个气缸为准)。

(2)发动机的最大功率或气缸压力较标准值低25%以上。

(3)燃油和润滑油消耗量显著增加。

(4)零总件严重磨损或损坏造成异响。

2. 变速器、分动器附传动轴总成

(1)壳体破裂、变形，轴承孔磨损超过极限，变速齿轮及轴、同步器恶性磨损或损坏，需要彻底修复。

(2)万向节严重磨损，传动轴弯曲等。

3. 驱动桥(含前、中、后驱动桥)总成

桥壳、差速器壳、半轴套管等破裂、变形，半轴套管承孔、齿轮等零件破损严重、磨损超过极限，需要校正或彻底修复。

4. 前轴附转向器总成

前轴破损、变形严重，主销承孔磨损超过极限，转向节臂、转向器等零件破损严重、磨损超过极限，需要校正或彻底修复。

5. 货车车身总成

货厢和驾驶室锈蚀、严重变形、破裂，横梁、纵梁、地板、栏板、发动机罩等锈蚀、变形、凹陷、破损面积较大，需要进行校正或彻底修复。

6. 客车车身总成

车厢骨断裂、锈蚀、变形严重，蒙皮破损面积较大，需要进行彻底修复。

7. 轿车车身总成

承载式轿车的车身结构件锈蚀、变形严重，或顶盖、后翼子板等车身覆盖件出现大面积损伤。

8. 制动系统

气压制动的空气压缩机以及气压控制机构，液压制动系统的制动总泵和轮缸等工作效能变坏，零件严重磨损，需要进行彻底修复。

9. 电气系统

汽车电气及电子控制系统烧坏、失效等，需要进行彻底修复。

(三)汽车小修

车辆小修是用修理或更换个别零件的方法，保证或恢复汽车工作能力的运行性修理。目的在于消除临时性故障和发现的隐患及局部损伤。

(四)零件修理

零件修理是对因磨损、变形、损伤等不能继续使用的零件进行的修理，是恢复零件性能和使用寿命的修理作业。零件修理在保证性能和使用寿命的同时，应遵循经济合理原则，它是修旧利废、节省能源、降低修理费用的重要措施。

二、汽车接车验收检验程序与内容

汽车大修进厂检验程序通常包括汽车资料查询→汽车外部检视→汽车行驶检验→仪器设备检测诊断→综合技术评定→填写入厂检验交接单→签订维修合同等。

(一)汽车资料查询

车辆大修送修进厂时，应向送修方详细查询送修车辆的送修原因，查阅汽车技术档案(包括车辆运行记录、维修记录、检测记录、总成修理记录等)，听取驾驶员的反映(包括汽车动力性、异响、转向、制动及燃油和润滑油消耗等)，以便充分掌握车辆技术状况变坏的主要特征，为进一步进行有针对性的检测诊断和综合技术评定打下良好的基础。

(二)汽车外部检视

(1)检查车容，检视汽车的完整性，装备是否齐全，外部有无损伤和渗漏。

(2)检查基础件，如气缸体、前桥、后桥、车架等有无明显裂纹、变形和损坏等。

(3)检查安全机构，如转向、传动、制动等机构是否有松旷、变形、缺损、渗漏等现象。

(4)察看轮胎有无异常磨损，如有应查明原因。

(5)检视车厢、驾驶室、门窗、座椅、内饰件等有无损伤、变形、短缺等。

(6)检视全车油漆表面有无损伤、脱落、开裂、变色及表面缺陷。

(7)检视全车线路是否规范，仪表、照明、信号装置、起动机、发电机、蓄电池等电气设备有无短缺、损伤、失效等。

(三)汽车行驶检验

1. 发动机运行情况

听察有无异响，各级运转速度是否稳定，排气是否有异常现象，机油压力和冷却液温度是否正常。

2. 汽车起步情况

检查离合器是否有打滑、发抖和分离不彻底现象,变速器是否有挂挡困难或发响现象。对于自动变速器,还要检查换入前进挡和倒挡时是否冲击,起步是否打滑,换挡迟滞时间是否过长。

3. 汽车行驶情况

检查制动性能是否良好,转向是否灵活,有无跑偏现象,变速器是否跳挡和乱挡。车速高时,传动轴和后桥是否有异响,各轴承及密封部位是否有发热和渗漏现象。电气、仪表、信号灯、空调等是否正常等。对于自动变速器要检查换挡点是否准确,换挡是否冲击,各挡有无打滑、异响现象,强制降挡功能和变矩器离合器的锁止功能以及发动机的制动作用是否正常,自动变速器油的温度是否过高等。

对于客车车身还要通过路试检查车桥、车架是否有断裂现象。

(四)仪器设备检测诊断

通过以上三个步骤的检查后,即可定性判定送修车辆的技术状况,但有些故障还不能准确判定其性质和部位,所以需要利用不解体检测设备对送修车辆的各总成和部件的实际运行工况进行定性或定量检测诊断,以准确评价和掌握汽车技术状况,预先发现潜在的故障与隐患,查明故障的部位、原因和严重程度。不解体检测诊断不但安全、迅速、准确,而且可以降低汽车修理工作量和材料消耗,提高维修作业的效率,保证维修质量,是汽车维修业今后的发展方向。

1. 汽车各总成或机构的诊断参数

(1)发动机总体诊断。发动机功率、底盘输出功率、进气支管负压、油耗、排气污染物浓度等。

(2)发动机主要机构的诊断。气缸压缩压力、曲轴箱窜气量、气缸漏气率、发动机异响、配气相位等。

(3)起动系统。起动电流、起动电压和起动转速等。

(4)点火系统。点火系统点火提前角、闭合角、重叠角、点火电压、火花持续时间以及初级电流等。

(5)供油系统的诊断。燃油压力、油耗、空燃比、排气污染物浓度等。

(6)润滑系统及主要机械系统的诊断。润滑油压力、润滑油透光度、分散性质系数、润滑油内金属杂质含量等。

(7)冷却系统。冷却系统压力、水泵流量、节温器开启和关闭温度以及升程等。

(8)常规电气设备、元器件的电压、电流、电阻和电容等。

(9)汽车电子控制系统。故障码、数据流、执行器状态;电子信号的电压、电流以及波形等。

(10)传动系统。离合器打滑率、传动系统游动角度、传动系统异响等。

(11)转向系统。检测转向盘转向力和自由转动量、动力转向系统油压等。

(12)制动系统。制动距离、检测制动力、制动减速度、制动协调时间等。

(13)行驶系统。车轮定位角度、侧滑量、悬架和转向系统游隙等。

(14)汽车前照灯的检测。发光强度和光轴偏斜量等。

(15)车速表。检测车速表的误差等。

(16)汽车底盘测功。底盘输出功率、驱动力等。

2. 仪器设备检测内容

(1)发动机动力性检测。发动机动力性是汽车性能的最基本的诊断参数,可用发动机输出的有效功率来评估。通常用底盘测功机先测出驱动轮的输出功率(底盘输出功率),然后换算出发动机功率。计算出的发动机的最大功率应不低于标定功率的75%;也可用无负荷测功仪或发动机综合测试仪先检测出单缸功率。

(2)汽车油耗检测。通常采用容积式油耗计或重量式油耗计在底盘测功机上或路试中测量汽车的油耗量。

(3)发动机密封性检测。发动机密封性包括气缸密封性和进气密封性。气缸密封性可首先用普通气缸压力表或电子气缸压力测量仪检测气缸压缩压力,然后用曲轴箱窜气量检验仪,测量曲轴箱窜气量或用气缸漏气量检验仪,检测气缸漏气量作为辅助诊断手段。若气缸压力低于原厂规定标准值的75%;曲轴箱窜气量和气缸漏气量均高于原厂规定的极限值,就需要进行发动机大修。

进气密封性可用真空表检测。因为进气支管负压可以反映进气管的密封状况、气缸和活塞组的磨损情况、排气管的畅通程度、配气机构的技术状况以及点火性能和空燃比的好坏,所以它就成为诊断发动机整体性能的重要参数之一,被维修企业广泛使用。

(4)发动机起动系统检测。可用发动机综合测试仪测量起动电流、起动电压和起动转速来判断蓄电池和起动机以及发动机气缸密封性的好坏。

(5)发动机点火系统检测。使用汽车示波器或发动机综合分析仪检测发动机的点火系统初、次级波形;对照原厂维修手册即可准确判断点火系统各部件的技术状况和故障原因。

(6)发动机异响诊断。采用人工诊断发动机异响诊断带有片面性,不太准确。利用发动机异响诊断仪可以迅速准确地诊断出活塞销响、活塞敲缸响、连杆轴承响和主轴承响等故障的确切部位和程度。

(7)发动机燃油供给系统检测。可用油压表检测供油系统压力;用喷油泵试验台检测供油开始时刻、供油间隔角、喷油提前角和调速器特性;用喷油器校正仪检测喷油压力、喷射锥角、雾化质量和喷油干脆程度。对于柴油机,用发动机综合分析仪检测高压油管中的燃油压力变化波形等。通过这些诊断参数的测量,即可确定燃油供给系统的技术状况。

(8)发动机润滑系统检测。可用压力表检测润滑系统压力;用滤纸油斑检验光度计检测润滑油的分散性;用油质不透明度分析仪检测润滑油的污染程度;用油质分析仪检测机油的介电常数以确定润滑油的污染程度和污染物的性质等。通过这些诊断参数的测量,即可确定发动机润滑系统的技术状况。

(9)发动机冷却系统检测。可用气缸漏气量检验仪或压力表检测冷却系统的压力和密封性;用水泵流量试验台检测水泵流量;用游标卡尺和温度计检测节温器性能等。通过这些诊断参数的测量,即可确定冷却系统的技术状况。

(10)汽车电子控制系统检测。可用解码器对电喷发动机、电控自动变速器、ABS、SRS等电子控制系统进行检测诊断,并将数字万用表和波形检测设备检测诊断作为辅助手段,即可确定汽车电子控制系统的技术状况。

(11)传动系统检测。可用离合器频闪灯检测离合器的打滑;用传动系统游动角度检验仪检测传动系统各装置的游动角;用异响诊断仪诊断传动系统异响;在底盘测功机上进行试验以确定传动系统的传动效率等。通过这些诊断参数的测量,即可确定传动系统的技术状况。

(12)转向系统检测。可用转向盘转角力矩检测仪,检测转向盘转向力和自由转动量;用前轮定位仪或四轮定位仪,检测定位角度和前轮最大转向角;用油压表检测动力转向系统油压等。通过这些诊断参数的测量,即可确定转向系统的技术状况。

(13)制动系统检测。评价制动系统制动性能常用的三个指标是制动效能、制动效能的恒定性和制动时的方向稳定性。通常用滚筒式或平板式制动试验台测出制动协调时间、车轮制动力和阻滞力,以确定制动系统的技术状况。

(14)行驶系统检测。汽车悬架和转向系统间隙检查仪,检测汽车悬架性能;用前轮定位仪或四轮定位仪检测车轮定位角度;用侧滑试验台检测前(后)轮侧滑量;用车轮动平衡仪检测车轮动不单衡量等。通过这些诊断参数的测量,即可确定转向系统和悬架系统相关部件的技术状况。

(15)汽车前照灯的检测。可用前照灯检验仪对前照灯的发光强度和光轴偏斜量,以确定前照灯的技术状况。

(16)车速表检测。可用车速表试验台检测车速表的技术状况，分析车速表出现误差的原因。

(17)排放系统检测。可用压力表、真空表、数字万用表、解码器等对曲轴箱强制通风系统、燃油蒸发控制系统、排气再循环系统和废气涡轮增压系统进行检测，以确定排放系统的技术状况。

(五)综合技术评定

在汽车资料查询、汽车外部检视、汽车行驶检验、仪器设备检测诊断后，即可按照汽车大修或总成大修送修标准，对送修车辆的完整性和技术状况进行综合技术评定，确定出比较明确的修理项目、估算出修理工时和配件费用以及修竣时间。

(六)填写入厂检验交接单

将汽车外部检视、汽车行驶检验、仪器设备检测诊断和综合技术评定的有关内容分别逐项填入汽车进厂检验单内，由承修方和托修方代表确认并签字后生效，即可作为接车验收的依据和维修生产的指导。表 2-3-1 是某企业的汽车进厂大修检验单，其中的部分内容可供参考。

表 2-3-1　汽车大修进厂检验单

进厂日期		进厂编号	
厂牌车型		牌照号码	
发动机型号及号码		车架号码	
送修单位		单位地址	
联系电话		送修人	
用户报修项目及车况介绍	此车是驶入或是拖入：________总行驶里程________ km 已进行过整车大修________次　发动机大修________次 进厂前主要问题是________________________ 此次修理要求是________________________		
检查发现的主要问题及重点修理部位			
发动机外观及装备(完整“√”，缺少“O”，损坏“×”)			
检验项目	检验结果	检验项目	检验结果
空气滤清器		水温度传感器	
燃油滤清器		空气流量传感器	
机油滤清器		节气门位置传感器	

续表 2-3-1

检验项目	检验结果	检验项目	检验结果
燃油箱及盖		空气温度传感器	
燃油泵		进气压力传感器	
喷油器		其他传感器	
燃油调节器及油轨		增压器	
气缸体、气缸盖		水泵	
进、排气支管		风扇及电机	
消声器		水箱及水箱盖	
起动机		机油散热器或冷却器	
发电机		加机油口盖、机油尺	
火花塞		正时齿轮及带	
高压线		催化转换器	
点火线圈		炭罐	
电子控制单元		喷油泵	
曲轴转速传感器		输油泵	
凸轮轴位置传感器		高压油管、低压油管	
		回油管	
氧传感器		其他	
爆燃传感器			

整车装备及附属装置(完整"√",缺少"O",损坏"×")

	检验项目	检验结果	检验项目	检验结果	检验项目	检验结果
车内附属装置	收(录)音机		点烟器		遮阳板	
	CD机		座套		防盗装置	
	天线		坐(靠)垫		仪表板	
	电视、音响		脚垫		随车工具	
	车载电话		饰物			
	钥匙		转向盘套			
底盘部分	离合器		转向操纵机构		前轴	
	手动变速器		转向器		减振器	
	自动变速器		转向传动机构		减振弹簧	
	传动轴		车架与车身		中、后桥	
	驱动桥		内外蒙皮		制动系统	
	分动器		驻车制动			

续表 2-3-1

	检验项目	检验结果	检验项目	检验结果	检验项目	检验结果
电气部分	灯光		雨刷电机		车门控制系统	
	仪表		喇叭		电动座椅	
	电路保护装置		报警装置		天窗电机	
	电气线路		空调系统			
	蓄电池		暖风系统			
其他	驾驶室		内外装饰		备轮及架	
	客车车厢		油漆涂层			
	车门玻璃		后视镜			
	门锁及铰链		脚踏板			
	拖车钩		前后保险杠			

说明：

进厂检验员__________　　　年　月　日

(七)签订维修合同

承托双方商定好送修要求、修理内容、修竣时间和质量保证期以及违约赔偿责任等具体事宜后，即可签订维修合同，维修合同签订后，承托双方必须严格遵守和认真履行。

三、备考要点

(1)了解汽车修理的分类，掌握整车大修、总成大修的送修条件。

(2)知道接车程序，掌握接车检验的项目和常用检验方法。

(3)会填写进厂检验单。

第二专题　过 程 验 收

汽车修理过程检验又称为工序检验，是对组成汽车的各总成和零件大修过程所做的质量鉴定。过程检验的目的是实现大修过程的质量控制，防止不合格的零部件或总成装配到汽车上，也是大修竣工检验合格的前提。在汽车大修过程中，对影响到大修质量的主要修理项目都必须检验，并按技术要求认真做好记录，为汽车竣工出厂检验提供依据。

一、汽车修理过程检验的重点

(一)零件分类检验

零件的分类检验是汽车修理过程中的重要工序之一，它直接影响汽车修理的质量和修理成本，有的企业将零件分类检验称为核料。在汽车全部分解并清洗后，为便于移工配料和安排具体的修理计划，由专职人员或主修人根据零件的损伤程度和零件检验分类规范，将所有零件分为可用件、可修件、可换件三大类。其中一般性的汽车配件可由主修人确定，但重要基础零件和贵重零件，则统一由专职检验员来核料。

零件分类的主要依据是汽车修理技术规范中规定的“大修允许”和“使用极限”，凡是零件损伤尚在使用允许范围内的零件，均可视为可用件；凡是零件损伤超过使用允许值，但仍可修复使用的零件，均应视为可修件；凡是零件损伤、已经严重法修复，或修复成本太高的零件，均可视为可换件(即作报废处理)。在分类检验中，要按照技术标准严格检验分类，做到不漏件、不缺项。

(二)总成装配质量检验

总成装配过程中，操作者要按工序和工步的技术要求认真操作，检验员要严格监督和控制装配质量。对重要的间隙、力矩、啮合印痕、啮合面积、径向圆跳动、端面圆跳动等形位公差，主修人要认真自检。自检合格后，交检验员检验。

(三)总成试验

对可以单独试验的小总成，要按技术标准进行性能试验，以保证大总成的装配质量。

二、汽车修理过程中的常见检验项目

汽车修理过程中的检验是修理质量控制的重要环节，其检验内容多、技术含量高。常见的检验项目见表 2-3-2。

表 2-3-2　汽车修理过程的常见检验项目

<table>
<tr><th>主要总成</th><th colspan="3">检验项目</th></tr>
<tr><td rowspan="8">发动机零部件检验</td><td rowspan="2">1. 零件检验与分类</td><td colspan="2">零件的缺陷检验</td></tr>
<tr><td colspan="2">零件磨损与变形检验</td></tr>
<tr><td rowspan="6">2. 气缸体和气缸盖的检验</td><td colspan="2">气缸体和气缸盖的变形检验</td></tr>
<tr><td colspan="2">气缸体和气缸盖的裂纹检验</td></tr>
<tr><td colspan="2">气缸盖燃烧室容积测量</td></tr>
<tr><td rowspan="2">气缸的检验</td><td>磨损检验</td></tr>
<tr><td>修理后技术状态检验</td></tr>
<tr><td colspan="2">气缸体和气缸盖螺纹孔检验</td></tr>
</table>

续表 2-3-2

主要总成	检验项目		
发动机零部件检验	3. 活塞连杆组的检验	活塞的检验	表面裂纹、划痕检验
			环槽、销孔磨损检验
		活塞环的检验	弹力检验
			偏光度检验
			端隙检验
			侧隙检验
			背隙检验
		连杆的检验	连杆磁力探伤检验
			连杆弯扭变形检验
			大小端轴承孔轴线位置误差检验
		活塞连杆组装复检验	装配标记检验
			质量检验
			活塞裙部椭圆度检验
			活塞裙部轴线对连杆大端孔轴线垂直度的检验
	4. 曲轴及轴承的检验	曲轴损伤检验	轴颈检验磨损
			曲轴变形检验
		曲轴修复后检验	飞轮凸缘检验
			连杆轴颈回转半径检验
			曲轴动平衡检验
		曲轴轴承检验	轴承损伤检验
			轴承选配与技术要求
		飞轮的检验	齿圈磨损检验
			飞轮与离合器接触面磨损、裂纹检验
	5. 配气机构主要零件检验	气门组零件	气门损伤检验
			气门导管磨损检验
			气门座损伤检验
			气门弹簧的检验
		气门传动组零件	凸轮轴损伤与磨损检验

续表 2-3-2

主要总成	检验项目		
发动机零部件检验		气门传动组零件	气门挺杆、推杆损伤检验
			链轮、链条、齿形带检验
	6. 冷却与润滑系统主要零件的检验	冷却系统主要零部件的检验	散热器或冷却器的检验
			节温器的检验
			水泵的检验
		润滑系统主要零部件的检验	机油泵的检验
			机油滤清器的装配检验
	7. 燃油供给系统主零件的检验	电控汽油机主要零部件的检验	系统供油压力的检验
			汽油泵的检验
			调压器的检验
			喷油器的检验
			主要传感器性能检验
		传统柴油机主要零部件的检验	喷油泵的喷油试验
			喷油器的喷油试验
			柱塞偶件、出油阀偶件、针阀偶件的磨损检验
		电控共轨柴油机主要零部件的检验	油轨探伤检验
			高压油泵析检验
			喷油器的检验
			偶件的磨损检验
			主要传感器性能检验
底盘主要零部件的检验	1. 离合器检验	离合器主要零部件检验	
		离合器装配检验	
	2. 变速器检验	变速器主要零部件的检验	壳体与上盖的检验
			轴、齿轮、轴承的检验
			同步器的检验
			分动器的检验
		变速器装配后的检验	各轴的跳动量及轴向间隙检验
			各齿轮的啮合间隙、端隙、啮合印痕的检验

续表 2-3-2

<table>
<tr><th>主要总成</th><th colspan="3">检　验　项　目</th></tr>
<tr><td rowspan="25">底盘主要零部件的检验</td><td rowspan="8">2. 变速器检验</td><td rowspan="3">手动变速器的磨合试验</td><td>脱挡和跳挡试验</td></tr>
<tr><td>操纵机构的可靠性检验</td></tr>
<tr><td>异响、漏油、过热检验</td></tr>
<tr><td rowspan="5">自动液力变速器性能检验</td><td>一般检查</td></tr>
<tr><td>道路试验</td></tr>
<tr><td>失速试验</td></tr>
<tr><td>油压试验</td></tr>
<tr><td>延时试验</td></tr>
<tr><td rowspan="7">3. 万向传动装置的检验</td><td rowspan="4">主要零件的检验</td><td>传动轴的损伤与弯曲检验</td></tr>
<tr><td>万向节磨损检验</td></tr>
<tr><td>伸缩节花键磨损检验</td></tr>
<tr><td>中间支撑及轴承的检验</td></tr>
<tr><td rowspan="3">装配后的检验</td><td>万向节轴向间隙检验</td></tr>
<tr><td>等速性能检验</td></tr>
<tr><td>传动轴总成动平衡试验</td></tr>
<tr><td rowspan="3">4. 驱动桥检验</td><td colspan="2">主要零件检验</td></tr>
<tr><td colspan="2">装配过程中检验</td></tr>
<tr><td colspan="2">磨合与试验</td></tr>
<tr><td rowspan="2">5. 转向桥检验</td><td colspan="2">主要零件检验</td></tr>
<tr><td colspan="2">转向动力装置的检验</td></tr>
<tr><td rowspan="5">6. 制动系统检验</td><td rowspan="4">主要零件检验</td><td>制动鼓、制动盘磨损与变形检验</td></tr>
<tr><td>制动摩擦片的检验</td></tr>
<tr><td>驻车制动检验</td></tr>
<tr><td>制动传动装置的检验</td></tr>
<tr><td colspan="2">制动效能试验</td></tr>
<tr><td rowspan="3">电气及电子设备的检验</td><td>1. 蓄电池的检验</td><td colspan="2"></td></tr>
<tr><td>2. 发电机的检验</td><td colspan="2"></td></tr>
<tr><td>3. 起动机检验</td><td colspan="2"></td></tr>
</table>

续表 2-3-2

主要总成	检验项目		
电气及电子设备的检验	4. 照明、信号设备检验		
	5. 仪表与辅助设备检验		
	6. 电子控制系统检验	各种传感器的检验	
		主要执行元件的检验	
		修复后工作状态测试	
车身检验	1. 载货车的车架、驾驶室、车厢损伤检验		
	2. 客车车身检验		
	3. 轿车车身检验		
	4. 车身装涂检验		

三、填写汽车大修工艺过程检验单

汽车大修工艺过程检验单是汽车在大修过程中，由汽车修理工或检验技术人员对总成及零部件按其在修理过程中的工艺顺序所进行的技术鉴定记录。

(一)汽车整车大修工艺过程检验单

主要包括发动机及离合器修理工艺过程检验单；前桥及转向系统修理工艺过程检验单；后桥修理工艺过程检验单；变速器及分动器修理工艺过程检验单；传动轴及万向带修理工艺过程检验单；车架悬架及车轮修理工艺过程检验单；车身修理工艺过程检验单；汽车电器、仪表和线路修理工艺过程检验单；汽车制动系修理工艺过程检验单等。

(二)修理工艺过程检验单的内容

修理工艺过程检验单的内容应包括进厂编号、厂牌、车型，各总成型号、号码，检验项目、检验结果记录、检验结论、处理意见、主修人及检验员签章及日期等。表 2-3-3 为某修理企业的发动机大修工艺过程检验单。

表 2-3-3 发动机大修工艺过程检验单

进厂编号		厂牌车型		车牌号码	
发动机号		修理日期		主修人	
主要零部件换修记录					
部件名称	续用	更换	修理	加大	缩小
气缸体					
气缸盖					

续表 2-3-3

部件名称	续用	更换	修理	加大	缩小
气缸套					
进、排气支管					
活塞					
活塞环					
连杆及轴承					
曲轴					
曲轴轴承					
凸轮轴					
凸轮轴轴承					
气门					
气门导管					
正时带					

气缸直径检验记录

气缸直径	一缸		二缸		三缸		四缸		五缸		六缸	
	纵	横	纵	横	纵	横	纵	横	纵	横	纵	横
上部												
中部												
下部												
圆度												
圆柱度												

活塞连杆组检验记录

活塞直径	一缸	二缸	三缸	四缸	五缸	六缸
横向						
纵向						
活塞质量						
配缸间隙						

曲轴与轴承检验记录

曲轴		1	2	3	4	5	6	7
主轴颈	圆度							
	圆柱度							
连杆轴颈	圆度							
	圆柱度							

续表 2-3-3

曲轴	1	2	3	4	5	6	7
主轴颈与轴承配合间隙							
连杆轴颈与轴承的配合间隙							
曲轴轴向间隙							

凸轮轴与轴承检验记录

凸轮轴	1	2	3	4
轴颈直径				
轴颈与轴承配合间隙				
凸轮升程				

说明：

过程检验员＿＿＿＿ 年 月 日

(三)过程检验单填制要求

检验单中字迹应清晰，项目齐全、完整，填写真实、正确。检验项目、名词术语和计量单位应符合国家及行业有关标准以及相关车辆修理技术文件的规定。

四、备考要点

(1)了解零件分类检验的基本要求。

(2)知道修理过程中常见的检验项目。

(3)会填写修理工艺过程检验单。

第三专题 竣工验收

一、汽车大修竣工出厂检验程序

汽车大修竣工检验是属于成品检验，它是一种按修理质量要求的动力性、可靠性和安全性、经济性和环保性进行的综合性检验，通常由修理企业的专职总检验员负责，代表用户验收车辆。包括初检、复检和路试三个阶段。初检一般由车间检验人员或各总成的主修人员负责，在初检中发现的问题，只作为修理过程中的收尾工作，由车间检验员督促完成。复检中发现的问题，多数维修企业作为修理过程中的质量问题来看待，会责令主修人员进行返工作业。最后的复检和路试，由总检验员和用户共同进行。

汽车大修竣工后必须按照《汽车大修竣工出厂技术条件》以及其他现行相关标准进行严格检验。首先进行外部检视，然后进行汽车的路试和台架检验。汽车经路试后的检查并排除故障后，送交汽车综合性能检测站进行检测。检测合格的车辆由维修企业签发汽车大修出厂合格证后，车辆准予出厂。

（一）外部检视

修竣车辆在静态下，通过外部检视，检查汽车外部技术状况、装备完整情况、各总成和仪表的工作情况。

外部检视的主要内容包括油漆补修涂装质量，各总成装备完整齐全，车轮定位，车轮轮距，前后轴距，转向盘游动量，离合器、制动踏板自由行程，驻车制动，灯光信号标志、有效光照，喇叭音质，仪表及指示值，后视镜，电器线路、各管路、接头连接与牢靠状况，全车润滑油脂、冷却液、制动液、电解液加注与密封状况，轮胎换位与充气，发动机、散热器、驾驶室、车厢、底盘、各部的密封、紧固、锁止技术状况。外部检视结果要逐一填表登记。

（二）路试和台架检验

车辆外部检视完成后，应按照技术标准，采用台架检验和路试检验的方法对汽车修理质量进行全面检验。目的是检查发动机与底盘的工作情况，并消除检验中未发现的缺陷，以保证汽车的修理质量。

汽车路试检验应在平坦、干燥、清洁的高级或次高级路面，长度和宽度适应测试要求，纵向坡度$\not>1\%$的直线道路上往返进行。测试数据取平均值。汽车路试检验规程如图 2-3-1 所示。

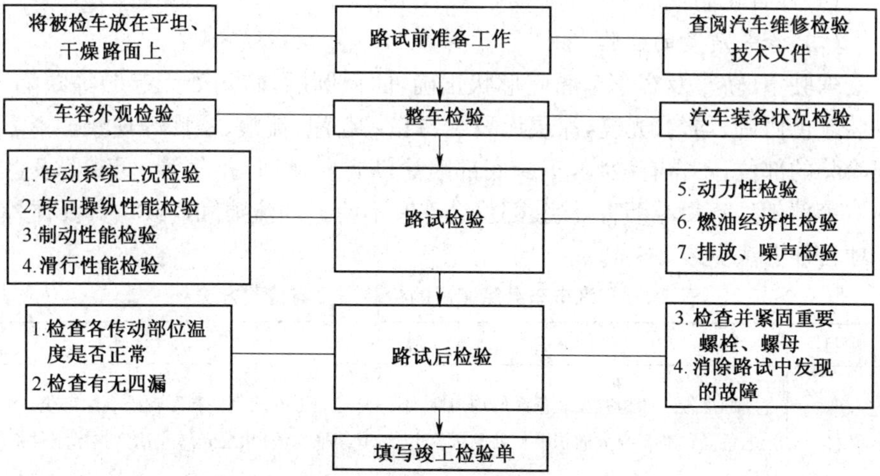

图 2-3-1　汽车路试检验流程

汽车路试检验主要包括以下内容：

(1)起步性能检查。

(2)转向性能的检查。

(3)变速器换挡的检查。

(4)驻车制动性能和车轮制动性能检查。

(5)传动轴、驱动桥工作情况检查。

(6)滑行性能试验。

(7)动力性检查。

(8)燃料经济性检查。

(9)加速性能检查。

(10)冷却液、发动机等部油液的液面高度、温度与压力检查。

(11)异响、最大噪声的检查。

(12)排气污染的检查。

(13)灯光、信号、仪表指示值的检查。

(14)发动机各工作状况的检查。

(三)路试后的检查

(1)制动盘鼓、轮毂、变速器壳体、驱动桥壳体、传动轴中间轴承、齿轮轴、机油、冷却液等温度是否正常。

(2)全车各部位的密封状况。

(3)检查各重要部位螺栓、螺母的紧固锁止状况(如转向、传动、悬架、中间传动轴、轮毂等)。

(4)检查轮胎气压。

(四)涂装质量的检验

驾驶室、轿车及客车车厢应形状正确，曲面圆顺，转角处无起皱等缺陷，涂装颜色协调、均匀、光亮，涂层无裂纹、剥落、起泡、流痕、橘皮等现象。不需要涂装的部位，不得有漆痕，车身底部喷涂沥青防锈时，排气管、变速器及散热器等部件处不得有沥青，涂装部位允许有不明显的流痕和刷纹。其具体检验项目和方法见表 2-3-4。

表 2-3-4 汽车车身涂装后的检验项目与检验方法

项目	检验方法
色泽	用标准板对照检查涂装色泽的均匀性，不得有隐约可见的色差和影响外观的部位，用光电色泽计在车身大面积平整处测量 5 个点，取其平均值，涂层光泽应达到技术条件的规定

续表 2-3-4

项目	检验方法
裂纹	在 4 倍放大镜下目测，涂装表面不得有隐约可见的小裂纹，且不影响外观
起泡	用目测方法观察涂装表面，不得有一个≥0.05cm^2面积的起泡，且不影响外观
流痕	用目测方法检视涂装主要表面，不得有隐约可见的流痕，且不影响外观
刷纹	用目测方法检视涂装主要表面，不得有隐约可见的刷纹，且不影响外观
脱落	用目测方法检视涂装主要表面，不得出现脱落，且不影响外观。涂层的附着力，在 100mm^2内，用单面刀片用力划成 1×1mm 的方格，方块不得脱落
杂漆	用目测方法检视涂装主要表面，不得有隐约可见的杂漆，全不影响外观
硬度	用 HB 铅笔，笔芯直径为 1.8mm 以上，长度为 3mm 左右，笔尖平整，铅笔与被测表面保持 45°角，用约 3mm/s 的速度均匀的在被测表面推移，用力以不折断铅笔芯为限，在车身不同部位往返 5 次后，用橡皮或绒布将铅笔灰擦去，目测检验涂层的划痕深度，按无划痕、可见划痕、明显划痕来评定涂层硬度

（五）全车综合性能检测

汽车大修竣工，经路试合格后，维修企业可利用不解体检测诊断设备在路试中和路试后对车辆进行检查调整并消除故障，然后对车辆进行综合性能检测。若维修企业不具备综合检测能力，可委托相应级别的综合性能检测站进行检测。《汽车运输业车辆综合性能检测站管理办法》规定 A 级站和 B 级站出具的检测结果证明，可以作为维修单位维修质量的证明。维修企业可据检测站出具的检测合格报告签发汽车大修竣工出厂合格证。

二、汽车竣工出厂规定

根据交通部第 13 号令《汽车运输业车辆技术管理规定》，汽车修竣出厂应符合下列规定：

(1)送修汽车或总成修竣检验合格后，承修单位应签发出厂合格证，并将技术档案、维修技术资料和合格证一并移交托修方。

(2)汽车或总成修竣出厂时，不论送修时的装备（附件）状况如何，均应按照有关规定配备齐全。发动机应安装限速装置。

(3)接车人员应根据合同规定，就汽车或总成的技术状况和装备情况等进行验收，如发现有不符合竣工要求的情况时，承修单位应立即查明，及时处理。

(4)托修方必须严格执行汽车磨合期规定，在质量保证期内因维修质量发生故障或提前损坏时，承修方应及时排除，免费维修。

三、备考要点

(1)了解汽车大修竣工出厂检验程序和出厂规定。

(2)能独立完成汽车大修竣工出厂的路试检验。

(3)知道车身涂层的检验项目与检验方法。

模块四　汽车疑难故障的诊断与排除

第一专题　电控汽油发动机疑难故障的诊断与排除

一、电控汽油发动机油耗超标故障的诊断与排除

(一)故障现象

发动机动力性能良好,但油耗量过大,加速时排气管冒黑烟。

(二)故障的一般原因

(1)空气滤清器堵塞,进气不畅,或排气管受堵。

(2)怠速调整不当,如CO调整错误。

(3)冷却液温度过高或过低。

(4)点火正时过迟。

(5)气缸压力过低。

(6)配气相位不准确。

(7)废气再循环阀处于常开状态。

(8)喷油器损坏,造成漏油。

(9)油压调节器损坏,供油压力过高。

(三)电子控制的原因

(1)冷却液温度传感器工作不良,使喷油修正信号不准确。

(2)空气流量计或节气门位置传感器失常。

(3)爆燃传感器、进气压力传感器或进气温度传感器有故障。

(4)氧传感器、活性炭罐有故障。

(四)故障诊断与排除

产生发动机油耗过高的原因有多种,一般来说,发动机的动力不足或冒黑烟时,大多数的发动机在此情况下都会有油耗过高,该故障也是在实际工作中较为难排的一种,有时,换了一大堆零件,故障现象却没有好转,说明故障原因没有找到或存在漏排的现象。油耗过高的故障大至可按以下步骤进行排查。

1. 了解情况

应仔细询问驾驶人故障发生的时间、车辆的基本情况等,大至判断故障部位是机械部分还是电控部分的问题。同时,用解码仪读取故障码,若存在故障码,先按故障码指示的内容进行排查,若无故障码,先作外部检查。

2. 外部检查

(1)检查各传感器线束连接器连接是否牢靠,并对灰尘较多的传感器进行清洗。

(2)检查各管路接头是否有破损或脱落,并清理空气滤清器滤芯。

(3)外部检查无异常的情况下,进行基本检查。

3. 基本检查

(1)检查燃油压力是否过高,如过高,应检查油压调节器、汽油滤清器及油管。

(2)检查火花塞电极间隙是否正常、火花塞和高压线是否漏电。

(3)检查喷油器的喷油情况,必要时进行更换。

(4)检查氧传感器和空气流量传感器,必要时进行更换。用数据流检查氧传感器时,λ 的数值不稳定,超过标准值±25%以上或变化缓慢,说明氧传感器有故障;用数据流检查空气流量传感器时,重点检查喷油时间与正常值的偏差,如捷达车是 1.6～1.8ms,如超过 2ms,说明混合气偏浓,再检查进气量是否偏大,正常时多为 3.0～4.0g/s,如进气量偏大,应检查节气门体,最后看怠速是否稳定。

(5)检查进气温度传感器和冷却液温度传感器,必要时进行更换。

4. 检查并清洗节气门体

5. 机械部分的检查

(1)检查气缸压力。

(2)检查气缸磨损情况。

6. 专项检查

(1)检查点火正时。

(2)检查电子控制单元。

二、电控汽油发动机排放超标的原因分析与排除

(一)故障现象

用尾气排放分析仪测量时,发动机排放的 HC 和 CO 超过国家标准规定的范围。

(二)故障的一般原因

(1)空气滤清器堵塞。

(2)曲轴箱通风装置工作不良。

(3)怠速装置失效或调整不当。

(4)节气门有故障。

(5)少数气缸不工作。

(6)点火正时不正确、配气相位失准。

(7)排气净化装置失效。

(三)电控方面的原因

(1)三元催化转换器不工作。

(2)空气流量计有故障。

(3)冷却液温度传感器有故障。

(4)节气门位置传感器有故障。

(5)油压调节器损坏。

(6)电子控制单元损坏。

(四)故障诊断与排除

(1)检查三元催化转换器,不正常,应进行更换。

(2)检查燃油压力、冷却液温度。

(3)如果单纯的是 HC 超标,说明混合气过稀,应重点检查各缸高压火花、点火正时等引起缸内不正常燃烧的结构原因。

(4)如果是单纯的 CO 超标,说明混合气偏浓,应重点检查燃油压力、温度传感器、空气滤清器、曲轴箱通风等。

三、三元催化转换器的失效与预防

汽油机安装三元催化转换器 TWC(Three Way Catalysts)是为了降低尾气排放,满足机动车排放法规,保护环境的需要,是汽油机进行机后净化,满足愈来愈严的尾气排放法规的重要途径。

(一)TWC 的结构与原理

汽油机 TWC 安装在排气管中,主要有蜂窝状载体(蜂窝小孔内均布催化剂)、密封层、壳体及氧传感器等组成。

汽车尾气中的有害成分 CO、HC 和 NO_x在催化剂(Pa、Pd、Rh)等的作用下,经过流体反应物(CO、HC 和 NO_x)向固体催化剂外表面扩散,被催化剂吸附,并产生化学反应,最终 CO、HC 分别被氧化为 CO_2、H_2O,NO_x则被还原为 N_2。

(二)TWC 的失效形式

三元催化转换器除了机械损坏外,最主要的形式有过热、热老化、铅沉积(又称铅中毒)三种形式。其中过热的铅中毒对三元催化转换器的损坏是致命的。无论何种形式的失效,其结果都是破坏了三元催化转换器的热化学反应结构,使化学反应不能正常进行,造成排放的污染物急剧增加。

过热是指三元催化转换器内部的温度超过 850℃,这时,催化剂中的铂、铑等贵金属,因高温烧损或从载体上脱落,造成化学反应无法正常进行。当发动机缺火(即有未燃烧的汽油排出燃烧室)时,未燃烧的汽油在三元催化转换器内遇高温而燃烧,又使温度迅速上升。

(三)TWC早期失效原因分析

1. 发动机个别缸缺火造成TWC失效

(1)喷油器故障,如密封不严而漏油,通道堵塞,表面积炭及损坏等。

(2)火花塞故障,如不着火、点火能量不足、表面积炭、高压线接触不良等。

(3)传感器故障,使发动机长期以后备值工作。

(4)供油系统工作不正常,如汽油泵有故障、汽油滤清器堵塞及油管堵塞等。

(5)冷起动困难,发动机有故障。

(6)有铅汽油中的铅化合物含量比较高,铅化合物在高温下会还原成金属铅,而金属铅容易沉积在铂、铑等贵金属催化剂表面,造成失效。

2. 三元催化转换器与发动机匹配不良

(1)TWC质量不稳定。许多国内生产催化转换器的厂家生产的TWC没有经过专项试验,许多性能指标如稳定性、可靠性、耐久性等未达到相关标准,导致催化转换器在使用中出现净化率下降或达不到要求、质量不稳、寿命缩短。

(2)TWC安装的随意性。汽车上安装TWC的随意性主要体现在发动机与催化转换器不经匹配试验,同一种TWC安装在诸多车型上,导致发动机与TWC的性能下降,限制了TWC使用性能的发挥。

(3)原发动机排放差。当发动技术状况差,机内净化程度低,原机排放很高时如化油器式的汽油机,即使安装三元催化转换器也不可能达到排放标准,反而会造成三元催化转换器经常处于过载、过热状态而早期失效。

(4)发动机燃油供给系统不符合安装TWC的条件。车用三元催化转换器要求发动机的混合气成分处于理论混合气附近狭小的浓度范围内,即进入气缸内的空燃比近似等于理论空燃比A/F=14.7(或过量空气系数$\alpha=1$)的很狭窄的范围内时,TWC的净化率η才能保持最佳,此很狭窄的空燃比范围称为"窗口效应"。

目前,国产汽油车中有许多开环控制的电控汽油喷射发动机安装了TWC,但这种发动机的供油系统并不能始终为TWC提供良好的外部空燃比环境,使催化剂参加的氧化反应(将CO、HC分别氧化为CO_2、H_2O)和还原反应(将NO_x还原为N_2)不能同时满足,造成净化率η大大下降,排污超标,甚至因为TWC与发动机不能良好匹配,导致发动机工作严重失常,TWC过载、发热而早期失效，影响其动力性及经济性。

3. 工作环境造成早期失效

(1)使用含铅汽油。含铅汽油燃烧之后，铅化物(如 PbO_2)随废气进入排气管路，通过 TWC 时，铅化物被牢固地吸附于载体材料上的蜂窝小孔 $\gamma-Al_2O_3$ 催化剂表面上，并且不匆脱附，导致废气中的有害气体不能接近催化剂进行化学反应，净化率 η 将降低。当铅化物覆盖住催化剂整个表面时，TWC 将完全失效，这就是常说的 TWC“铅中毒”。同时，含铅汽油会造成电磁式喷油器喷孔堵塞、氧传感器电信号失真等故障。

(2)温度影响。TWC 入口温度过低，TWC 入口温度即进入 TWC 的废气温度，此温度过低，TWC 净化率 η 会下降。通常将转化率 $\eta=50\%$的入口温度作为“起燃”温度 T50，T50 为 TWC 起动温度。T50 越低，发动机冷起动时 TWC 起作用的时间越迟，对尾气的净化越晚，净化效果越差。国外的 TWC“起燃”温度一般低于 300℃，有的达到 220℃，而国产的 TWC“起燃”温度在 330℃以上。当 TWC 入口温度过低，冷起动过程中，TWC 对 CO、HC 净化效果越差，容易造成怠速运行时，大量未燃的混合气直接进入 TWC，使之过载而早期失效。

在 850℃高温环境中，TWC 贵金属(催化剂)易发生烧结，小的贵金属微晶形成大的晶粒，贵金属表面积下降，催化活性下降；另外，高温下 $\gamma-Al_2O_3$、稀土氧化物、贱金属也发生烧结，载体活性涂层蜂窝状小孔结构遭到破坏，净化率 η 下降，造成高温下 TWC 早期失效。

4. 使用和维护不当

在驾驶安装有三元催化转换器的汽车时，当发动机出现某一缸或几个缸断火、发动机长期处于怠速运转、频繁进行点火和压缩试验等，大量未燃的空气和汽油未经过燃烧进入排气管路时，在通过 TWC 由于温度较高而使空气和汽油重新燃烧，形成“后燃”现象。“后燃”产生高温和高压，造成 TWC 损坏，严重时甚至爆裂。即使不发生“后燃”现象，也会使 TWC 过载、发热而造成早期失效。

(四)预防 TWC 早期失效的对策

为使 TWC 保持较高的尾气净化率，防止早期失效，在设计、使用和维护中应注意：

1. 进行空燃比闭环控制

TWC 保持长期高效的净化率 η 的“窗口效应”必须采用空燃比反馈(闭环)控制的电子控制汽油喷射系统才能满足。即利用安装在排气管中的氧传感器来检测尾气中氧的浓度或含量，从而判断实际进入气缸内的空燃比相对于理论控燃比是大了还是小了，通过控制单元(ECU)进行对喷油量的减少或增加的控制，使发动机始终在理论控燃比附近工作，以保证 CO、HC 氧化反应及 NOx 的还原反应均能正常进行，使 TWC 净化效果发挥最佳性能。

2. 保证汽油机与 TWC 良好匹配

三元催化转换器要发挥有效的净化作用，一方面必须保证其工作条件，另一方面催化转换器本身必须与发动机的工作状态相适应，与发动机应实现良好的匹配。

(1)合理结构设计。三元催化转换器的结构必须与发动机燃油供给系统、排气系统结构和排放状况相适应。在结构设计中应该着重解决好：

①二次空气与补气。发动机混合气较浓时，排气中的 HC 和 CO 排放量大，为提高三元催化转换器转化率 η 应补充一定量的 O_2。补 O_2 量的多少以及补 O_2 方式影响催化转换器的转化率和寿命，需要与发动机的工况相匹配。

②保证发动机性能正常。保证发动机排气系统的通畅，减小三元催化转换器对发动机性能的影响。在三元催化转换器结构设计时，要充分考虑整个排气系统的结构，既保证总的催化剂质量，又使得载体布置合理。

③进行三元催化转换器专项试验。车用三元催化转换器是否能满足设计要求，必须进行系统的试验：

a. 发动机台架试验。测试发动机全工况下工作时的性能状况和三元催化转换器的工作特性，检查三元催化转换器对发动机功率输出和燃油消耗量等方面的影响，进行三元催化转换器的结构调整和优化。

b. 道路试验。测试汽车在行驶条件下三元催化转换器对整车最高车速、最大功率到达的能力及工作噪声等方面的影响。

c. 认证试验。进行 ECE 15 工况法试验标准进行汽车的排放测试。

d. 可靠性试验。通过快速老化试验、振动与冷热冲击试验等考核三元催化转换器的机械可靠性、工作耐久性和寿命。

e. 水急冷试验。通过模拟三元催化转换器在实际工作过程中遇到来自外界温度的急剧变化，测试三元催化转换器系统的工作和寿命情况。

f. 热振动试验。测试在受热状态下载体在三元催化转换器内部位移情况，以检测三元催化转换器在实际运行时载体的固定状况。

g. 泄漏试验。测试在实际应用中三元催化转换器的密封性能。

(2)使用高品质无铅汽油。燃用高辛烷值的无铅汽油。无铅汽油的辛烷值低，易出现发动机爆燃现象。目前一般通过对汽油加入含氧有机化合物、增加催化重整汽油的比例、减少低辛烷值裂解汽油的比例、提高催化重整汽油的辛烷值等方式来获取高辛烷值的无铅汽油。

(3)保证TWC入口温度。为保证TWC能迅速、可靠地“起燃”,TWC结构上常采用的方法:一是采用双TWC系统,将较小的TWC安装在靠近排气门处,使其迅速达到“起燃”温度。TWC放置在靠近发动机的位置有助于保证快速起燃,但TWC的工作温度较高,会影响其使用寿命。要解决好两者的关系,必须从载体材料、载体尺寸及其位置配合等方面进行综合考虑。二是采用电加热式TWC,在发动机起动前给TWC供电,加热至“起燃”温度。

在使用方面可以采用下列方法:一是推迟点火提前角。通过推迟点火角,可提高排气温度,从而达到加热TWC的目的;二是提高怠速转速。试验证明:在汽车起动后满足TWC加热的时间里,将怠速转速由800r/min增加到1200r/min后,可明显改善汽车起动后怠速过程的排放情况。当改变了点火提前角和怠速转速,为使发动机的其他性能不受影响,在加热TWC阶段应对其他一些脉谱图如怠速空气量、喷油量脉谱等也要作相应的优化匹配。

(4)防止TWC过热。当TWC温度介于外壳熔化温度和正常工作温度之间时,由于中间层的脱落以及由此造成的载体表面上均附的催化剂表面积的下降,使TWC损坏,净化率η下降,甚至失效。为防止TWC过热,在大负荷时,可通过匹配优化发动机电子控制系统的喷油量加浓混合气、提前点火提前角来降低大负荷时的排气温度。

(5)及时检查和正确维护TWC。在使用和驾驶带有TWC系统的汽油车时应注意:

①必须燃用高品质的无铅汽油。

②避免发动机长时间怠速运转。怠速工况运转,尾气中有害成分排放大,易造成TWC过热。一般要求发动机怠速运不能超过20min。

③尽量减少跳火试验。跳火试验会使未点燃的汽油直接进入TWC,因此,只有在不可避免时才能进行火花塞跳火试验,并且要求时间要短。

④避免进行发动机压缩试验。

⑤尽量避免汽车在关闭点火系统后,进行滑行和长时间制动。

⑥燃油不足时不可起动发动机。在燃油不足时强行运行发动机,可能会造成发动机缺火,引起TWC超载过热;同时,对于内置式的电动汽油泵会出现过热、烧损现象。

⑦注意定期检查TWC,有无陶瓷载体松动、破碎,在行驶规定的里程或时间后,应更换TWC。

⑧注意安全停车。汽车在高速行驶时,高温废气和氧化反应产生大量的热,使TWC的温度将超过900℃。如果高速行驶后将车停在枯草等易燃物上面,则有可能会点燃地面上的易燃物品,十分危险。所以必须注意停车安

全。同时,应在 TWC 在上、下两面都应加装隔热罩,对上可防烧烤汽车地板,对下可防火保安全。

⑨在清洗喷嘴时,将三元催化转换器拆下,安装一个替代的排气管,清洗完毕再将原车的三元催化转换器安上。这样做虽然比较费时费力,但可起到保护三元催化转换器的良好作用。

⑩用清洗剂对堵塞的三元催化转换器进行清洗,但选购清洗剂时必须要慎重,如果使用了伪劣产品,可能会适得其反。

⑪在寒冷地区使用的车辆,若长时间低速行驶,三元催化转换器会有轻微堵塞。车辆放置在室外,还会造成三元催化转换器冰堵,导致车辆不能起动,应加以注意。

四、发动机气缸异常磨损的原因分析与处理

气缸经过长期使用后,其尺寸和形状的改变称为气缸磨损。气缸磨损后,将引起发动机技术性能变坏,因此发动机是否需要大修,主要取决于气缸的磨损程度。研究气缸的磨损规律及原因,不仅对检验气缸磨损量有一定的指导意义,而且对了解气缸的磨损规律及原因,在使用和维修中采取有效措施,减少气缸磨损,延长发动机的使用寿命有现实意义。

(一)气缸的磨损

发动机在使用中,气缸表面在活塞环运动区域内磨损较大且不均匀。从气缸的纵断面看,磨损最大部位一般在活塞到达上止点时,第一道环所对应的气缸壁处,使气缸磨损后形成了上大下小的形状,俗称"锥形",如图 2-4-1 所示。从气缸横断面看,气缸磨损后失去了原来的正圆形状,一般在进气门的对面磨损较大,俗称"失圆"。

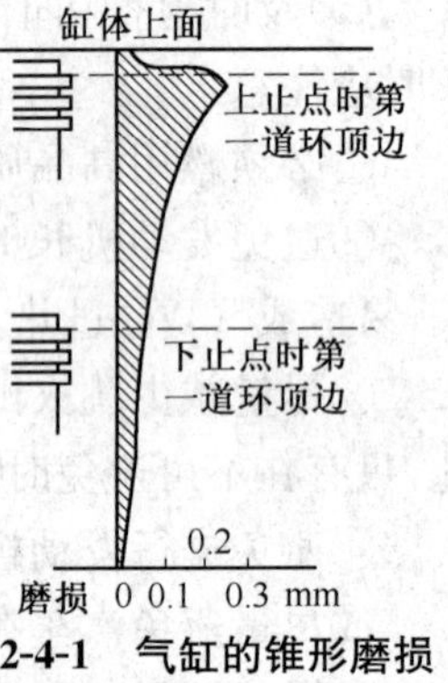

图 2-4-1　气缸的锥形磨损

从气缸的纵断面看,气缸上口活塞环不接触的部位几乎没有磨损,形成了明显"台阶"。俗称"缸肩"。在特殊情况下,气缸可能出现中部磨损最大,俗称"腰鼓形"。

气缸磨损超过一定限度后,将破坏与活塞、活塞环的正常配合,造成气缸漏气、窜机油,使发动机动力下降、油耗增加、可靠性降低甚至不能工作。

(二)气缸磨损的原因

气缸磨损的原因是多方面的,其主要原因有以下几个方面:

1. 压力的影响

发动机工作时,活塞环在自身弹力和传递到环内壁上的气体压力作用下，压紧在气缸壁上，当活塞在气缸中往复运动时，活塞环与缸壁发生相对摩擦而产生磨损。磨损的程度取决于活塞环作用在气缸壁上正压力的大小，正压力愈大，润滑油膜的形成和保持愈困难，使机械磨损加剧，在作功冲程，当发动机气缸内燃气压力约为 3920kPa 时，第一道环背面的压力约为 2940kPa，第二道环背面的压力约为 735kPa，第三道环背面的压力约为 294 kPa。该压力将随着活塞的下行、气缸容积的增大而降低，这样，造成了活塞环对气缸壁的压力上大下小，使气缸磨损呈上大下小的锥形。

2. 润滑不良

发动机在工作中，由于气缸壁是靠激溅润滑。上部润滑油供应比较困难，同时气缸上部燃烧温度较高，不易在气缸壁表面形成良好的油膜，甚至润滑油可能被烧掉。

3. 酸性腐蚀物质的影响

酸性腐蚀物质的产生取决于气缸壁的温度。当气缸壁的温度低时，气缸内的水蒸气会在缸壁上凝聚成水珠，废气中的酸性气体分子遇到水后将溶解生成酸性物质（如硫酸、碳酸等），这些酸性物质附在缸壁上腐蚀缸壁，使缸壁表面组织结构松散、强度降低，当活塞在气缸内运动时，在活塞环的作用下金属腐蚀物质被刮去，造成腐蚀磨损。腐蚀越严重，磨损越厉害。反之，气缸壁温度较高，水蒸气不易凝聚成水珠，酸性气体不能溶解将随废气排出，腐蚀性较小，但温度过高时，机油黏度低，不易形成油膜，抵抗腐蚀的作用几乎不存在，腐蚀和机械磨损加剧。同样一台发动机，由于各缸冷却效率不同，所受到的腐蚀程度也有所区别。如进气门对面，一缸前壁和六缸（或四缸）后壁，冷却效率较高，其腐蚀就较严重，磨损也就较大。一般认为，腐蚀磨损是造成气缸“失圆”的主要原因。

4. 磨料的影响

空气中的灰尘、炭渣或润滑油中的杂质，夹持在活塞环与缸壁之间，当活塞上下往复运动时形成磨料。由于活塞在气缸中部运动速率最大，磨料对缸壁的修磨作用最严重，故使气缸磨损成“腰鼓形”。

此外，修理时选用的材料质量差，维修质量不好，如缸壁粗糙度超标、活塞销座孔倾斜、连杆弯扭等，都会使气缸产生不正常的磨损。

（三）减少气缸磨损的主要措施

（1）冬季起动后应预热发动机，做到水温低于 80℃时不起步。运行中，应使发动机冷却水保持在正常温度（80℃～90℃）范围。

（2）加强保养，及时清洁空气滤清器，禁止拆除空气滤清器行驶。

（3）经常检查机油的数量和质量，及时清洗机油滤清器。

(4)提高维修质量。

五、备考要点

(1)结合工作实际,总结电控汽车发动机疑难故障的基本特点。

(2)能正确的分析电控汽油发动机油耗过大、排放超标的原因。

(3)了解电控汽油发动机后净化处理的基本思想,知道三元催化转换器的净化原理和提高净化率的措施。

(4)了解电控汽油发动机气缸磨损的原因及减磨措施。

第二专题 柴油发动机疑难故障的诊断与排除

一、柴油发动机“飞车”故障的原因分析与处理

(一)故障现象

柴油发动机转速突然升高并超过允许的最高转速,同时伴有巨大响声,通常将这种现象称为“飞车”。柴油发动机“飞车”若不及时控制,短时间内就会造成事故性损坏,甚至发生人员伤亡。

(二)故障原因

“飞车”的主要原因有三点:一是调速器本身的故障,即失去了正常的调速功能;二是喷油泵柱塞卡在供油位置,使喷油泵始终供油;三是因为额外的柴油或机油进入气缸燃烧。

具体原因是:供油拉杆(或齿杆)卡在某一供油位置;某一缸的柱塞与柱塞套卡死在供油位置不能相对转动;供油拉杆与调速拉杆(或导动杠杆)之间的联系中断;飞球式调速器的飞球组合件卡死;调速弹簧折断并被卡住,或飞块(飞锤)连接销折断或脱出;调速器滑动销轴与轴套之间被卡住;调速器总成从凸轮轴上脱落,使调速器不转动;飞球(飞块)与斜盘或推力盘之间滑动阻力过大,使飞球无法甩开;调速器内的机油太多、太稠或过脏,使飞球不能甩开。

由于存在以上原因,使调速器无法根据柴油发动机转速的变化及时的加、减油,反而在喷油泵速度特性影响下,转速升高,供油量增大,供油量增大又使转速进一步升高而导致“飞车”。

额外的油料进入气缸燃烧的原因有:装有火炬式低温起动装置的柴油发动机,当其低温起动装置的电磁阀关闭不严时,低压油路的柴油便经电磁阀进入进气支管,再进入气缸燃烧;油浴式空气滤清器的机油过多而被吸入气缸;气门室内气门机构润滑油道的堵头脱落、油管破裂等,使气门室充满机油,机油又经进气门导管被吸入气缸。

(三)故障排除

“飞车”时柴油发动机的转速突然大大超过限定的空载转速，此时柴油发动机的转速已不再受驾驶员的控制。由于产生的巨大冲击，极易引起柴油发动机连杆或连杆螺栓折断以及拉缸等恶性事故，因此必须立即采取措施制止“飞车”。

强制柴油发动机停转的方法有三条：加大负荷；切断燃油供给；切断空气供给。

1. 加大负荷

加大负荷的方法就是挂高速挡并强行制动，迫使柴油发动机熄火。这种方法虽然有效，但容易造成柴油发动机和变速器零件损坏，而且很危险，易出交通事故，因此，在不得已时才可采用，如车辆在行驶途中，突然出现发动机的“飞车”现象。

2. 切断供油

切断供油从原理上是说得通的，但实际上却不怎么有效。原因是“飞车”多发生在发动机空载行驶时。此时，由于喷油泵柱塞套上的吸、排油口在高速下产生了较强的节流作用，使供油量比额定转速的油量还大，这些燃油喷入气缸后无法完全燃烧，除以大量浓黑烟排出外，还有部分燃油滞留在柴油发动机活塞顶部。因此，即使在发生“飞车”时立即切断燃油供给(例如采用拉熄火杆，拧松喷油泵进油口管接头，拧松高压油管接头，关闭柴油箱开关等)，但在油箱、燃油滤清器和活塞顶部的残油足以维持相当长时间的继续燃烧，很难很快将柴油发动机的转速降下来。

3. 切断供气

切断供气是制止“飞车”最有效的方法。因为气缸中一旦没有了空气，燃油就会因无氧气而不能燃烧。切断供气的方法，因柴油发动机的结构不同而有区别。有减压机构的，应立即使柴油发动机减压；有由机械操纵或气动操纵的进、排气制动装置的，应立即实行排气制动；若这些机构都没有，可堵住柴油发动机的进气口(有些空气滤清器无管状进气口而不便封堵，则需将空气滤清器拆下，直接堵住柴油发动机进气管口)。

多数“飞车”故障与调速器故障有关，特别是那些由“收油慢”，而逐渐演变成的“飞车”，就必须将喷油泵和调整器拆下送修。对于无任何先兆而突然发生的“飞车”，在制止了“飞车”之后，应进行以下检查：

(1)观察在放松加速踏板时，喷油泵的油门操纵臂摆动是否正常，操纵臂能否与怠速止动螺钉相接触；若不能接触，可调节拉杆行程使之接触。若复位弹簧折断应更换。

(2)打开喷油泵边盖,一只手拉动熄火臂,另一只手向加油方向摆动操纵臂,同时观察供油拉杆(或齿杆)移动是否正常;若供油拉杆(或齿杆)不能移动,而且手推动齿圈(或拨叉)很轻,说明调速器内部供油拉杆(或齿杆)连接销脱钩或推力盘与供油拉杆的连接螺母松脱,也可能是操纵臂方孔定位锁紧螺母或花齿键定位锁紧螺栓松动,可打开调速器后盖,将松脱处重新安装好,或将操纵臂定位处重新紧固。若供油拉杆(或齿杆)能移动,但阻力较大,则可能因锈蚀而卡住,可加注机油并将供油拉杆(或齿杆)除锈;也可以稍拧松出油阀座固定螺栓,检查供油拉杆(或齿杆)的移动是否变得灵活一些;若不成功,则将喷油泵拆下送修。

(3)若供油拉杆(或齿杆)卡住是因柱塞弹簧折断造成的,应将喷油泵送修。

二、柴油发动机冒黑烟的原因分析与处理

(一)故障现象

发动机排气管冒出大量黑烟,油耗升高。

(二)故障原因分析

排气冒黑烟主要原因是燃油燃烧不彻底,具体原因有:

(1)空气滤清器及进、排气道堵塞,使进入气缸的新鲜空气减少,燃油不能充分燃烧。

(2)喷油量过大,油燃烧不完。

(3)供油提前角过大。

(4)喷油压力过低,雾化不良,使燃油燃烧不完全。

(5)气缸压缩压力过低,使气缸内的可燃混合气不能正时着火燃烧、燃烧时间延长、后燃增加,应查找气缸密封不严的原因,逐项加以排除。

(三)故障排除

(1)清洗空气滤清器,检查、清除进、排气道堵塞物。

(2)调整供油正时。

(3)调试喷油器喷油压力。

(4)检查并保证气缸压力。

三、柴油发动机自动熄火故障的原因分析与处理

柴油发动机自动熄火故障有两种。

(一)故障现象

(1)柴油机缓慢熄火,发动机转速逐渐下降,最后自动熄火。

(2)发动机运转中突然熄火,有时还伴有撞击声,熄火后不能起动。

(二)故障原因

(1)缓缓熄火的原因是供油中断。具体原因如下：

①油箱内柴油已用尽，油箱通气孔堵塞。

②喷油泵或输油泵不工作。

③油路堵塞；油路中有空气。

④回流阀损坏。

(2)突然熄火的原因是喷油泵停止供油、曲柄连杆机构或某个机件卡住不动。具体原因有：

①断油电磁阀损坏或导线断路。

②喷油泵驱动轴半圆键被剪断，联轴节的传动板碎裂，喷油泵驱动链条折断，使喷油泵不能工作。

③发动机的活塞与气缸壁之间卡住，或曲轴轴颈与轴承之间咬住。

(三)故障诊断与排除

(1)缓缓熄火的柴油机主要作如下检查：

①首先检查油箱内是否有油，油箱通气孔是否畅通。

②拧松喷油泵放气螺钉，用电动燃油泵或手油泵泵油，检查油路中是否进空气，检查油路是否畅通，找出漏气或者堵塞部位。

③检查输油泵工作是否正常。如果输油泵工作正常，则应检查回流阀是否正常。

(2)突然熄火的柴油机主要作如下检查：

①摇转发动机，如果曲轴能转动，应先检查供油电磁阀是否损坏或导线断路，然后察看联轴节的传动是否完好。

②如果传动完好，则故障可能是由喷油泵驱动轴半圆键损坏造成的。

③如果曲轴转不动，则可能是活塞与气缸壁之间卡住，或曲轴轴颈与轴承之间咬住。

四、柴油发动机拉缸的原因分析与排除

(一)故障现象

柴油发动机拉缸可以分为早期、中期、晚期 3 个阶段，早期拉缸发动机响声不大，在加大油门或断续地加速时，从加机油口处能听到曲轴箱发出“嘣嘣”的响声。此响声是气缸压缩爆发时，气体下漏曲轴箱产生的，有时从加机油口处窜出油烟，这就是早期拉缸。

当漏气声严重时，有与敲缸相似的响声，打开加机油口盖，有大量的气体冒出，排气管排出黑烟。用断油法检查时，敲缸声减弱，但不会消失，这就是中期拉缸。

晚期拉缸可以明显地听到敲缸和窜气声，动力减小，加大油门响声加重、声音杂乱、发动机发抖。采用断油法检查，发动机可能出现突然熄火现象。严重的晚期拉缸能使活塞在气缸内卡住或者打坏活塞，甚至可使活塞连杆破裂而打坏气缸体。

（二）故障原因

以斯太尔 WD615 系列发动机为例阐述。斯太尔 WD615 系列发动机采用干式气缸套，2mm 厚的气缸套可以用手轻易地从缸孔中取出或者放入。活塞为铝铸件，顶部有偏置的 ω 形燃烧室及避阀坑。第 1 道环横镶有隔热圈，活塞销孔向曲轴旋转的方向偏 1mm，顶岸有 18 道细槽，以防咬伤，裙部涂覆 2～3mm 厚的石墨层，以改善磨合。由于发动机活塞顶部有 ω 形燃烧室，不但要承受机械负荷，而且受热面积大、热负荷高，故采用了冷却活塞的机油喷射冷却装置。

由机油泵泵出的机油经机身上的油道进入机油滤清器，经过过滤后的机油进入机油冷却器，该冷却器位于机身水腔内，这种结构好、冷却性好的机油冷却器将机油冷却后使其进入主油道，润滑凸轮轴、曲轴之后进入副油道，通过喷嘴冷却活塞顶部及气缸套、润滑连杆小头。这种结构先进、合理、紧凑，但有些用户在使用中发生了拉缸故障。

所谓拉缸是指在气缸套的内壁上、沿活塞的移动方向，出现深浅不一的沟纹，影响气缸的密封，分析拉缸故障有以下原因：

（1）没有遵守磨合期使用要求，造成的早期损伤。

（2）活塞和气缸的配合间隙过小。

（3）活塞环开口间隙过小。

（4）在低温情况，起动后猛轰油门。

（5）工作过程出现过热现象。

（6）“三滤”没有很好地工作。

（7）冷却活塞的喷嘴故障，活塞冷却不够、过热膨胀，拉伤气缸套。

（8）长时间怠速运转。

（9）喷油嘴长期雾化不良，大量的柴油细雾珠稀释了气缸壁上的机油油膜。

（三）故障排除

（1）发动机出现拉缸故障，应抽出活塞进行检修，并分析拉缸的具体原因。

①如果是早期拉缸，抽出活塞后清洗活塞、活塞环、气缸套，重新组装并换机油、清洗油底壳、集滤器、换机油滤芯，即可发动试车。磨合一段时间后，气缸密封恢复，但功率会不如以前。

②如果是中期拉缸，并出现粘附现象时，如果气缸套表面拉痕不深，可用油石磨光，换上同型号、同重量的活塞和活塞环，即可使用。装车后基本上听不到敲缸声，可继续使用。

③如果是晚期拉缸，活塞烧蚀严重，应拆下发动机进行检修，气缸套、活塞、活塞环必须全部更换新品。

(2)为避免发动机出现拉缸故障，应注意以下几点：

①严格控制气缸套和活塞的装配间隙、活塞环的开口间隙，使之在标准范围内。

②对新购进的活塞要检查圆柱度，使圆柱度控制在0.18～0.28mm。

③保持安装用的维修件的清洁，以免杂质进入而拉缸。

④磨合期内，严格地执行磨合期制度，限速减载；磨合期后全面检查、保养。

⑤使用符合规定的机油，并定期更换。

⑥经常清洁、更换空滤器芯及机油滤清器，检查发动机进气管路，防止破裂。

五、备考要点

(1)结合工作实际，总结柴油发动机疑难故障的基本特点。

(2)能正确的分析柴油发动机产生“飞车”、冒黑烟和自动熄火的原因。

(3)了解柴油发动机拉缸的原因及预防措施。

第三专题　汽车底盘疑难故障的诊断与排除

一、转向摇摆故障的诊断与排除

(一)故障现象

转向摇摆是指汽车在一定行驶速度下，前轮沿蛇形轨迹前进的现象。有时，车轴可能在垂直平面内产生振动，引起两前轮上下跳动，严重时驾驶员不得不降速行驶。

前轮摇摆破坏了汽车行驶的平顺性和稳定性，使行驶阻力增加，加速了轮胎的磨损，降低了零件的使用寿命，影响行车安全。

(二)故障原因

(1)转向传动机构各配合副松旷。

(2)转向轮定位失准。

(3)车轮旋转质量不平衡。

(4)轮毂轴承松动。

(5)整体式转向机中液压系统混有空气、液压管路堵塞、控制系统中的转向控制阀或转向扭杆损坏。

(6)机械系统故障。

(三)排除方法

(1)检查转向垂臂、横直拉杆球销是否松旷。

(2)检查轮胎气压、轮毂轴承紧度、概略检查车轮动平衡。

(3)测量前束、检查钢板销及吊耳销间隙、检查前轴是否变形。

(4)检查并排除液压系统空气,分解检查整体式转向器。

二、自动变速器打滑故障的诊断与排除

(一)故障现象

汽车起步时踩下加速踏板,发动机转速很快升高,但车速升高缓慢;或者汽车行驶中踩下加速踏板时,发动机转速升高但车速没有明显提高;或者汽车平路行驶基本正常,但上坡无力,且发动机转速却异常高。

(二)故障原因

(1)自动变速器油油面过低。

(2)自动变速器油油面太高,运转中被行星齿轮机构剧烈搅动后产生大量气泡,形成“油中泡”,造成供油不足。

(3)离合器或制动器摩擦片、制动带磨损过甚或烧焦。

(4)油泵磨损过度或主油路出现泄漏,造成主油路油压过低。

(5)单向离合器打滑。

(6)离合器或制动器活塞密封圈损坏,导致漏油。

(三)自动变速器发生打滑的故障检查与排除

自动变速器打滑往往都伴有离合器或制动器摩擦片严重磨损甚至烧焦等现象,但如果只是简单地更换磨损的摩擦片而没有找出打滑的真正原因,则会使修后的自动变速器使用一段时间后又出现打滑现象。因此,对于出现打滑的自动变速器,并不能急于拆卸分解,应先做各种检查测试,以找出造成打滑的真正原因。

(1)对于出现打滑现象的自动变速器,应先检查自动变速器油的油面高度和品质。若油面过高或过低,应先调整至正常后再做检查。若油面调整至正常后自动变速器不再打滑,就不必拆修自动变速器。

(2)检查自动变速器油的品质。若自动变速器油呈棕黑色,或有烧焦味,说明离合器或制动器的摩擦片或制动带有烧焦现象,应拆检自动变速器,并更换损伤零件。

(3)进行车辆路试,以确定自动变速器是否打滑,并检查出现打滑的挡位和打滑的程度。将换挡操纵手柄挂入不同的位置,使汽车行驶。若自动变速器升至某一挡位时发动机转速突然升高,但车速没有相应地提高,即说明该挡位有打滑。打滑时发动机的转速升得愈高,说明打滑愈严重。

根据出现打滑的规律,判断产生打滑的是哪一个换挡执行元件。按如下规律进行分析:

①自动变速器在前进挡 1、2、3 挡都有打滑现象,可能是前进挡离合器打滑。

②在 1 挡有打滑现象,可能是前进挡离合器或行星齿轮架的单向离合器打滑。

③在 2 挡有打滑现象,可能是前进挡离合器或 2、4 挡制动器打滑。

④在 3 挡有打滑现象,可能是前进挡离合器或直接挡制动器打滑。

⑤在 4 挡有打滑现象,可能是直接挡离合器或 2、4 挡制动器打滑。

⑥在倒挡有打滑现象,可能是倒挡离合器或倒挡制动器打滑。

⑦在 2、4 挡都有打滑现象,可能是 2、4 挡制动器打滑。

⑧在 3、4 挡都有打滑现象,可能是直接挡离合器打滑。

(4)对于有打滑故障的自动变速器,在拆卸分解之前,应先检查自动变速器的主油路油压,以找出造成自动变速器打滑的原因。自动变速器不论前进挡或倒挡均打滑,其原因往往是主油路油压过低。若主油路油压正常,则只要更换磨损或烧焦的摩擦元件即可。若主油路油压不正常,则在拆修自动变速器的过程中应根据主油路油压相应地对油泵及阀板进行检修,并更换自动变速器的所有密封圈及密封环。

三、制动防抱死系统失效故障的诊断与排除

以本田汽车 ABS 为例进行阐述。ABS 失效有三种表现形式:

(一)ABS 指示灯不亮

当接通点火开关时,ABS 系统指示灯应连续点亮两次,并随后自行熄灭。若 ABS 系统指示灯一直不亮,则应按图 2-4-2 所示步骤进行故障检测。

(二)ABS 指示灯常亮

ABS 指示灯常亮的故障诊断则应按图 2-4-3 所示步骤进行故障检测。

(三)ABS 指示灯偶尔点亮

ABS 灯偶尔亮多数是因偶发故障引起的,特别是电磁式轮速传感器工作

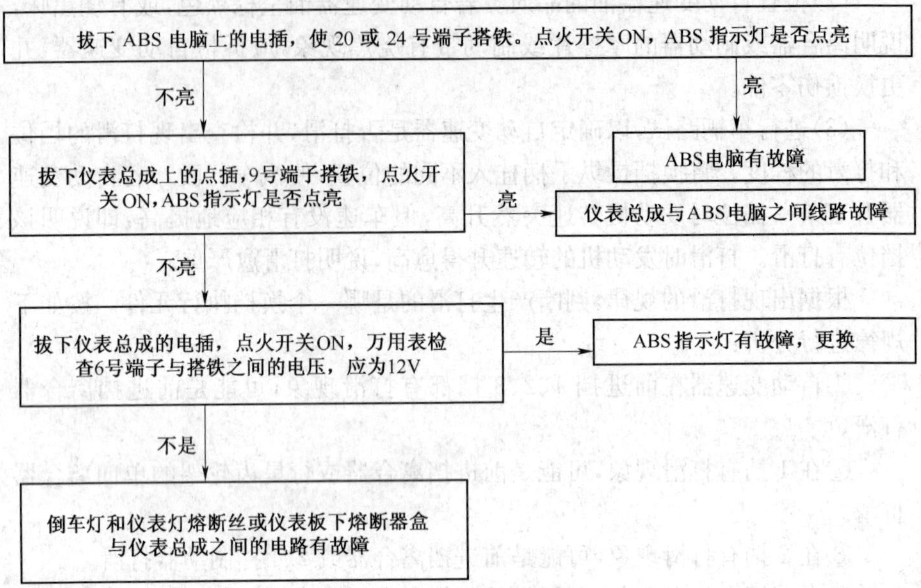

图 2-4-2　ABS 指示灯不亮的故障诊断

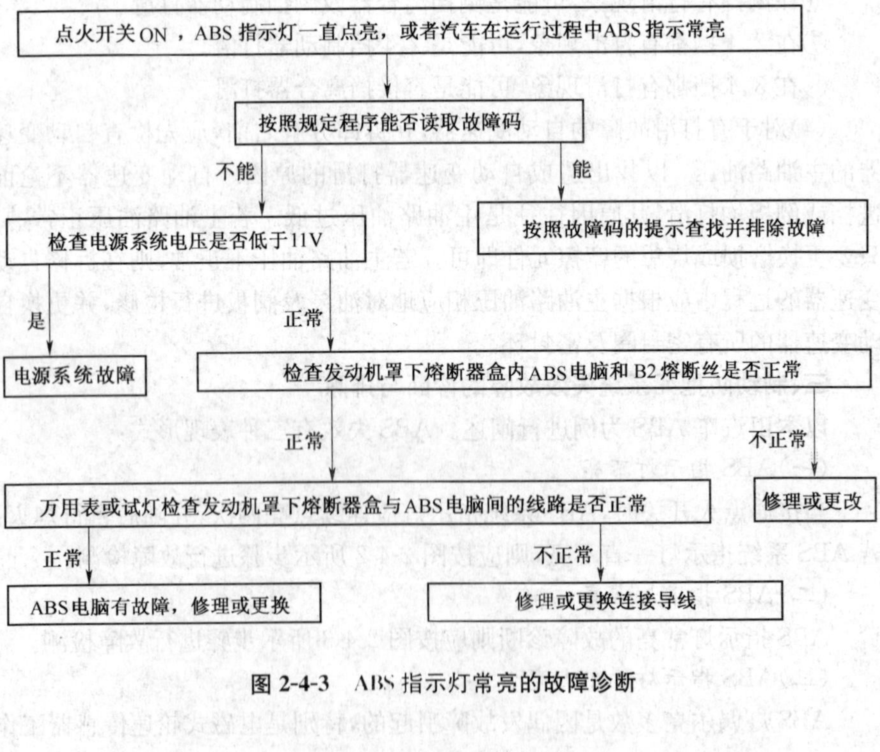

图 2-4-3　ABS 指示灯常亮的故障诊断

环境差、先天性的影响因素较多，所以实际故障率也较高。

1. 故障原因分析

(1)车轮直径有差异或驻车制动未彻底解除，当行驶30s以上时，会引起报警。

(2)长时间使用低速挡行驶，轮速传感器的电压值和频率值反常，会引起报警。

(3)在泥泞、雪地、沙地行驶，驱动轮打滑1min以上，或高速转向某车轮离地滑转时，轮速传感器会失常报警。

(4)在非常粗糙的路面上行驶时，因轮速传感器输出的信号失常，会引起电脑无法判定工作状况而报警。

(5)轮速传感器磁隙中有金属磨料时，轮速传感器会失效报警。

(6)汽车受无线电干扰时，ABS电脑会报警。

(7)制动灯导通发亮时的"搭铁电压信号"给ECU。此信号的有无和强弱与灯泡的好坏与功率的大小有关，有时，因一个灯泡的参数不符或损坏，而导致ECU报警，代码是制动灯开关故障。

(8)在举升机或在制动试验台上，驱动轮空转，因轮速信号有异，也会使ABS灯偶尔发亮。

2. ABS灯偶尔亮的维修

(1)轮速传感器的检修。若故障代码显示轮速传感器有故障，应检查相应脉冲发生器齿轮的牙齿是否碎裂，脉冲发生器是否正常，若脉冲发生器齿轮牙齿碎裂应更换半轴或轮毂装置。若一切正常，应检查ABS的ECU插头是否松动，如有必要更换性能良好的ECU后再进行测试。

(2)车轮抱死故障的检修。若故障代码DTC为5－4、5－8，则为后轮抱死故障，其检修步骤如下：

①将点火开关转至ON位置，拉起驻车制动手柄，检查指示灯是否点亮。如果未点亮，则可能是由于驻车制动开关卡在OFF位置，或是仪表板下的熔断器/继电器盒与驻车制动开关之间断路；如果指示灯点亮，应进一步检测。

②以10km/h以上的速度试车，观察ABS指示灯是否显示故障代码5－4或5－8，如果是则说明是后轮速度传感器发生故障；如果不是，根据所显示的故障代码进行检修。若指示灯根本不点亮，应进行下一步检测。

③顶起汽车的后部，并用安全架支好，转动左或右后轮，检查制动器是否拖滞；若不是，应进行下一步检测。

④将检测仪连接到ABS检查接头上。起动发动机，将检测仪的模式开关旋至"2"，踩下制动踏板不放，按下开始测试开关。当ABS作用时，确认可

用手转动后轮。如果不能,应更换调节器;如果能,则说明为间歇性故障,此时系统正常。如该症状再次出现,则应更换 ABS ECU。

四、汽车行驶系统故障的诊断与排除

(一)钢板弹簧折断

1. 故障现象

车身向一侧倾斜,行驶中方向定向跑偏。

2. 故障原因

(1)车辆在不平道路上超载、超速行驶,或转弯时车速过快,负荷突然增大。

(2)车辆长期超载或在装载不均匀状况下行驶,在封存车辆时,未按规定解除钢板弹簧负荷,使钢板弹簧承受较大的动负荷和静负荷,造成材料疲劳及应力集中而断裂。

(3)维护不及时,钢板弹簧片间润滑不良或无润滑,使钢板弹簧片间相对移动时磨损加剧,造成承载能力下降而发生断裂。

(4)钢板弹簧 U 形螺栓松动,负荷集中在钢板弹簧的上面几片,造成断裂。

(5)更换的钢板弹簧片曲率与原片曲率不同,若各片工作负荷相差较大时,由于受力不均匀而断裂。

(6)汽车紧急制动过多,尤其当前轮制动好而后轮制动差的情况下,或满载下坡时,使用紧急制动将造成汽车负荷前移,前钢板弹簧受额外负荷而易断裂;钢板销、衬套和吊耳支架间磨损过重而配合松旷等。

3. 故障诊断与排除

(1)当轮胎气压正常,将空载状态下的汽车停放在平坦场地上,若汽车向一侧歪斜,则歪斜一侧是钢板弹簧有故障的一侧。

(2)用钢丝刷认真清除钢板弹簧表面的泥土污物,仔细检查钢板弹簧片出现的裂纹或折断情况。

(3)检查曾更换的钢板弹簧片的曲率是否符合规定。

(4)检查钢板弹簧销、衬套及吊耳支架间是否松旷;位于同一轴上的两架钢板弹簧的弧高差是否符合要求。

(5)检查钢板弹簧 U 形螺栓的拧紧力矩是否符合规定,U 形螺栓是否松动等。

(二)钢板弹簧移位

1. 故障现象

汽车在行驶中,有斜扭的感觉,并感到转动转向盘轻重不一,有时车辆会发生跑偏。

2. 故障原因

(1)钢板弹簧U形螺栓松动。

(2)钢板弹簧中心螺栓折断。

(3)钢板弹簧与车轴间的定位凸点磨平或车轴定位孔与定位销之间配合松旷。

3. 故障诊断与排除

(1)测量左右两侧轴距是否符合规定,若不符合规定,则说明钢板弹簧发生位移。

(2)检查钢板弹簧U形螺栓拧紧力矩是否符合规定,若始终无法达到规定的拧紧力矩,则需进一步检查钢板弹簧U形螺栓与螺母的螺纹是否损伤而脱扣。

(3)若钢板弹簧U形螺栓完好,则进而用手锤敲击钢板弹簧片端头,若中心螺栓折断,则钢板会发生窜动。

(4)最后将钢板弹簧U形螺栓拧松,使钢板弹簧与车架脱开,检查钢板弹簧定位是否失效。

(三)减振器失效

1. 故障现象

汽车在不平路面上或一定车速行驶时,车身强烈地振动并连续地跳动。

2. 故障原因

(1)漏油或缺少油液或存有空气。

(2)减振器连接杆(销)脱落或橡胶衬套磨损破裂。

(3)减振器阀门密封不良,阀片与阀座贴合不良。

(4)减振器活塞与缸筒磨损过甚,配合松旷。

(5)减振器伸张弹簧过软或折断或调整不当。

3. 故障诊断

首先确定减振器是否失效,其检验方法有如下几种:

(1)汽车行驶一定里程后,用手去摸试减振器外壳。如果比其他部分温度高,说明减振器工作正常,否则说明减振器已损坏。

(2)用力按下保险杠,手一放松,如果汽车有2～3次跳跃,说明减振器良好。

(3)汽车缓慢行驶紧急制动时,若汽车振动比较激烈,说明减振器有问题。

在确定减振器有问题或失效后,再察看减振器是否有漏油或陈旧性漏油痕迹;若无漏油现象,进而检查减振器连接销、连接杆、连接孔、橡胶衬垫等是否有损坏、脱焊、破裂或脱落之处;若上述检查正常,则进而分解减振器,检查活塞与缸筒的配合间隙是否过大;检查阀门、阀片、阀座间工作是否良好,贴合是否严密,缸筒有无拉伤等。

(四)减振器漏油

1. 故障现象

在减振器油封衬垫处或减振器活塞连杆处有油液漏出或有漏油的陈旧痕迹。

2. 故障原因

(1)油封、垫圈等破裂损坏,储油缸盖螺母松动。

(2)减振器活塞连杆弯曲或表面拉伤,破坏了密封工作面。

(3)活塞与缸筒磨损过甚,配合间隙过大而漏油。

3. 故障诊断

(1)拧紧储油缸螺母,若减振器仍漏油,则可能是油封、密封垫圈或毛毡损坏失效。

(2)更换新密封件后,仍不能消除漏油,则拉压减振器,若感到发卡或轻重不一时,应进一步检查活塞与缸筒间的间隙是否过大;检查减振器活塞连杆是否弯曲,活塞连杆表面和缸筒是否有划伤或拉痕。

(3)修理作业中不需分解的减振器,出现漏油现象时,直接更换新品。

五、备考要点

(1)结合工作实际,总结前轮摇摆、自动变速器打滑、ABS和行驶系统疑难故障的基本特点。

(2)能正确的分析前轮摇摆、自动变速器打滑、ABS报警灯故障的原因。

(3)了解钢板弹簧折断的原因及预防措施。

模块五 技术指导与培训

汽车修理工国家职业标准中明确规定：高级工应具备对初级和中级工进行技术指导和培训的能力，该能力属于职业技术教育中技能教学的范畴。技术指导和培训过程中，可采取多种教学方法如专题讲座、现场指导、讲解示范等，不论选择何种方法，都应坚持以人为本、科学施教的思想，遵守基本的教育教学规律。通常的培训过程包括教学准备、教学实施、小结讲评三个阶段。

教学准备阶段，应根据培训对象的实际情况，选好课题，查阅资料、编写教案，准备好必要的场地、设备、工具、量具和教具等，并认真备课，进行必要的试讲。

教学实施阶段，根据选定的教学内容和方法组织教学，教学组织过程中，基本的要求是语言表述应清晰、洪亮、具有逻辑性；讲解的技术标准、工艺流程与规范、操作要领等应准确无误，并讲清注意事项的基本理由；动作示范时，要让每一名参训对象均能看得清、听得到；分组练习时，应注意观察受训人员的操作情况，及时纠正错误动作，能分析产生错误的原因，有纠正错误的方法。

小结讲评阶段，主要是对受训对象的学习情况进行讲评，在肯定成绩的同时，指出今后的努力方向。并对本课题的现状和发展作一简要概述。

本模块以技术指导与培训教案的方式，选择了四个专题，供备考高级汽车修理工者参考。

第一专题 铰削活塞销座孔的培训方案

〖课题名称〗铰销活塞销座孔。

〖培训目的〗学会孔类零件的铰销修理工艺。

〖培训内容〗(1)可调整式铰刀的使用。

(2)活塞销与活塞销座孔的修配。

〖培训方法〗理论引导、讲解示范、分组练习、小结讲评。

〖培训要求〗(1)用可调式铰刀将活塞销座孔铰销至规定的直径。

(2)学会活塞销活塞座孔的修配方法

〖培训时间〗2 小时。

〖培训地点〗发动机零件修理教室。

〖教学保障〗活塞、加大活塞销、内径百分表、千分尺、可调式铰刀、活动扳手、工作台、台虎钳、刮刀、电磁炉、钢精锅、温度计、防护手套、机油壶、清洁用具、书写板等；标致发动机分组活塞销一组（三只）、对相的活塞三只；分组练习用器材、工具、量具若干套。

〖教学实施〗

〖理论引导〗

汽车上有许多孔与轴的配合件，如活塞销与座孔、活塞销与连杆衬套、钢板销与衬套、转向主销与转向节衬套等，轴与孔两个零件装配尺寸之差所形成的关系，称为配合。配合有三种，一是间隙配合，即要求轴在孔内不论在何种温度下都能自由转动，这就要求孔的直径始终比轴的直径大，配合间隙是孔径减去轴径为正值；二是过盈配合，即要求轴在孔内不论在何种温度下都不能自由转动，这种配合关系要求轴的直径总是比孔的直径大，配合间隙是孔径减去轴径为负值，在零件修理的技术参数中常用“－”来表示；三是过渡配合，即可能具有间隙或具有过盈的配合。

在修理过程中，如果实测零件的孔径与轴径尺寸之差，不符合配合间隙的要求，例如测量的孔径为 23.000mm，轴径为 23.050mm，孔径减去轴径为－0.050mm，而配合间隙要求为 0.002～0.010mm，这种情况下怎么办呢？一是扩大孔径，二是磨削轴径，三是在尺寸分组中重新选配加大孔径或减小轴径的零件。下面，我们就来学习利用可调式铰刀对活塞销座孔进行扩孔操作的修理工艺。

〖边讲边做〗

一、实际测量与计算

1. 实际测量

(1)在相互垂直的两个方向上，用内径百表测量活塞销座孔直径为 23.000mm。

(2)在相互垂直的两个方向上，用千分尺测量活塞销直径为 23.050mm。

2. 计算铰削量，确定铰削次数

如要求常温下活塞销与座孔的配合间隙为：－0.0025～－0.0075mm。

最小铰削量为：0.050＋0.0025＝0.0525mm。

最大铰削量为：0.050＋0.0075＝0.0575mm。

取配合间隙为中间值时的铰量为 0.0550mm。

每次铰削的吃刀量定为：0.01mm，需铰削 5 次，孔径应为 23.050mm。

最后一次吃力量为 0.005mm。

铰削后座孔直径应为 23.0525～23.0575mm。

二、选择铰刀，调整铰刀直径

根据活塞销座孔的实际尺寸23.000mm，选择铰削范围为22～24mm的可调式铰刀，将铰刀夹紧在工作台的台虎钳上，并使其与台虎钳口平面保持垂直。

用活动扳手旋松锁紧螺母，转动调整螺母，将铰刀直径调整到23.010mm。旋紧锁紧螺母。

三、铰削

将活塞销座孔与铰刀正确地接触后，两手握住活塞轻轻下压，同时，顺时针旋转活塞进行铰削，下压和转动时力量要均匀，保持活塞平正，使座孔轴线始终与铰刀轴线重合。如图2-5-1所示。

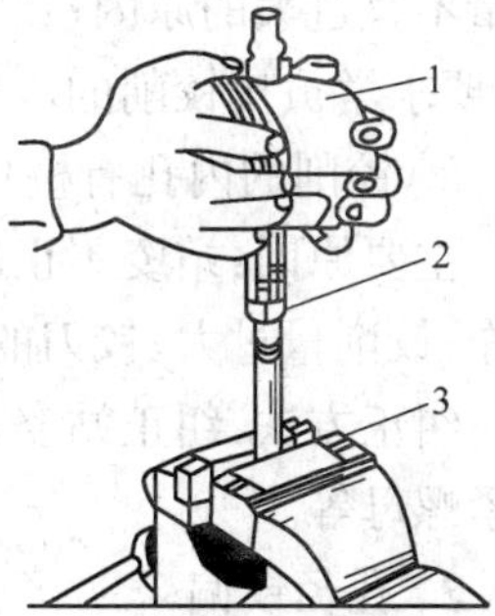

图2-5-1　活塞销座孔的铰削

1. 活塞　2. 铰刀　3. 台虎钳

从活塞销座孔两个方向各铰削一次，铰削至座孔与铰刀下端平齐时，应压下活塞使其从铰刀下方脱出。

重新将铰刀安装到台钳上，测量铰削后的孔径，调整铰刀直径，进行下一次的铰削。

为了防止铰大，在每次铰削前，活塞应与活塞销试配。当用手掌的力量能够将活塞销推入一个销座孔长度的1/3左右时应停止铰削。在活塞销表面和座孔内涂一层薄机油，用木槌或铜冲轻轻将活塞销打入销孔，试配一两次后，再打入另一销座孔。最后冲出活塞销查看接触面情况，必要时进行修刮。

四、修刮

为了增加销与座孔的接触面积，获得合适的配合松紧度，通常在活塞销座孔铰削后，要对座孔进行修刮。刮削应按照由里向外"刮重留轻、刮大留小"的原则进行。修刮时，刮刀应与销座孔轴线方向呈30°～40°角，以免修刮面积过大。两端边缘少刮或不刮，防止刮成喇叭口。松紧度和接触面积接近合适时，再稍微刮修两端，使松紧度和接触面达到要求。修刮后能用手掌的力量将活塞销推进一个销座孔长度的1/2～2/3，在座孔工作面上的印痕，应均匀分布，轻重一致。

五、装配

将修刮后的活塞放入70℃～90℃的水中，约5min左右，取出活塞，应能用拇指将活塞销推进活塞。

〖练习分组〗每人一组，进行活塞销的铰削练习。

〖巡回指导〗

受训学员易出现的错误及纠正方法：

1. 铰削的孔径偏大

主要原因：心中无数，盲目调整铰刀；急于求成，刀径调整过大；不会测量铰刀直径或测量误差过大；铰削后没有测量或试配等。

纠正方法：让学员先计算出铰削量，再示范铰刀调整的方法；讲清每次吃刀量不宜过大的原因；让学员学会量具的正确读数方法，示范量具的使用方法；要求学员按铰削的步骤进行操作练习。

2. 铰削的内孔有棱角

主要原因：站姿不正确，用力过大；每次停止转动活塞时，有用力下压的动作；铰削量过大；铰刀的锁紧螺母没有旋紧等。

纠正方法：纠正站姿，合理用力；纠正错误的操作方法；减小吃刀量；拧紧锁紧螺母等。

3. 孔径铰偏

主要原因：铰刀轴线与台虎钳口平面不垂直或台虎钳没有夹紧铰刀；铰削过程中，两手用力不均等。

纠正方法：调整铰刀轴线与台虎钳口平面垂直，并夹紧铰刀；纠正站立的姿势，体会两手均匀用力的方法等。

〖小结讲评〗

根据巡回指导过程中的实际情况，对分组练习中好的方面进行表扬，并指出不足之处。

孔的铰削工艺，是汽车修理工必备的基本技能之一，它的操作流程可概括为：测量计算，选刀试铰，边铰边试，修刮装配。通过分组练习，大家能体会到：如果用铰削的方法，来达到活塞销与活塞销座孔的配合，在工艺操作上存在着一定的复杂性，对技能要求很高，表现在技能的综合性和精准性上，出现废品的可能性比较高，同时，在铰削质量上存着不稳定性，生产效率低下。现在发动机的活塞销与活塞销座孔和连杆小头衬套的配合，一般均采用“全浮式”结构，即要求在发动机运转过程中，活塞销不仅可以在连杆小头衬套内转动，还可以在活塞销的座孔内缓慢转动，以使活塞销各部分的磨损比较均匀。由于铝质活塞销座孔的热膨胀量远大于钢质的活塞销，为保证在高温工作时有正常的间隙，在冷态下活塞销与座孔就要为微量过盈配合，这是一个动态配合，即常温时过盈、高温时出现极小间隙的配合，用手工铰削很难保证质量，所以，桑塔纳、切诺基、标致等发动机将活塞销和活塞销座孔尺寸进行了分级处理，活塞销上的蓝、白、红色标记，分别对相应活塞销座孔上的1、2、3标号，通过选配就能达到精确配合，省去了铰削修配的装配工艺；依维柯车辆将活塞、活塞环、活塞销、活塞销卡环作为一个总成配件提供市场，又省去了选配的工序，更加方便了修理工作。当然，目前还有些发动机仍需要活塞销座孔的铰削修配，才能完成装配工序，这也是我们仍要掌握活塞销座孔铰削工艺的原因之一。

第二专题　组装活塞连杆组的培训方案

〖课题名称〗组装活塞连杆组。

〖培训目的〗学会活塞连杆组的装配工艺。

〖培训内容〗组装活塞与连杆。

〖培训方法〗理论引导、讲解示范、分组练习、小结讲评。

〖培训要求〗(1)掌握活塞连杆组的装配工艺要求。

(2)学会活塞连杆组的装配方法。

〖培训时间〗2 小时。

〖培训地点〗发动机总成装配教室。

〖教学保障〗活塞、活塞环、活塞销、卡环、连杆、连杆小头衬套、连杆轴承、气缸体、量缸表、内径百分表、游标卡尺、千分尺、塞尺、活塞环钳、常用工具、可调整式铰刀、工作台、台钳、锉刀、0 号砂纸、电磁炉、钢精锅、温度计、防护手套、机油壶、清洁用具、书写板等；分组练习用器材、工具、量具若干套。

〖教学实施〗

〖理论引导〗

活塞连杆组是发动机的核心部件之一，其装配质量的好坏，直接影响发动机的动力性和经济性，关系到发动机修理质量的高低。由于活塞连杆组是在高温、高压、润滑困难的条件下高速运动，同时还必须完成密封、平稳传力的功能，所以对各运动付的配合间隙、活塞及连杆的质量差别要求较高，因此，在活塞和连杆上分别作有质量分级标记、尺寸分级标记、加大尺寸标记、安装方向标记等，装配时除要保证配合间隙外，还要注意验证各种标记是否正确。活塞连杆组装配的主要工序有选配与组装。

〖边讲边做〗

一、活塞连杆组的选配

(一)活塞的选配

活塞的修理尺寸与气缸的修理尺寸相适应，分标准尺寸和加大尺寸，活塞顶部打有“0.00”标记的为标准尺寸的活塞，打有“+”加数字的为加大尺寸的活塞。

发动机大修时，应根据气缸的磨损情况，选配活塞、确定气缸的修理尺寸，更换活塞时应注意以下几点：

(1)同台发动机上，应选用同一厂牌、同级、同组活塞，以便使材料、性能、质量及尺寸一致。

(2)选择质量标记相同的一组活塞，一般质量分级标记用不同颜色标注，同一颜色的活塞，其质量差一般不大于 8g。

(3)选择尺寸分级标记相同的一组活塞。活塞头部与裙部直径差、裙部圆度、圆柱度公差应符合技术要求，同组活塞直径差应不超过 0.025mm。

(4)选择的一组活塞，以上三条要同时满足。

(二)活塞环的选配

活塞环应有与活塞、气缸相对应的修理尺寸。发动机大修时，应选用与气缸、活塞相同修理尺寸的活塞环。目前有的配件生产商，已将活塞、活塞环及活塞销，经选配按不同的规格成套供应，这样既方便了修理，又可提高修理质量。

为了保证活塞环与活塞环槽、气缸的良好配合，在活塞环的选配中，应做好以下的检查：

1. 检查端隙

活塞环留有端隙，是为防止活塞受热膨胀后卡死在气缸内。端隙值见表 2-5-1。

表 2-5-1　部分车型活塞环的装配间隙　(mm)

<table>
<tr><th colspan="3">机型</th><th>EQ6BT</th><th>WD615.77</th><th>CA6110</th></tr>
<tr><td rowspan="3">端隙</td><td rowspan="2">气环</td><td>第一道</td><td>0.40～0.70</td><td>0.40～0.60</td><td>0.45～0.65</td></tr>
<tr><td>其余</td><td>0.25～0.55</td><td>0.25～0.40</td><td>0.45～0.65</td></tr>
<tr><td colspan="2">油环</td><td>0.25～0.55</td><td>0.35～0.55</td><td>0.35～0.55</td></tr>
<tr><td rowspan="3">侧隙</td><td rowspan="2">气环</td><td>第一道</td><td>0.095～0.115</td><td></td><td>0.060～0.095</td></tr>
<tr><td>其余</td><td>0.085～0.130</td><td>0.07～0.12</td><td>0.040～0.075</td></tr>
<tr><td colspan="2">油环</td><td>0.040～0.085</td><td>0.050～0.085</td><td>0.040～0.075</td></tr>
<tr><td rowspan="2">背隙</td><td colspan="2">气环</td><td rowspan="2">一般为环低于槽岸
0～0.75</td><td rowspan="2">一般为环低于槽岸
0～0.35</td><td rowspan="2">一般为环低于槽岸
0～0.75</td></tr>
<tr><td colspan="2">油环</td></tr>
<tr><td rowspan="2">使用限度</td><td colspan="2">气环</td><td rowspan="2"></td><td rowspan="2">端隙：1.50
气环侧隙：0.28
油环侧隙：0.26</td><td>端隙：1.50</td></tr>
<tr><td colspan="2">油环</td><td>侧隙：0.20</td></tr>
</table>

检查活塞环端隙时，将活塞环平正的放入气缸内，用活塞顶部将其推至下止点处，然后用塞尺测量端隙，如图 2-5-2 所示。

端隙过大时，应重新选配活塞环；端隙过小时：应对环口的一端加以锉修，如图 2-5-3 所示。锉修时应注意环口平整；锉修后外口应去掉毛刺，以防锋利的环口拉伤气缸。

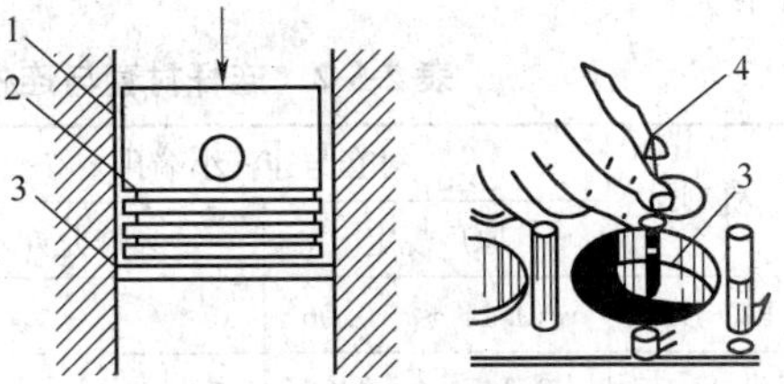

图 2-5-2　测量活塞环端隙

1. 气缸　2. 活塞　3. 活塞环　4. 塞尺

2. 侧隙

一般第一道环为 0.05～0.09mm，其余各道环为 0.03～0.07mm。侧隙过大，将影响活塞环的密封作用；侧隙过小，活塞环受热膨胀后可能卡死在环槽内。

检查活塞环侧隙时，将活塞环放入环槽内，用塞尺按图 2-5-4 所示的方法测量。

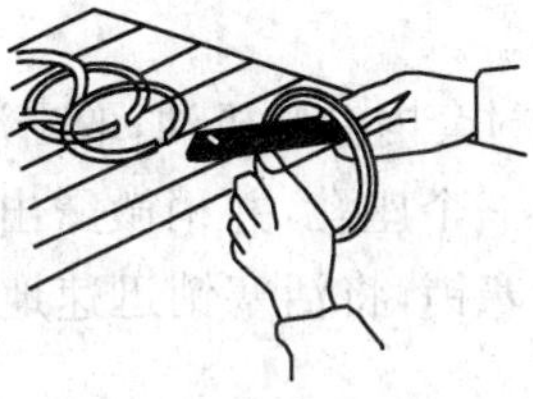

图 2-5-3　锉修活塞环

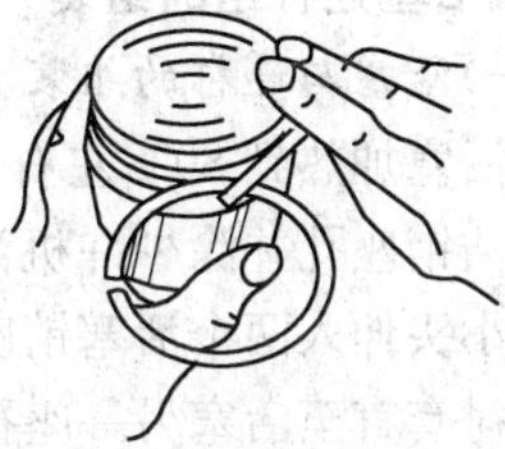

图 2-5-4　检查活塞环侧隙

3. 背隙

背隙即活塞环安装在活塞上放入气缸后，活塞环内圆面与环槽底之间的间隙。因此间隙难以直接测量，通常背隙以槽深与环厚之差来表示。一般应低于槽岸 0～0.75mm，过低会漏气、窜油，应重新选配。

检查活塞环侧隙、背隙的经验方法是：将活塞环装入活塞环槽内，并能转动自如，无松旷感觉，环低于槽岸为合适。

（三）活塞销的选择

发动机大修时，与活塞一起更换新的活塞销。一般情况下，活塞销座孔上、活塞销端面、连杆小头上都有相应的颜色标记，不同的颜色表示不同的配合公差带，选配时按照颜色配对选配活塞、活塞销。

活塞销的质量要求是：表面粗糙度应不超过 0.20μm；无锈蚀斑点；圆柱度公差≯0.125mm；应选用同厂、同级、同组活塞销，以便使质量、尺寸一致。

（四）连杆衬套的选择

连杆衬套外径与连杆小头孔的配合应有一定的过盈量，以保证衬套在工作时不走外圆。连杆衬套与连杆小头及活塞销的配合应符合表 2-5-2 的规定。

表 2-5-2 连杆衬套与连杆小头及活塞销的配合 (mm)

机型	衬套与连杆小端孔		衬套与活塞销	
	原厂规定	大修允许	原厂规定	使用限度
EQ6BT	−0.14 ～−0.06		+0.0498～+0.0702	
WD615.77	−0.145 ～−0.065		+0.045～+0.066	+0.10
CA6110	−0.240 ～−0.147		+0.0300～+0.0475	+0.10

全浮式活塞销与连杆衬套的配合要求是在常温下应有一定的配合间隙，接触面应达到75%以上。

活塞销与衬套的正确配合是通过对衬套的铰削修刮加工来实现的。活塞连杆组的零件在修配好之后、装入气缸之前，应进行总成的组装。

二、活塞连杆组的组装

(一)活塞与连杆的组装

把活塞加热到80℃左右，在活塞销和连杆衬套内涂些机油，取出活塞后，迅速清洁销座孔并涂少许机油，把活塞销插入一个座孔，并稍微露出。随后把连杆小头伸入两个活塞销座孔之间，对正活塞销，将活塞销迅速地轻轻敲入连杆衬套直至活塞另一座孔。

组装后应检查活塞销的浮动情况，即把活塞连杆组放入水中加热到75℃～85℃，迅速取出，一只手按住活塞，另一只手握住并扭转连杆大头，推拉连杆使销转动，此时，若活塞销能在座孔内转动，说明配合符合要求；若温度超过85℃时，活塞销在座孔内仍不能转动，为配合过紧，应修刮；若温度低于75℃时，活塞销在座孔内还能转动，说明配合过松，应更换活塞销重新修配。

组装时应注意活塞和连杆的安装方向。东风EQ6BT型发动机当活塞的指前记号“FRONT”朝上时，连杆应在左边(将活塞朝内从上往下看)，如图2-5-5所示；斯太尔WD615.77型发动机应使活塞顶部避阀坑靠近缸体前视右侧，连杆大头45°切分面也对应缸体前视右侧。

(二)装活塞销锁环

活塞销装入座孔后，为防止活塞销窜出，必须在锁环槽内装上锁环。若锁环槽过浅，锁环易脱出，会造成“拉缸”事故。锁环的安装要求是：

(1)钢丝环：锁环槽的深度应为钢丝直径的2/3～3/5；钢片环：锁环槽深应为0.6～0.7mm，环槽深度不够应车深。

(2)锁环装入环槽后，应与环槽贴合牢靠。锁环与活塞销端面应有不小于 0.10mm 的间隙，以适应活塞销和活塞热胀冷缩的需要。间隙过小，锁环易被活塞销顶出，造成“拉缸”事故。间隙过小时，可将活塞销磨短。

（三）活塞环的安装

活塞环安装时，应先装油环后装气环。

（1）镀铬环要装在第一道环槽内。

（2）东风 EQ6BT 型发动机活塞环安装时顶面上有“TOP”或供应商标记“.”，装配时应将该表面朝上，如图 2-5-6 所示。有切槽的活塞环安装时应注意：内圆切槽的，装配时切槽向上；外圆切槽的，装配时切槽向下。

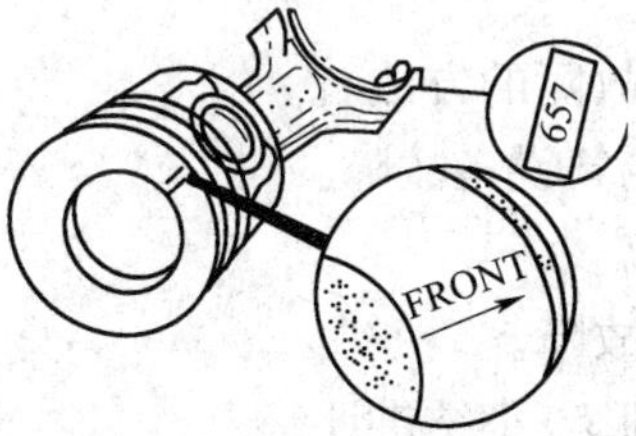

图 2-5-5　EQ6BT 型发动机活塞与连杆的装配方向

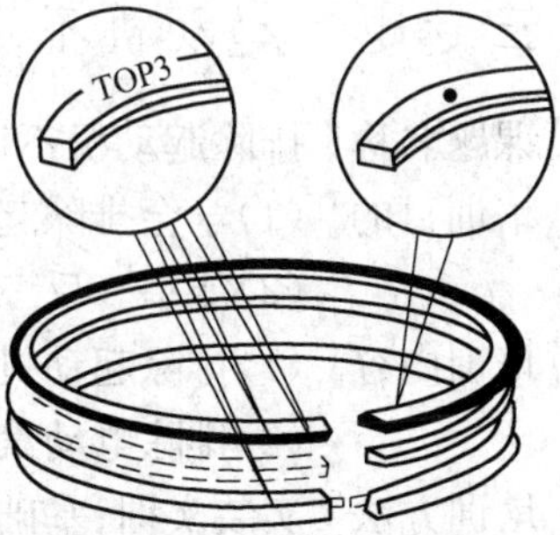

图 2-5-6　EQ6BT 型发动机活塞环安装时的侧面方向

（3）解放 CA6110 柴油机第一道环为单面梯形桶面环，安装时“RN”标志向上；第二道气环为外锥面内切槽扭曲环，安装时必须把有“R”记号的面朝上，不能装反。

（4）装组合油环时，先把衬环装入油环槽内，依次装入两个刮片环于衬环的两侧，开口错开 180°。

（四）检查活塞连杆组的质量差

为了保证发动机运转的平稳性，活塞连杆组各零件组装后，应检查各缸活塞连杆组之间的质量差，检查应在盘式天平上进行。对于不符合标准的活塞连杆组，应分别检查活塞及连杆的质量，并作适当调整，以保证同台发动机上的活塞连杆组质量差符合技术要求。

〖练习分组〗每 2～3 人一组，每组装配两副活塞连杆组。

〖巡回指导〗受训学员易出现的错误及纠正方法：

（1）活塞与连杆装配方向相反。

主要原因：组装时没有检查安装方向标记。

纠正方法：讲清方向标记的符号与位置，要求重新组装。

（2）连杆衬套与活塞销装配过紧或过松。

主要原因:连杆衬套的铰削修配质量差。

纠正方法:重新选配连杆衬套,进行铰削修配。

(3)刮伤活塞表面。

主要原因:操作不认真,使用工具不当或不使活塞环钳安装活塞环。

纠正方法:批评教育,养成认真、细致、按规程操作的职业习惯。

〖小结讲评〗

根据巡回指导过程中的实际情况,对分组练习中好的方面进行表扬,并指出不足之处。

第三专题 起动机不运转故障诊断与排除的培训方案

〖课题名称〗排除起动机不运转故障。

〖培训目的〗(1)学会排除起动机不运转故障的方法。

(2)能举一反三,排除其他电气设备故障。

〖培训内容〗(1)排除起动机不运转故障。

(2)排除电动汽油泵不运转故障。

〖培训方法〗实装实训、基础练习、拓展训练、小结讲评。

〖培训要求〗(1)掌握排除电气设备故障的基本方法。

(2)学会排除起动机不运转故障的方法。

(3)能拟定电动汽油泵不运转故障的排除步骤。

〖培训时间〗2 小时。

〖培训地点〗电气故障教学区。

〖教学保障〗EQ1118G 运输车、桑塔纳 3000 乘用车、电路图、试电笔、熔丝、继电器、导线、万用表、胶布、常用工具、清洁用具、书写板等;分组练习用车辆、器材、工具干套。

〖故障设置〗EQ1118G 故障点:

(1)F1 断路。

(2)继电器至起动机导线断路。

桑塔纳故障点:已损坏的电动汽油泵继电器。

〖教学实施〗

〖理论引导〗

现代汽车发动机均使用电起动,由蓄电池、点火开关、起动继电器、起动机组成的三条基本电流回路,来完成发动机的起动过程。第一条电流回路从蓄电池的正极出发,经点火开关,至继电器的磁化线圈,搭铁后回到蓄电池负极,该电路的通断由点火开关控制;第二条电流回路从蓄电池的正极出发,经继电器的活动触点，到起动机的吸引和保持线圈，搭铁后回到蓄电池的负极，该电路的通断由继电器的触点控制；第三条电流回路是从蓄电池的正极出发，经起动机电磁开关、磁场绕组、正电刷、电枢绕组、负电刷，搭铁后回到蓄电池的负极，该电路的通断由电磁开关控制。三条电流回路，第一条控制第二条，第二条控制第三条，检查和排除故障时，以电流回路为线索，以控制元件为节点，结合电气元件的安装位置，本着先简后繁、分段查找的原则，就能迅速找到故障点。下面，以 EQ1118G 运输车起动机不运转故障为例，来学习起动机电路故障的检查与排除方法。

〖边讲边做〗

一、电路介绍

结合电气元件在车辆上的安装位置，介绍 EQ1118G 运输车起动电路的特点。电路简图如图 2-5-7 所示。

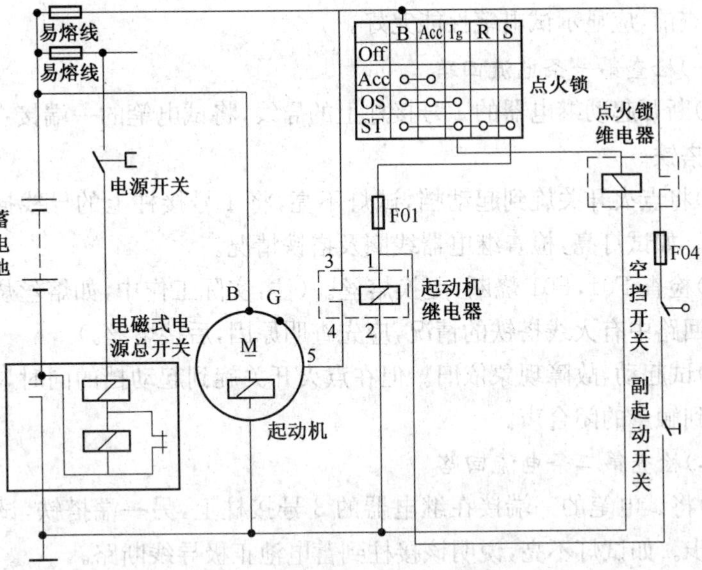

图 2-5-7　EQ1118G 型运输车起动系统电路简图

(1)电源电路。由驾驶室内的翘板开关控制电磁式电源总开关，总开关控制蓄电池与车身的搭铁线，该电路有故障，会造成全车无电。

(2)起动机电路。第一条电流回路中，在蓄电池正极到点火开关之间增设了一条易熔线，在点火开关到起动继电器的线路中增加了一个熔丝 F01。

第二条电流回路中，在蓄电池正极到起动继电器触点之间增设了一条易熔线，该易熔线与第一条电流回路中的易熔线是同一条。

第三条电流回路中，主要是蓄电池正极至起动机“B”接柱的一根导线。

(3)副起动电路。由点火开关继电器、空挡开关、按钮式副起动开关组成的控制电路来短路点火开关，以实现在驾驶室翻转后，起动发动机的目的。

(4)另外，该车还设有冷起动装置，环境温度低于 5℃时，打开冷起动开关，能实现柴油发动机在低温下的顺利起动。

本次培训只涉及起动电路的故障，电源电路、副起动电路在拓展训练阶段可以安排判排练习。

二、显示故障现象

(1)进入驾驶室，闭全电源开关，能听到电磁式电源总开关的闭合声。

(2)将点火开关旋至“ON”挡，仪表灯亮。

(3)将点火开关旋至起动挡，起动机不运转。

故障诊断结论:起动机不运转故障

三、故障检查与排除

检查前，应显示试电笔性能完好。

(一)检查第一条电流回路

(1)断开起动继电器的 1 号接柱上的导线，将试电笔的一端接在导线上，另一端搭铁。

(2)将点火开关旋到起动挡，试灯不亮，将 1 号接柱上的导线插牢，进行下一步。如试灯亮，检查继电器线圈及搭铁情况。

(3)检查 F01，F01 烧断，更换熔丝。(注:实际工作中，如熔丝烧断，说明该电流回路中有火线搭铁的情况，应先查明原因，后接熔丝。)

(4)试起动，故障现象依旧。但在点火开关旋到起动挡的同时，在继电器处能听到触点的闭合声。

(二)检查第二条电流回路

(1)将试电笔的一端接在继电器的 3 号接柱上，另一端搭铁，试灯亮，进行下一步。如试灯不亮，说明该接柱到蓄电池正极导线断路。

(2)用一短导线跨接起动继电器 3 和 4 号接柱，起动机仍不运转，进行下一步。如起动机运转，说明继电器触点损坏。

(3)用一短导线跨接起动机电磁开关上的 B 和 S 接柱，起动机运转，说明 S 接接到继电器 4 号接柱上的导线断路，找到导线断点，重新连接好，用胶布包扎牢靠，试起动，发动机顺利起动，故障现象排除。

(4)如用一短导线跨接起动机电磁开关上的 B 和 S 接柱后，起动机还不运转，则进行下一步。

(三)检查第三条电流回路

用一短导线跨接起动机电磁开关上的B和G接柱,起动机空转,说明电磁开关损坏。如不空转,说明起动机的电动机损坏,应拆下起动机,进行分解检查。

〖基础练习〗每2人一组,每组一台故障排除练习车辆,一人设置故障点,另一人进行排除,然后进行轮换。

〖拓展训练〗在基础练习后进行。每4人一组,每组一辆桑塔纳3000故障排除练习车辆,预设故障为电动汽油泵不运转,以组为单位进行排除,排除故障后,总结出排除该故障的基本思路。

〖巡回指导〗受训学员易出现的错误及纠正方法:

(1)毫无章法的查找故障点。

主要原因:心中没有电路图、不知道电路的控制关系。

纠正方法:让其在纸上画出基本电路,讲清电路的控制关系。

(2)检查出试灯亮与不亮、起动机转与不转后,出现查找方向错误。

主要原因:不理解检查的目的、不了解电流流向。

纠正方法:讲清检查目的。

(3)不敢进行跨接检查。

主要原因:有怕电着的心理。

纠正方法:亲自示范,消除心理障碍。

〖小结讲评〗

根据巡回指导过程中的实际情况,对基础练习和拓展训练中好的方面进行表扬,并指出不足之处。

起动机不运转故障的检查与排除,在电气设备的故障排查中具有典型性,其排查要点是以继电器为节点,采用“二试三连”的方法进行。“二试”中的一试是指试继电器线圈是否通电,二试是指试继电器触点是否有电;“三连”中的一连是指连接继电器的两个触点接柱,二连是指连接起动机电磁开关的B和S接柱,三连是指连接起动机电磁开关的B和G接柱,故障范围在试灯亮与不亮或起动机转与不转之间。汽车上凡是由继电器控制的电气设备,如电动油泵、电动雨刷、电动座椅、电动天窗等的故障,都可以用这样的方法进行排查。

第四专题 编制新技术培训教案

随着科学技术的进步,汽车上的新技术、新结构、新工艺、新材料的应用越来越多,知识更新的速度越来越快,高级汽车修理工对自己的工作团队进行新技术培训的任务也随之加重。如何做好新技术的培训工作,成为摆在高级工面前的一个新课题,本专题以双离合器自动变速器的结构与工作原理为题,编制了培训教案,供备考高级汽车修理工参考。

〖课题名称〗双离合器自动变速器(DSG)的结构与工作原理。

〖培训目的〗了解DSG的基本结构和基本工作原理,为今后的维修工作打下理论基础。

〖培训内容〗(1)DSG的由来。

(2)DSG的基本组成和基本工作原理。

(3)DSG在我国的使用情况。

〖培训方法〗理论讲解。

〖培训要求〗认真听讲,作好笔记,课后自学,并补充学习资料。

〖培训时间〗1小时。

〖培训地点〗多媒体教室。

〖教学保障〗投影仪、屏幕、电脑、音响设备、网络等。

〖讲授提纲〗

第一部分 DSG的由来

DSG是英文Direct Shift Gearbox的缩写,中文表面意思为"直接换挡变速器",因为其有两组离合器,所以也称为双离合器自动变速器。

对于双离合器自动变速器的发明人是谁,通常会有两种说法,一种是在1940年,德国Darmstadt大学教授Rudolph Franke,第一个申请了双离合器变速器专利,该变速器曾经在卡车上试验过,但是没有投入批量生产。另一种是在1939年,法国人Adolphe Kégresse(阿道夫·加尔奇)构思了双离合器变速器的设想,希望应用于雪铁龙Traction车上。

现在,DSG的核心技术掌握在美国博格华纳(Borg Warner)和德国舍弗勒(Schaeffler)集团手中。博格华纳是大众第一代六速DSG关键技术的提供者,为大众DSG提供湿式双离合自动变速器,在PASSAT,GOLF,TOURAN和JETTA等车上使用。干式七速双离合变速器,则由德国舍弗勒集团旗下的LuK公司提供。表2-5-3为大众公司DSG变速器基本信息。

表2-5-3 大众公司DSG变速器基本信息

型号	QD200	QD250
核心部件生产厂家	Luk	Borgwarner
最大传递转矩	250N·m	350N·m
前进挡/倒挡数	7个/1个	6个/1个
润滑油容积	1.7L	6.5L
重量	约70kg	约93kg

不同的生产厂家，对双离合器自动变速器的称呼不尽相同，大众公司称为 DSG，福特公司称为 PowerShift，简称 PS 或 MPS，保时捷则称其为 Porsche，简称为 PDK，奥迪称为 S-Tronic，到了宝马又成了 MDCT，三菱公司开发的双离合器自动变速器简称为 TC-SST 变速器。

双离合器自动变速器有别于一般的行星齿轮式和链传动式自动变速箱系统，它是基于外啮齿轮式、手动变速器基础上演变而来，因此，它本质是机械式自动变速器(AMT)的一种。从原理上来说，DSG 采用了 2 个功能完整的手动齿轮箱的形式，它们并排连接，共用一个差速器(2 个齿轮箱放在一个壳子里)，发动机的扭矩由 2 个变速器通过 2 个离合器来分摊。一个齿轮箱选择偶数挡位，而另一个齿轮箱选择奇数挡位。每个挡位都配有一个传统的同步器和一个手动齿轮箱的挡位选择杆，这和普通的手动变速箱中使用的相同。挡位选择杆可以互相独立地变换挡位，这意味着挡位可以不受限制地进行选择，这包括从偶数挡转换到偶数挡，以及从奇数挡换到奇数挡的操作。

下面，以大众公司的 QD250 型双离合器自动变速器为例，介绍其基本结构和工作原理，其结构简图如图 2-5-8 所示。

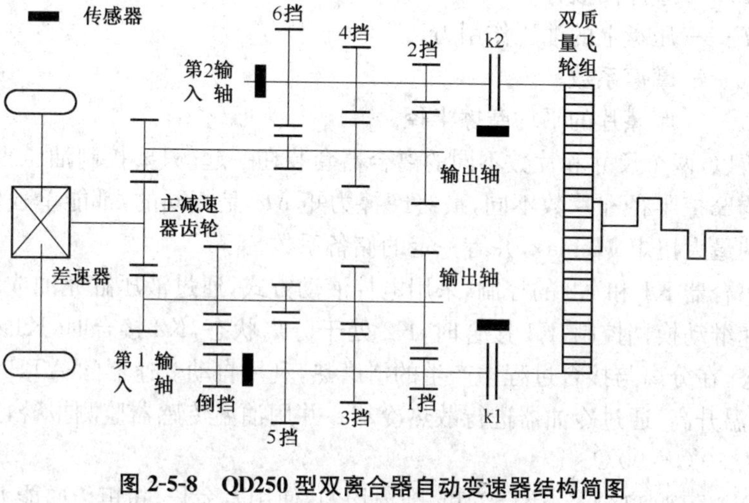

图 2-5-8　QD250 型双离合器自动变速器结构简图

第二部分　DSG 的基本组成和基本工作原理

1. 双质量飞轮组

行星齿轮和链传动式自动变速器，使用液力变矩器，结构复杂、传动效率低，DSG 采用扭转减振盘的弹簧来传递动力，并吸收传动系统的扭转振动和噪声，形成了一个双质量扭转减振系统。其结构和工作原理与传统离合器从动盘上的扭转减振器相似。

因减振弹簧的位置半径大、刚度小、压缩转角大，使多自由度传力系统的扭转振动，得到有效的衰减。所以，动力传递更加柔和、平稳、可靠，传动效率高，故障率少。

2. 双离合器

有干式和湿式两种，QD250 型为湿式，QD200 型为干式。

两个湿式多片摩擦式离合器 K1 和 K2，通过扭转减振盘连接飞轮，其输出端分别驱动齿轮组的奇数挡和偶数挡。用 K1 和 K2 的分离与接合，交替转换传力挡位，满足自动换挡的需求。即：

离合器 K1—控制 1、3、5、R 挡位；

离合器 K2—控制 2、4、6 挡位。

离合器 K1 和 K2 的尺寸与片数均不同，同轴心的套装在一起，以相同的摩擦力矩 Mc，交替传递发动机的转矩（QD200 型离合器 K1 和 K2 的尺寸与片数均相同，所以为对称布置，而非套装式结构）。

因离合器的最大摩擦力矩 Mc 为：

$$Mc = ZF\mu Rc \quad (\mathrm{N \cdot m})$$

式中：Z——摩擦面数；

F——压盘上的油压作用力；

μ——摩擦系数；

Rc——摩擦片的平均摩擦半径。

所以，两个尺寸和片数不同的离合器套装在一起，只要控制油压得当，虽然平均摩擦半径和片数不同，最终摩擦力矩 Mc 是相同的，都能单独传递发动机的最大扭矩 Memax，并有一定的储备系数。

离合器 K1 和 K2 的控制，采用电控液动方式，通过液压缸充油或泄油进行快速继动换挡控制，K1 接合时，K2 处于分离状态，K2 接合时，K1 处于分离状态，在分离与接合过程中产生的滑磨热，利用自动变速器的 ATF 油来吸收，油温升高，通过冷油器进行散热冷却。并用油温传感器监测报警，正常油温应为 30℃～90℃。

QD250 型离合器，接合柔和，磨损均匀，使用寿命长，扭矩传递能力好，但如散热不良，将会带来很多故障。

3. 变速传动机构

(1)输入轴。输入轴 1 的一端通过轴承支撑在壳体上，另一端通过滚针轴承支撑在输入轴 2 的贯通式空腔内，并通过花键与 K1 相连。轴上有 5 挡主动斜齿轮、1/倒挡主动斜齿轮、3 挡主动钭齿轮，还有输入轴 1 转速传感器的脉冲轮，齿轮与脉冲轮与轴制成一体或固装在轴上。

输入轴 2 为贯通式空心结构，通过滚针轴承支撑在壳体和输入轴 1 上，并通过花键与 K2 相连。轴上有 2 挡主动斜齿轮、4/6 挡主动斜齿轮，还有输入轴 2 转速传感器的脉冲轮，齿轮与脉冲轮与轴制成一体或固装在轴上。

(2)输出轴。输出轴 1 的两端通过轴承支撑在壳体上，轴上有 1 挡、3 挡、2 挡、4 挡常啮齿轮和与主减速器啮合的输出齿轮。常啮齿轮与轴之间装有滚针轴承，1/3 挡共用一只同步器，2/4 挡共用一只同步器。

输出轴 2 的两端通过轴承支撑在壳体上，轴上有 5 挡、6 挡、倒挡常啮齿轮和与主减速器啮合的输出齿轮。常啮齿轮与轴之间装有滚针轴承，5/6 挡共用一只同步器，倒挡用一只同步器。输出轴上还装有用于测量变速器输出转数的脉冲轮。

(3)倒挡轴。倒挡轴两端支撑在壳体上，其上套装有制为一体的两个齿轮，一个与输入轴 1 上的 1/倒挡主动斜齿轮啮合，另一个与输出轴 2 上的倒挡常啮合齿轮相啮合，起到一个中间轮的作用。

(4)同步器。采用锁环式同步器结构，由于在低挡位中，不同的换挡齿轮之间存在较大的转数差，所以在 1、2、3 挡以及倒挡配备了带有三锥面的同步器。其与单锥面同步器相比，明显增大了摩擦面。由于散热面积增加，所以提高了同步器的效率。4、5 和 6 挡使用单锥面系统，这些挡位在切换时，转数差别不大。因此，同样可以较快地实现转数的匹配。而不必在同步器上支出过高。

(5)动力传递。以 3 挡和 4 挡为例：

3 挡动力传递路线为：K1→输入轴 1 上的 3 挡主动斜齿轮→输出轴 1 上的 3 挡常啮齿轮→1/3 挡同步器→输出轴 1 上的输出齿轮→主减速器齿轮→差速器。

4 挡动力传递路线为：K2→输入轴 2 上的 4/6 挡主动斜齿轮→输出轴 1 上的 4 挡常啮齿轮→输出轴 1 上的 2/4 挡同步器→输出轴 1 上的输出齿轮→主减速器齿轮→差速器。

(6)换挡轴及定位装置。共设计有四根换挡轴，每根轴上固定有一个换挡拨叉，负责两个挡位的切换。每个换挡轴的两端各装有一个液压缸，换挡时由机电控制的液压油流入一侧的液压缸，由于另一侧液压缸的油液流回油底壳，因此，没有压力。拨叉带动同步器的接合套移动，使两齿轮啮合，定位装置将换挡轴在新的位置上进行定位。当拨叉不工作时，变速器内配置的定位机构会将其定位在空挡的位置上。定位装置的结构与手动变速器的定位装置相同，由定位钢球和弹簧组成。

在每个拨叉上装有一个永久磁铁。通过磁铁可以识别机电控制模块上行程传感器的信号，将各拨叉定位在精确的位置上。

(7)选挡机构。变速手柄的挡位排列方式，仍是：P、R、N、D、S传统方式。有的车型还加装了手动换挡开关，在D挡位时，手柄也可利用手动通道上下微动，手动依次升挡或降挡行驶。

(8)驻车锁。为了可靠地停车，并防止在没有使用手制动的情况下，出现车辆的移动，在差速器上安装了棘轮式驻车锁止装置。驻车棘轮是通过选挡杆和驻车装置杠杆间的拉索，来实现驻车作用的，它是一种纯机械的操作，拉索是此驻车装置的惟一操作机构。

当选挡杆移动到位置“P”时，操纵驻车装置。此时，棘爪与驻车齿轮上的牙齿相啮合。定位弹簧安装在杠杆的孔中，使棘爪固定在一定的位置上。当止动棘轮作用在驻车齿轮的一个轮齿上时，弹簧拉紧。车辆运动时，棘轮通过放松的弹簧压到驻车齿轮的下一个齿槽内。当操纵选挡杆离开位置“P”时，驻车装置脱开。滑板向右移动回到原始位置。压缩弹簧挤压棘爪，使其与驻车齿轮中的齿槽脱离。

4. 润滑与冷却装置

主要由油底壳(或称为油槽)、油泵、滤清器、冷却器、齿轮冷却喷管、专用润滑油等组成。

油泵的驱动方式有两种，一是通过电机驱动泵轴来驱动油泵，二是由发动机驱动。当采用第二种方式时，输入轴1也制成贯通式空心轴，泵轴作为第三根轴位于输入轴1的内部，泵轴的前端通过花键与双质量飞轮相连。油泵的最大供油为100L/min，主油压为2MPa。

变速器内所有齿轮、轴、轴承和同步器的润滑/冷却，由专用喷管来完成。

润滑系统的油路有两种类型：一是液压控制系统(离合器、换挡阀等)的油路独立于齿轮等的润滑油路，即有两套各自独立的循环油路，使用不同的油液，二是所有的传动功能元件如双离合器、齿轮、轴承等共用同一个循环油路，使用同一种油液，这是目前国内应用较多的一种。采用共同循环油路时，对油的性能有特殊的要求，如要保证离合器和液压控制的安全可靠、在整个温度范围内，黏度不变并无泡沫、有足够的承载能力等，所以，必须使用专用油液，QD250型双离合器变速器使用全合成油(G 052 182)，油底壳内容量为6.5L，总用油量为7.2L。

为防止油液温度过高(一般设定为135℃)，循环油路中设有冷却器。

5. 控制系统

采用电控液动的闭环控制方式，电脑根据各种传感器的输入信号，控制电磁阀动作，电磁阀控制执行元件油路中的油压。

电脑 DSG/ECU 和 EFI/ECU 联网工作，进行自动换挡逻辑控制，并发令使换挡电磁阀动作，完成挡位的自动转换。本系统的传感器信号和开关信号，进行信息反馈，监控双离合器的工作质量，如：换挡控制、柔和控制、同步控制、报警自诊等内容。

液动部分，完成继动换挡控制，液压动力源为：油泵、油路板、液压换挡滑阀、双离合器和换挡轴的液压缸。

利用电控液动方式，使双离合器和换挡轴的液压缸自动交替充油、泄油，从而完成离合和换挡，将动力输入相关挡位的同步器和齿轮组，即：前一挡位泄油、后一挡位充油，反复交替，依次的升挡或降挡。在预先完成换挡操作后，达到换挡点时，K1 和 K2 交替工作，这一过程在 1s 内完成，动力衰减的时间极短，保证了行驶的平稳性。

第三部分 DSG 在我国的使用情况

2010 年开始，大众公司在一汽大众的 CC、迈腾、新宝来、上海大众朗逸、途安、斯柯达、明锐等车型上装备 DSG，至今，已超过百万辆，从这几年用户的反映看，主要存在以下几个方面的问题：

问题 1：熄火

具体描述：首先是车辆运行和起动时发生熄火。有的消费者反映：头一次，经销商称是油品质量差，导致车子积炭。然而换了高质量的油，但问题依旧。第二次，4S 店宣称可以免费检测，但是处理故障还得收钱。清洗发动机的积炭和提高发动机的怠速，这是自动挡车熄火故障的处理办法。但是，问题依然没有解决。

问题 2：转速迟钝

具体描述：有消费者反映转速无法上升，低速换挡时有顿挫感或者异响。在刚刚起步时能明显感觉到变速器 1 挡与 2 挡接合时不流畅，平路起步以及坡路起步时现象相同。

问题 3：无法升挡

低速行驶时，发动机转速忽然升高，车速保持不变。停车后仪表盘左侧转速表上的发动机系统故障指示黄灯亮起。熄火后，稍后再起动行车，DSG 变速器保持在 1 挡，无法正常升挡，并且无法实现倒挡。

问题 4：卡死

尤为引起关注的是出现卡死现象，这让消费者对行驶安全产生担忧。将发动机转速保持 3000r/min 以上才能实现奇数挡的换挡，而偶数挡无法接合，甚至导致车辆卡死。

产生以上现象的原因是多方面的，即有设计制造上的缺陷、控制系统算法上的不完善，也有我国城市道路交通不畅、驾驶人操作不当、维护不到位等方面的原因。

2013年5月23日，大众汽车集团(中国)，大众汽车(中国)销售有限公司，上海大众汽车有限公司和一汽大众汽车有限公司联合宣布，将在2012年12月31日之前生产的DQ200(七速)和DQ250(六速)双离合变速箱的质量担保期，延长至10年或者16万km(以先到者为准)。从而平息国内车主的不满。

〖课件制作〗

课件制作软件PPT的使用方法，参阅相关书籍。

制作要求：(1)课件内容应与讲授提纲相一致。

(2)美观大方，色彩搭配合理，字体、字号、字型、字间距及颜色运用科学。

(3)使用的图片、动画、视频等与讲授内容相关。

附　　录

汽车修理工国家职业标准(节选)

初级工工作要求

职业功能	工作内容	技能要求	相关知识
一、汽车维护作业	(一)一级维护作业	1. 能正确使用常用工具,会使用扭矩扳手 2. 按车型要求完成润滑和补给作业 3. 按车型要求完成紧固作业 4. 按车型规定完成机油、空气和燃油滤清器维护作业	汽车一级维护作业项目及技术要求
	(二)二级维护作业前的检查	能按车型、技术要求使用仪器进行检验与技术评定,确定维护作业中的小修项目	1. 汽车专用检测仪器仪表的名称,规格、用途和使用方法 2. 汽车二级维护前的检测项目和技术要求
	(三)二级维护作业	能按车型要求及检验结果完成调整气门间隙、调整怠速、调整点火正时、调整离合器踏板自由行程作业,能检查和调整汽车前轮前束,调整车轮制动器的制动间隙等二级维护作业项目	汽车二级维护作业项目及技术要求
	(四)汽车的小修作业	能完成更换气门导管、气门座圈,更换气缸垫,铰削转向节主销衬套等小修作业	小修作业的有关修理标准和工艺规范

续表

职业功能	工作内容	技能要求	相关知识
二、简单故障排除	(一)诊断与排除汽油发动机油路、电路的简单故障	1. 能诊断与排除一般油路的故障 2. 能诊断与排除一般电路的故障	1. 汽车油路、电路故障的诊断方法 2. 化油器的一般构造与工作原理
	(二)诊断与排除汽车底盘的简单故障	1. 能诊断与排除离合器的简单故障 2. 能诊断与排除变速器漏油、轮毂轴承异响、制动毂过热等简单故障	1. 汽车底盘故障的诊断方法 2. 离合器的结构与工作原理 3. 非金属材料的基础知识 4. 摩擦的有关知识

中级工工作要求

职业功能	工作内容	技能要求	相关知识
一、汽车修理	(一)汽车零件检测分类	1. 能看懂较复杂的汽车零件图。运用公差配合与技术测量的有关知识检测发动机、底盘各总成的基础零件 2. 能对汽车零件进行检测、分类 3. 能分析典型零部件的损坏原因	金属材料及热处理的相关知识
	(二)汽车总成部件的检修	1. 能够完成发动机缸体组件的装配与调整 2. 能够完成缸盖组件的装配与调整 3. 能够完成离合器的装配与调整 4. 能够完成发动机配气机构的装配与调整 5. 能够完成鼓式制动器的装配与调整 6. 能够完成盘式制动器的装配与调整 7. 能够完成变速器的分解、组装与调试 8. 能够完成主减速器,差速器的分解、组装与调整 9. 能够完成转向器的检测与维修 10. 能够完成起动机的检测与维修 11. 能够完成交流发电机的检测与维修 12. 能够完成空调系统的检测与调整	汽车各零部件的装配标准和工艺规范

续表

职业功能	工作内容	技能要求	相关知识
一、汽车修理	(三)总成的大修	能独立完成发动机及底盘各总成的大修	发动机及底盘各总成的大修标准和工艺规范
	(四)汽车总成竣工验收	1. 能对发动机、变速器、主减速器等总成进行竣工验收 2. 能对发动机尾气排放进行检测与调试 3. 能对发电机、起动机、空调等设备进行竣工验收	整车竣工验收标准及工艺规范
二、汽车故障诊断与排除	(一)诊断与排除发动机和底盘异响	1. 能诊断和排除发动机异响 2. 能诊断和排除万向传动装置异响 3. 能诊断和排除变速器异响 4. 能诊断和排除差速器异响	故障的现象、原因
	(二)诊断与排除汽车发动机燃料供给系和点火系的综合故障	1. 能诊断与排除化油器式发动机油耗过高,起动困难,转速不稳等综合故障 2. 能诊断与排除发动机点火系高低压电路故障 3. 能诊断与排除电控喷射汽油发动机油耗过高,起动困难、运转不稳等典型故障 4. 能诊断与排除柴油发动机起动困难、运转不稳等故障	1. 电控喷射汽油发动机的构造和工作原理 2. 点火系的构造和工作原理 3. 柴油发动机燃料供给系的构造和工作原理
	(三)运用仪器仪表对车辆进行检测	1. 能对发动机点火提前角进行检测 2. 能对电控喷射汽油发动机的燃油压力进行检测 3. 能对柴油发动机的喷油提前角进行检测与调整,能对柴油发动机喷油泵进行调校 4. 能对柴油发动机喷油器进行调校 5. 能对电控喷射汽油发动机燃油泵的工作电流进行检测	1. 发动机点火提前角的调整方法 2. 电控喷射汽油发动机燃油压力的检测方法 3. 柴油发动机喷油提前角的调整方法,喷油泵的调校方法 4. 柴油发动机喷油器的调校方法 5. 电控喷射汽油发动机燃油泵工作电流的检测方法

高级工工作要求

职业功能	工作内容	技能要求	相关知识
一、汽车大修	(一)编制汽车各总成主要零部件的修理工艺卡	能编制曲轴、气缸体、变速器壳体、差速器壳体等零件的修理工艺卡	1. 汽车各总成主要零部件的技术标准 2. 金属材料与热处理工艺知识 3. 机械制图 4. 公差配合与技术测量
	(二)主持汽车整车或总成的大修	能主持汽车发动机、底盘及整车的大修作业	汽车典型零部件的修复方法
二、汽车大修验收	(一)接车验收	能使用仪器、仪表对送修车辆的技术状况进行检测,确定维修项目	车辆和总成的送修标准
	(二)过程验收	能使用量具、仪器、仪表检测已修复的零件	汽车零部件修理的技术标准
	(三)竣工验收	能根据竣工验收标准,使用仪器、仪表检测修竣车辆的质量	车辆和总成大修竣工验收技术标准
三、解决汽车疑难故障	(一)诊断发动机疑难故障	1. 能用仪器检测、分析油耗超标等故障 2. 能用仪器检测、分析气缸异常磨损等故障 3. 能用仪器检测、分析排放超标等故障	1. 机动车辆技术性能的检测标准 2. 汽车运输业车辆技术管理规定 3. 发动机理论(发动机的工作循环、性能指标与特性)知识 4. 汽车理论(汽车的动力性、经济性、制动性,行驶稳定性、平顺性与通过性) 5. 汽车综合性能检测线的组成、设备、检测项目及检测设备的标定、使用 6. 电工学与电子学知识 7. 传感器、执行元件的构造、性能与工作原理 8. 故障码阅读仪(解码器)、示波器,专用检测仪的分类、组成、原理,使用与调整方法

续表

职业功能	工作内容	技能要求	相关知识
三、解决汽车疑难故障	(二)诊断底盘疑难故障	1. 能用仪器检测、分析前轮异常磨损和摆振 2. 能用仪器检测、分析汽车驱动桥异响 3. 能用仪器检测、分析自动变速器打滑等故障 4. 能用仪器检测,分析汽车制动防抱死装置失效	1. 机动车辆技术性能的检测标准 2. 汽车运输业车辆技术管理规定 3. 发动机理论(发动机的工作循环、性能指标与特性)知识 4. 汽车理论(汽车的动力性、经济性、制动性,行驶稳定性、平顺性与通过性) 5. 汽车综合性能检测线的组成、设备、检测项目及检测设备的标定、使用 6. 电工学与电子学知识 7. 传感器、执行元件的构造、性能与工作原理 8. 故障码阅读仪(解码器)、示波器,专用检测仪的分类、组成、原理,使用与调整方法
四、指导初中级工技能操作	(一)指导初、中级工技能操作	能够指导初、中级工完成汽车总成的大修,排除常见故障	1. 汽车的新技术、新工艺、新材料知识 2. 全面质量管理知识
	(二)安全技术培训	能对初、中级工进行安全、技术培训	1. 汽车的新技术、新工艺、新材料知识 2. 全面质量管理知识

技师工作要求

职业功能	工作内容	技能要求	相关知识
一、汽车修理	(一)汽车维修中的复杂技术难题 (二)组织协调维修作业 (三)处理维修过程中的关键问题	1. 能单独、指导维修人员解决本职业工作过程中发动机、底盘、电器等设备出现的关键或疑难技术问题 2. 能运用发动机与汽车理论分析维修质量对汽车性能的影响 3. 具有运用公差配合知识的能力 4. 能看懂较复杂的汽车装配图	1. 发动机理论与汽车理论 2. 工程力学的相关知识 3. 机械设计的相关知识 4. 环保的相关知识 5. 脉冲与数字电路基本知识 6. 汽车维修常用英语词汇 7. 各种控制方式(如:开环、闭环、模糊、逻辑等)的基础知识及在汽车上的应用

续表

职业功能	工作内容	技能要求	相关知识
二、诊断排除疑难故障	汽车电控喷射发动机、自动变速器等疑难故障的诊断	1. 能运用各种仪器,仪表检测电控喷射汽油发动机、自动变速器的各种参数 2. 会查阅各种车型的相关资料 3. 能写出故障分析报告	1. 故障分析报告的内容和写作方法 2. 技术资料检索的知识
三、培训	对初、中、高级工进行培训	1. 能编写相关的讲义 2. 能运用和制作相关教具 3. 具有一定的语言表达能力	
四、管理	(一)汽车修理的生产管理 (二)技术总结与论文的撰写	1. 能进行成本核算和定额管理 2. 能进行技术总结、技术论文的撰写	1. 成本核算和定额管理 2. 技术总结的内容和写作方法 3. 技术论文的内容和写作方法 4. 车辆技术管理知识

高级技师工作要求

职业功能	工作内容	技能要求	相关知识
一、汽车维修	(一)编制汽车维修的工艺规程	能测绘较复杂的汽车零件草图及工具、量具、夹具图纸	编写汽车维修工艺规程的知识
	(二)解决维修过程中出现的技术难题	能解决维修过程中,发动机、底盘、电器等部件出现的复杂技术难题	编写汽车维修工艺规程的知识
二、汽车复杂疑难故障排除	(一)诊断发动机在使用过程中出现的故障	1. 能诊断多气门发动机工作不稳定的原因 2. 能使用发动机综检仪进行发动机性能的测试和检查 3. 能诊断废气涡轮增压发动机不稳定的原因	1. 多气门发动机的工作过程 2. 自动变速器构造原理与控制理论 3. 电控差速器工作原理

续表

职业功能	工作内容	技能要求	相关知识
二、汽车复杂疑难故障排除	(二)诊断底盘在使用过程中出现的故障	1. 能诊断自动变速器在使用过程中出现复杂故障的原因 2. 能诊断电控差速器在使用过程中出现故障的原因 3. 能诊断电子控制动力转向(EPS)在使用过程中出现故障的原因	1. 计算机在汽车上应用的相关知识 2. 发动机综合性能检测仪的结构、原理及使用方法
三、生产管理	(一)质量管理	能依据技术文件，按 ISO 9000 的要求指导维修	ISO 9000 的质量管理基础知识
	(二)组织实施维修作业	能按具体部门的生产能力及技术能力确定维修作业的组织形式	汽车修理企业设计相关知识
	(三)撰写技术总结和论文	撰写技术论文和技术总结	
四、技术改造、技术革新	(一)设备、车辆、工艺的改进 (二)参与科学试验和研究	1. 能对设备、工艺提出改进意见 2. 能参与引进、推广、使用新设备，新技术、新工艺 3. 能借助字典等相关工具阅读有关汽车修理的外文资料	计算机基础知识
五、培训	汽车修理培训	1. 能对高级修理工和技师进行培训 2. 能进行新知识，新技术、新工艺的专题讲座	